DATE DUE

Whelchel, Lisa S

Corrección
Creativa

La misión de Editorial Vida es proporcionar los recursos necesarios a fin de alcanzar a las personas para Jesucristo y ayudarlas a crecer en su fe.

© 2006 Editorial Vida
Miami, Florida

Publicado en inglés con el título:
CREATIVE CORRECTION
POR TYNDALE HOUSE PUBLISHERS
© 2000, 2005 POR LISA WHELCHEL

Traducción y Edición: *Silvia Himitian*
Edición: *Virginia Himitian de Griffioen*
Adaptación de diseño interior y cubierta: *Pablo Snyder*

Reservados todos los derechos

ISBN: 0-8297-4645-5

Categoría: *Vida cristiana / Relaciones / Familia*

Impreso en Estados Unidos de América
Printed in the United States of America

06 07 08 09 ___ 8 7 6 5 4 3 2 1

Dedico este libro con amor a mi abuela
Velma "Nanny" French.

"Pero el amor del SEÑOR es eterno
y siempre está con los que le temen;
su justicia está con los hijos de sus hijos,
con los que cumplen su pacto
y se acuerdan de sus preceptos
para ponerlos por obra" (Salmo 103.17-18).

Tú nos has transmitido todo lo bueno
que hay en nuestra familia.

Contenido

Reconocimientos

A Steve: Dios me conocía más de lo que yo me conocía a mí misma cuando te eligió para mí. Tú eres todo lo que deseaba, exactamente lo que esperaba y mucho más de lo que jamás necesitaré.

A Tucker, Haven y Clancy: Nada de lo que he hecho o pueda llegar a hacer durante mi vida se compara con el privilegio de ser su mamá. Gracias por la alegría de verlos crecer "…en sabiduría y en estatura y en gracia para con Dios y los hombres" (Lucas 2.52, versión Reina Valera).

A mi madre: Es mi oportunidad de levantarme y llamarte bienaventurada (Proverbios 31.28). Gracias por cuidar, enseñar y amar a mis hijos mientras yo escribía este libro. Quiero llegar a ser una abuela exactamente igual a ti cuando me llegue el tiempo.

A Roy: Gracias por permitir que mi madre se convirtiera en abuela a tiempo completo. Me siento agradecida por tu sacrificado amor tanto en el rol de abuelo como en el de padrastro.

A mi padre: Te esforzaste por brindarme la oportunidad de que mis sueños se convirtieran en realidad. Gracias por tantos gratos recuerdos de mi infancia.

Al pastor Jack Hayford: Les estoy enseñando a mis hijos todo lo que usted me enseñó. Gracias.

A Enfoque a la Familia: Gracias por permitirme participar junto con ustedes de este ministerio y por darme un voto de confianza.

A Mark Maddox: Has sido un punto de referencia para lograr el delicado equilibrio entre lo comercial y el ministerio.

A Larry Weeden: Gracias por enseñarme a escribir desde el lado izquierdo de mi cerebro.

A Betsy Holt: Puede ser que yo haya horneado el pastel, pero tú eres la responsable del glaseado y la decoración (¡y esa es la parte que más me gusta!). Gracias.

A Doug Knox y a todo el personal de Tyndale House. Los siento como mi familia.

A Gladis Marie Brown: Gracias por venir en mi ayuda.

A Susan Munao: Gracias por tu ejemplo de piedad como mujer de negocios cristiana, y por las llamadas telefónicas que hicieron posible que todo esto sucediera.

A Bill Jensen: Gracias por creer en mí y en mis 'brillantes' ideas desde un comienzo.

A Ron Smith y a Smith Music and Management: Resulta fácil soñar en grande cuando uno cuenta con gente tan fantástica apoyándolo.

A Morris Proctor y a Scott Lindsey: Gracias por haberme proporcionado el sistema de software Logos Library Bible. De otro modo, todavía estaría trabajando en este libro.

A los compañeros cibernéticos de oración (y fieles amigos): Robin Aveni, Curt y Alice Cauble, Tim y Cindy Cauble, Mick y Janice Clark, Shawn Craig, Janet Decker, Deb Goldstone, Shirley Grose, Mari Hanes, Valerie Jonson, Sherilyn Jones, Fred y Anastatia Jove, Bill y Jeanie Lero (por los almuerzos), Debby Lillenberg, Tom y Denise McDonald, Myrene Morris, Terri Mullen, Kevin Odean (por la carta), Andrea Rodríguez, Debby Riekeberg, Connie Scheffler (que debería comenzar algún negocio de catering), Sallie Schnee, Lynn Vakay, y Gloria Wilson. Gracias.

Prólogo

He tenido el privilegio de considerar a Lisa Whelchel una amiga cercana, una compañera de oración y una hermana en el Señor por más de quince años. Durante ese período he visto su transformación: de joven actriz de éxito en Hollywood pasó a ser una maravillosa esposa y madre, y la mujer de Dios que conocemos hoy. En los innumerables momentos de oración que compartimos durante nuestros años jóvenes, ella sistemáticamente le pedía a Dios que le enviara el marido que le había preparado. Se había sentido dolorosamente sola y necesitada de esa clase de compañía que llega únicamente a través de un matrimonio comprometido y ordenado a la manera de Dios.

Cuando Lisa conoció a Steve y se casaron, todos los que componíamos su círculo de amigos llamamos a esta unión "la boda real". La hermosa princesa y el apuesto príncipe finalmente se habían encontrado el uno al otro, y nosotros nos sentíamos tremendamente aliviados.

En unos cuantos años, las 'pequeñas bendiciones' se fueron presentado una detrás de la otra, y muy pronto Lisa se encontró con las manos llenas por esos tres pequeñitos de menos de tres años. En seguida tomó la decisión de no regresar a su trabajo en televisión para poder dedicarse completamente a ser la mejor esposa y madre que le fuera posible. Pero Lisa era lo bastante inteligente como para saber que no podría hacerlo bien sin confiar plenamente en la guía de Dios. Puedo dar testimonio de que ella ha hecho precisamente eso, y de que en el proceso fue adquiriendo una gran riqueza, que hoy nos puede impartir a todos nosotros.

Lisa ha desarrollado ideas creativas para motivar a los niños a actuar correctamente, a ayudar, a trabajar con esfuerzo, a pensar con claridad, y a aprender. Y las transmite a través de historias e ilustraciones inteligentes que hacen que todo, *incluyendo el punto central,* se vuelva claro e imposible de olvidar. Lisa siempre ha tenido un gran sentido del humor, y se ha mostrado realista, inteligente, amorosa, compasiva y profundamente dedicada a Dios y a su familia. Cada uno de esos atributos se hace evidente en este libro. La forma en que Lisa y Steve están criando a sus hijos da resultados. Lo sé porque es la manera en que yo crié a los míos: con amor, disciplina, y una enseñanza sólida que dé a la vida del niño un sentido de eternidad y de poder permanente.

Lisa una vez me dijo que quería ser como yo cuando creciera. Me alegro mucho de que no parara ahí. Ha ido más allá de lo que yo y otros padres hemos logrado, a través del uso de metodologías originales, bien pensadas, inspiradas, ingeniosas, y hasta cómicas, para la crianza de los niños. Brinda sugerencias tan innovadoras y prácticas que casi me dan ganas de volver a criar a mis hijos para poder utilizar algunas de sus ideas. *(¡Casi!)* Hubiera deseado tener este libro veinte años atrás, cuando mis hijos eran chicos. Dudo que hoy pueda aplicar alguno de sus trucos en mis tres hijos que pasan los veinte. Así que me imagino que tendré que esperar a tener nietos. Sin embargo, *ustedes,* estimados lectores, pueden sacarle gran provecho ahora mismo.

Stormie Omartian

Descargo

Antes de comenzar a leer este libro hagamos un pacto: si alguna vez uno de nosotros se encuentra en la calle con el hijo del otro (aun si literalmente lo encontramos en la calle) no emitamos juicio considerándolo un mal padre. Concedámonos mutuamente el beneficio de la duda. Después de todo, estamos intentando hacer las cosas lo mejor que podemos. Probablemente hayan visto alguna vez, pegada en el parabrisas de un automóvil, esa calcomanía que dice: "Los cristianos no son perfectos, pero sí perdonadores". Bien, a la luz de este pacto entre padres, yo propongo una nueva leyenda: "Mis hijos no son perfectos, pero los de ustedes tampoco".

Recuerdo un domingo en que, luego de la reunión de la iglesia, mi marido Steve y yo hablábamos con los maestros de nuestra escuela para padres. Nuestro hijo Tucker, que entonces tenía cuatro años, salió corriendo de su clase de escuela dominical, soltó la mano de su abuelo, atravesó el salón y casi me voltea al piso. Durante el tiempo que siguió se mantuvo hablando en un tono alto, con la esperanza de lograr que los adultos se callaran y lo escucharan. Yo le eché una mirada amenazante que implicaba: "Vas a recibir tu castigo cuando lleguemos a casa", pero no sirvió de nada. Comenzó a entretenerse trepándose a la barandilla del balcón y casi se cayó al salón situado en el piso inferior durante su aventura. En menos de dos minutos, Steve y yo habíamos reprobado tres de nuestros cursos para padres: "Cómo enseñar a sus niños a comportarse en la iglesia", "No permitir que interrumpan" y "Enseñanzas sobre la salud y la seguridad".

Tan avergonzada como para no poder mirar a nuestros maestros de la escuela para padres a la cara, garabatee algunas excusas. "Es la hora de su siesta", dije enseguida. "Probablemente esté incubando algo." Debería haber sido sincera y dicho: "¡Bueno, en realidad no es nuestro hijo!".

En realidad, eso no hubiera sido ninguna exageración: Tucker, al igual que todos nosotros, es un hijo de Adán, la primera criatura que habitó la Tierra, así que el pecado le sale naturalmente. De hecho, se pueden trazar las raíces del mal comportamiento hasta la persona de Adán. El pecado tiene menos que ver con nuestra capacidad como padres que con el estado del corazón de nuestros niños. Después de todo, me atrevería a decir que Dios era un buen Padre, y sin embargo tanto Adán como Eva lo desobedecieron. Así que no me siento culpable por el hecho de que nuestros niños no sean perfectos. Sus acciones no reflejan la capacidad que tenemos (o no) como padres.

Mi intención al escribir *Corrección Creativa* es transmitirles esperanza y no desarrollar en ustedes un complejo de culpa. He leído una cantidad de libros acerca de la crianza de los hijos, y en general, paradójicamente, me hacen sentir más incompetente con respecto a mi maternidad. De repente tomo uno de ellos, buscando ayuda, sólo para descubrir que el libro me convence de que soy una madre terrible porque no he estado haciendo las cosas que el autor sugiere. Existen montones de esos libros por todos lados. Menciono las características de algunos con los que me he cruzado:

e Libros sobre la crianza de los hijos que prometen transformar a nuestros niños de pistoleros como Billy the Kid a predicadores como Billy Graham, en diez sencillos pasos.

- e Libros sobre paternidad que declaran que los caminos que proponen son los únicos posibles, y que el que no los sigue marcha en la dirección equivocada.

- e Libros sobre la crianza que nos prometen que si hacemos todo correctamente durante los años de formación de nuestros niños, ellos florecerán en su etapa adulta.

- e Libros sobre paternidad que nos informan que los años de formación de nuestros niños ya han quedado atrás y que es demasiado tarde para lograr cambios significativos.

- e Libros para padres que nos enseñan que debemos hablar más, escuchar más, jugar más, leer más, cocinar más, correr más, …y más, y más y más.

- e Libros para padres que nos dicen que debemos trabajar menos, comprar menos, preocuparnos menos, quejarnos menos, comer menos,… menos, menos y menos.

- e Y una especialidad que es mi preferida: libros sobre la crianza de los niños que sugieren que existe una fórmula mágica, y que si la descubrimos y la seguimos al pie de la letra, nuestros hijos saldrán muy bien.

Si ustedes han comprado *Corrección Creativa* pensando que finalmente han encontrado "el libro", por favor, cierren sus tapas inmediatamente, devuélvanlo a la librería, y pidan que les reintegren el dinero. Yo no vengo con falsas promesas. Si en cambio ustedes se han dado cuenta de que lo que resulta adecuado para algunos chicos no funciona necesariamente con otros, y de que utilizar cierta creatividad resulta oportuno, *Corrección Creativa* es el libro adecuado.

Ustedes aman a sus hijos, y yo amo a los míos. Así que concedámonos un espacio para intentar cosas nuevas, aprender de nuestros propios errores, y descubrir qué resulta más apropiado para cada uno de nuestros niños.

De paso, si alguna vez los detiene la luz roja de un semáforo y tienen delante una furgoneta blanca con una calcomanía que dice: "Mis hijos no son perfectos, pero yo tampoco", por favor, hagan sonar su bocina. Me encantará conocerlos.

Capítulo 1

Los hechos concretos
de mi vida

ecibí un e-mail de la editora de una revista por la que había sido entrevistada recientemente. La nota decía: "Lisa, estoy revisando el artículo y prestando atención a todas las cosas que has dicho, y tengo un interrogante con respecto a una de las citas. Tú dices: 'Las madres deben tener cuidado de no intentar hacerlo todo; tienen que estar dispuestas a dejar pasar algunas cosas sin procurar hacerlas'. Quisiera preguntarte: ¿Qué es lo que tú dejas pasar?"

Le envié por e-mail la siguiente respuesta:

Querida Susan:

Hay una gran cantidad de cosas que dejo pasar sin hacer. Me avergüenza, pero hay cosas que he tenido que desplazar hacia el final de mi lista de prioridades.

Mencionaré algunas:

- La comida sana: hoy mis hijos comieron cereales en la cena.
- La "limpieza de primavera". La última vez que realicé una fue el día cinco del mes cero.
- La necesidad imperiosa de ejercitarme físicamente; sin embargo, calculo que paso unos veinte minutos diarios

recorriendo la escalera para arriba y para abajo, cargando con la ropa para lavar que encuentro en los dormitorios.

@ La promesa de enseñarle a coser que le hice un año atrás a mi hija.

@ La meta que me propuse por tres veces consecutivas durante la noche de Año Nuevo: invitar a cada uno de nuestros vecinos a cenar.

@ Realizar un libro de recortes (mi última obsesión); pero aún estoy recolectando fotografías de cuando mis niños usaban pañales.

@ La lectura. Provengo de una familia de lectores, y sin embargo, hasta las revistas se apilan junto a mi cama sin ser tocadas (aunque conforman una particular mesita de luz).

@ Ciertas compras. Gracias a Dios, no soy muy afecta a hacer compras, así que no pierdo tiempo en eso; pero la contra es que mi guardarropas refleja esas carencias.

@ Responder cartas. ¿No sería maravilloso que yo respondiera todas esas maravillosas cartas que la gente me envía?

@ Arreglarme las uñas. Mi marido estaría en el cielo si yo lo hiciera todas las semanas, pero a esta altura, creo que va a tener que esperar hasta la segunda venida de Cristo.

@ Hornear galletas. Cuando sugiero: "Cocinemos algunas galletas caseras", no nos dirigimos hacia la batidora sino hacia el freezer, y buscamos un cuchillo afilado (que no esté dentro del lavavajillas) para cortar la masa ya preparada que sacamos del congelador.

℮ Escribirles a los senadores. Realmente deseo hacerlo.

℮ A comienzos del 2000, me embarqué en el proyecto "Lea la Biblia completa en una década". Mi meta es llegar al libro de Habacuc antes de que mi hija más pequeña entre a la escuela secundaria.

DESPUÉS DE LOS HECHOS

¿Les suena familiar? Las cosas han cambiado muchísimo desde el tiempo en que representaba el papel de "Blair" en *The Facts of Life* [Los hechos de la vida]. Poco tiempo después del nacimiento de mi tercer bebé, una actriz amiga, hablando conmigo, señaló : "Después de haber trabajado durante tantos años, debe resultar interesante poder relajarse y no trabajar por un tiempo". Yo tenía tres niños que usaban pañales en esa época, y estuve tentada a arrojarle un pañal mojado. Sí, realmente estoy llevando un estilo de vida lleno de "Mimitos".

Por supuesto, no lo cambiaría por todo el dinero de Hollywood. ¡Amo mi vida! Siempre estaré agradecida por todo lo que me divertí mientras trabajaba en la televisión, pero eso no se puede comparar con la alegría que experimento ahora.

No recuerdo haber tomado nunca la decisión de dejar el mundo de la actuación para convertirme en una mujer de su casa. Es más, siempre supuse que continuaría trabajando aún después de que tuviera mis chicos. Pero por alguna razón, después no conseguí ninguno de los trabajos para los que realicé audiciones. ¡Vaya uno a saber! Puede haber tenido que ver con el hecho de que me casé durante la última temporada de mi programa. Luego, y durante los primeros cinco años de mi matrimonio, estuve embarazada, amamantando o intentando perder los kilos aumentados a causa de los bebés. Para cuando logré finalmente ponerme en forma como para salir de nuevo al ruedo, ya tenía tres adorables preescolares que me llegaban a la cintura, y precisamente a esa altura me habrían golpeado si hubiera intentado dejarlos solos todos los días.

Tengo la fortuna de estar casada con Steve, un hombre maravilloso. Él estuvo de acuerdo en que yo me quedara en casa mientras él mantenía su trabajo como pastor asociado y director de tecnologías de información en nuestra iglesia. ¡Pobre muchacho! Él imaginó que se había casado con una estrella joven y rica. Poco después del regreso de la luna de miel, ya comenzaba a decirle hasta luego cada mañana a una mamá desempleada con un bebé en sus brazos que le babeaba el hombro, que tenía diez libras extra de peso en sus caderas, y dos pequeñitos colgando de sus piernas. (De paso, amor, ¿alguna vez te dije que no soy rubia de nacimiento?)

Creo que nunca dejaré de considerar un privilegio el ser la madre de mis hijos y tener la oportunidad de estar en casa con ellos. Me parece un lujo porque entiendo que es una opción que muchas familias no se pueden permitir. También he caminado con el Señor lo bastante como para entender que lo que resulta adecuado para una familia puede no ser la mejor opción para otra. Por lo tanto, no me encontrarán emitiendo ningún tipo de juicios sobre las madres que trabajan. Además, ¿quién sabe?, tal vez me llamen para trabajar de nuevo alguno de estos días.

Pero seguramente me costaría obedecer al Señor si él me demandara eso. Me encanta poder ser testigo de cómo mis chicos se van convirtiendo más y más en ellos mismos cada día. A menudo me han dicho: "Disfrútalos mientras son pequeños, porque crecerán antes de que te des cuenta". Personalmente entiendo que eso no es así. Tengo la sensación de que son y serán pequeños para siempre. Pero disfruto de cada minuto de su infancia.

¿Conocen a mis hijos?

Permítanme presentarles a mis amados pequeñuelos. Steve ha encontrado una manera excelente de describir a nuestros niños: por grupos de colores. Tucker, que tenía nueve años en el tiempo en que escribí este libro, es nuestro primogénito. Lo describiríamos como la cajita con los ocho colores básicos. Tucker es audaz y original. ¿Hace falta fuego? Él desborda de rojos. ¿Acaso necesitamos un rayo de sol? Él exuda jubilosos amarillos. ¿Necesitamos algo de verde? Está lleno de vida. Lo lamento, pero raramente adquiere el color azul de la tristeza o la melancolía. ¿Les ofrezco algo de anaranjado? Tucker concentra todos los colores que se puedan necesitar en una sola fuente. ¡Sin necesidad de recurrir a una caja especial de lápices con sacapuntas incluido!

Haven, nuestra hija de ocho años, es la niña del medio. Ella representa las tonalidades iridiscentes: los destellos ricos, hermosos, intrincados. Es de un magnífico rosa escarlata, tan profundo como la verde floresta, y tan complejo como el cielo azulado de la medianoche. ¡Es una gema!

Clancy, nuestra otra hija, de siete años, es nuestro bebé. En un primer momento elegimos los colores pastel para describirla, porque fue muy serena desde el momento de su nacimiento. Nuestro único titubeo estaba en que el color lavanda y el verde espuma de mar no le hacían justicia a su personalidad chispeante. Entonces Steve pensó en los colores fluorescentes. ¡Perfecto! La marca Crayola introdujo los colores "zanahoria neón", "menta mágica", y "rosa burlón deslumbrante" justo a tiempo como para describir a la deliciosa Clancy.

Todos los años incluyo alguna cita de cada uno de nuestros niños en nuestra carta de Navidad anual. Generalmente se trata de un retacito de las cosas que ellos han dicho durante el año, en el que se ve reflejada su personalidad en la edad por la que están pasando. Les ayuda a nuestros amigos y familiares a mantenerse en contacto con los chicos mientras crecen. Tal vez les brinde a ustedes una instantánea de ellos también.

En nuestra carta de las últimas vacaciones incluí esta historia referida a nuestro hijo:

Los chicos y yo acabábamos de realizar nuestra oración matutina cuando Tucker preguntó: "¿De qué catálogo toma las órdenes de pedido Dios?"

"¿De qué estás hablando?", le pregunté.

Con una sonrisa que le asomaba por el costado de la boca dijo sarcásticamente: "Bueno, acabas de pedirle a Dios que ordene el día de abuelita. Así que me preguntaba si él simplemente llamaría a los ángeles para decirles: 'Deseo un martes y un jueves; y luego envíenselos a Genny Coleman inmediatamente'."

Como podrán observar, Tucker es un verdadero bromista.

El año pasado resultó muy emocionante para Haven. Finalmente perdió su primer diente. Había estado moviéndoselo por casi un año. En realidad, ella comenzó a jugar con sus dos dientes de arriba hasta que le informé que sus dientes de abajo se caerían primero. (Por supuesto, Tucker me escuchó desde el otro lado del cuarto y, en un estilo típico de hermano mayor, exclamó: "¡Oh, qué barbaridad! ¿Haven tiene dientes en sus posaderas?")

Haven colocó bajo la almohada su diente de "abajo" con una nota para el hada de los dientes. Yo coloqué el dinero y me guardé el diente y la carta para incluirlos después en su caja de recuerdos. Luego los escondí en el cajón donde guardo los cepillos, debajo de la bandeja de los de Steve. A la mañana siguiente Haven quiso tomar prestado mi cepillo y encontró la nota y el diente.

Bajó corriendo las escaleras, y con la apariencia de alguien que había sido traicionado, dijo: "¡Así que eres tú quien dejó el dinero!"

Me sentí pésimo. Era su primer diente y ella ya había descubierto el secreto. Nunca sentiría la emoción de creer en el hada de los dientes otra vez. "Sí, querida", le respondí amablemente. "¿Te sientes decepcionada?"

Cruzando los brazos sobre el pecho, me respondió: "Sí, lo estoy. Ahora voy a colocar el diente debajo de mi almohada otra vez, ¡y en esta ocasión deja que se lo lleve el hada!"

Ya tengo la cita de un dicho de Clancy para la carta de Navidad de este año. El último verano nos tomamos las vacaciones familiares y viajamos en automóvil hasta la costa oeste, porque las niñas tenían que participar de la boda de unos amigos. En el camino de regreso nos quedamos dos días en San Francisco, ocasión en la que tuvimos oportunidad de parar en un hotel muy bonito. Las arañas que colgaban en el hall de entrada eran más grandes que toda la sala de nuestra casa. Los niños recibieron mochilas de regalo, gentileza del hotel, llenas de mapas y literatura sobre San Francisco.

Cuando estábamos empacando para irnos, Clancy vino corriendo, llena de pánico. "¿Dónde están todos los folletos que tenía en mi mochila?", gritó.

Para tranquilizarla, le dije: "Yo los saqué para dárselos a la abuela por si ella quiere traer al tío Casey aquí un poco más adelante".

"¡Pero yo los necesito!", me dijo.

Arqueé las cejas. "¿Para qué?"

Con su dedito me indicó que me acercara a su carita. Entonces susurró en mi oído: "Porque estoy pensando volver aquí para mi luna de miel".

Espero que estas historias les ayuden a armar una composición de cómo son mis pequeñitos. Ya van a tener muchas oportunidades de completar el cuadro con más detalles a medida que sigan leyendo. Después de todo, mis hijos constituyen, en primer lugar, la razón por la que he decidido escribir este libro.

¿ÉL ES HIPERACTIVO O YO ESTOY LOCA?

Desde el momento en que quedé embarazada por primera vez, comencé a leer libros sobre la crianza de los hijos. Bien, tal vez no en ese momento puntual, pero muy poco después. Me propuse que si había una manera correcta de criar a los hijos yo la iba a descubrir. Steve y yo empezamos a concurrir a nuestras primeras clases sobre paternidad antes de comenzar con nuestras clases en Lamaze. Realmente no queríamos arruinar la vida de nuestro hijo al descuidar algún ingrediente fundamental durante los primeros meses de su infancia. Tiempo después descubrimos que igualmente estábamos tarde porque no le habíamos leído a Platón en voz alta ni le habíamos hecho escuchar música clásica mientras estaba en el útero.

Tras el nacimiento de Tucker, continué leyendo libros sobre cada tema relacionado con la crianza, desde los cólicos hasta el ingreso a la universidad. Aun concurrimos a cátedras sobre buenos modales y patrocinamos lecciones de natación para bebés. En la época en que hicieron su aparición Haven y Clancy, Steve y yo ya éramos expertos en el tema de paternidad.

La vida se deslizaba con felicidad hasta la llegada del El Niño. (El Niño es un fenómeno metereológico irregular que produce cantidades extraordinarias de lluvia y humedad en áreas normalmente áridas como el sudoeste de los Estados Unidos.) Tucker se volvió más hiperactivo que nunca y a menudo resultaba incontrolable. Había sido algo temperamental en el pasado, pero habíamos atribuido su comportamiento errático a la fatiga y al hecho de que fuera algo irritable.

Con la aparición de El Niño, sin embargo, Tucker ya se *despertaba* por la mañana de ese modo.

Presupusimos que no éramos lo bastante estrictos con él, así que decidimos ajustar las cuestiones con mayor firmeza. Pero nuestra disciplina sólo lograba que se fuera gritando a su cuarto, pateando juguetes por el camino y dando un portazo tras de sí. Y lo que nos confundía más era que al día siguiente se despertaba siendo el muchachito alegre, cariñoso, increíble que nosotros conocíamos y amábamos. Era como vivir con el Dr. Jekyll y Mr. Hyde. Exploramos todas las posibles explicaciones a través de visitas a media docena de especialistas. Tucker debió soportar la ingesta de quince frascos de vitaminas, la aplicación de inyecciones contra la alergia durante nueve meses, seis tipos distintos de remedios homeopáticos, la oración por sanidad de seis ancianos; y pasar por: una dieta depuradora de tres semanas, dos filtros de purificación de aire, y un compartimiento de luz natural para aliviar el desorden afectivo estacional. La mayoría de los doctores le habían diagnosticado DHDA (desorden hiperactivo y deficiencias en la atención) y recomendaban que fuera medicado.

Pero, en medio de todo esto, descubríamos una inconsistencia llamativa. Se comportaba como un ángel total durante los meses de verano. No tenía nada que ver con la escuela tampoco, porque anteriormente habíamos notado este patrón en su comportamiento, así que había comenzado a recibir clases en casa durante el verano y hacíamos un alto durante el invierno, cuando ya la capacidad de Tucker para concentrarse era prácticamente nula. Este enfoque había logrado un relativo éxito.

Pero recién al año siguiente, después de que El Niño acabó y se fue definitivamente (dejando a nuestra familia como si un tornado, combinado con lluvias e inundaciones, le hubiera pasado por encima) descubrimos el hilo conductor dentro de esta situación: los cambios climáticos.

11

Aparentemente, cuando el viento, la lluvia, el calor y el frío se alternaban uno detrás del otro, la alergia de Tucker se descontrolaba. Por desgracia, todavía no existe una píldora contra los días de lluvia.

NUESTRA TRAVESÍA POR LA CARRETERA DE LA PATERNIDAD

Hasta ese año tan tormentoso avanzábamos felices y a buena velocidad por la carretera de la paternidad. Planeábamos continuar por la interestatal; pero nos obstaculizó el paso la barricada de "las condiciones meteorológicas" de Tucker. Tuvimos que salirnos del camino y trazar el mapa de una ruta alternativa. Todavía sabíamos a dónde queríamos llegar: lograr niños felices y saludables que amaran los caminos de Dios; pero necesitábamos encontrar otra manera de alcanzar esa meta.

Tal vez ustedes también hayan encontrado un vallado en el camino, como nos pasó a Steve y a mí con nuestro hijo. Tuvimos que descubrir algunas maneras creativas de esquivar esas barreras para poder continuar avanzando hacia adelante, como por ejemplo proveerle a Tucker escolaridad en nuestro propio hogar durante el verano para poder superar sus problemas de alergia. ¿Les ha sucedido que sienten que han intentado todo con alguno de sus hijos pero que sin embargo siguen enfrentándose con el mismo obstáculo? Si les pasa, ¡anímense! ¡Éste es un libro *lleno de ideas* para los momentos en los que uno *no tiene la menor idea* de qué hacer!

Quizás alguna vez se han encontrado en una encrucijada en la que no podían decidir qué rumbo tomar. Sabían lo que querían para sus hijos, pero no estaban seguros cómo alcanzar esas metas. Deseaban que alguien dejara de decirles dónde deberían estar para indicarles cómo llegar allí. Es mi oración que ustedes encuentren en este libro algunas guías prácticas.

De paso, ya sea que estén frente a una bifurcación del camino, que se hallen en un camino sin salida, o que se encuentren totalmente perdidos, no se den por vencidos. Puede que éste sea el tiempo de forjar un sendero nuevo hacia delante, o de tomar otra vez el mapa y descubrir dónde se produjo el desvío del curso que se debía seguir. Y si se sienten demasiado desbordados, permítanme ponerme a su lado y recordarles aquellas cosas que ustedes saben que son verdaderas, pero han perdido de vista a lo largo del camino, en medio de la confusión que genera el llevar un estilo de vida que se desliza como por una "super carretera".

HERRAMIENTAS PARA CREAR UNA OBRA DE ARTE

He intentado organizar el material de este libro teniendo como referencia a padres ocupados como ustedes y como yo, de modo que, sin importar el punto al que hayamos llegado en nuestro camino intentando criar los hijos, podamos encontrar ayuda al alcance de la mano. Cada capítulo ha sido dividido en dos partes:

La primera sección contiene historias referidas a mi familia y a mí, que ilustran situaciones frecuentes que como padres debemos enfrentar. He descubierto que a veces aprendo mucho sobre la crianza de los hijos conversando con otra madre, mientras compartimos una taza de té y exponemos nuestras luchas, victorias e ideas. Es desde esta perspectiva que ofrezco mis puntos de vista sobre temas como conflicto entre los hermanos, respeto, castigo físico, fracasos, formas de llegar al corazón y disciplina.

La segunda sección de cada capítulo, o sea la "Caja de herramientas", es mi favorita. A través de los años, he reunido una cantidad de ideas creativas y prácticas que me fueron transmitidas por madres de todo el país. También he añadido algunos consejitos míos propios que desarrollé al procurar que mi rol de madre resultara no sólo efectivo sino divertido. El criar tres niños únicos en su tipo, incluyendo uno que presenta síntomas de DHDA nueve meses al año, ha requerido que combináramos distintos enfoques. Estas sugerencias componen cada uno de los capítulos de la caja de herramientas.

Como ya sabrán, la aventura de la paternidad resulta diferente con cada hijo, y es vital reconocer y adaptarse a los diversos temperamentos, rasgos fuertes y debilidades de nuestros propios niños. Piensen en ustedes mismos como escultores que están dando forma y modelando las vidas de sus pequeños. Es probable que para cada niño haga falta utilizar una herramienta distinta. Tal vez estén procurando formar un jovencito que les parece duro como el mármol. Siendo artistas, ustedes pueden utilizar un cincel, un martillo, y hasta chorros de agua para esculpir su pieza maestra. También puede ser que tengan otros niños más maleables, semejantes a la arcilla. Aun en ese caso, como alfareros pueden utilizar fuego, cuchillos o sus manos desnudas.

No importa cuál sea el material con el que trabajemos, sea madera, hielo, bronce, cera, arena, hierro o espuma. Cada materia prima requiere una combinación de herramientas para lograr el equilibrio entre el respeto por las características únicas y particulares que tiene, y la búsqueda persistente para que aflore el potencial de belleza que oculta en su interior.

En la sección "Caja de herramientas" que aparece al final de cada capítulo, presentaré distintas herramientas y maneras creativas de utilizarlas para permitir que el Señor opere a través de nosotros al formar a nuestros hijos a su imagen (ver Colosenses 3.10). Echémosle una rápida mirada a mi "armario de provisiones". He descubierto que la *narración de historias* constituye una manera amena y efectiva de llegar al corazón de los niños, mientras que el método de las recompensas mantiene vivas sus expectativas. Las *Escrituras* despiertan respeto por la autoridad que se desprende de ellas, y enseñarles a los chicos a tener una *perspectiva eterna* de las cosas los ayuda a mantenerse en el sendero. Finalmente, la *oración* es la herramienta maestra en cuanto a este propósito, tanto para los padres como para los hijos. Ya descubrirán más adelante que ¡no hay razón para que la disciplina resulte aburrida!

Cómo utilizar este libro

Espero en que al acabar de leer *Corrección Creativa* ustedes hayan podido recoger algunas pepitas de sabiduría. Para acceder a estas sugerencias fácilmente, pueden colocar marcas en el "índice temático". De esta manera, cada vez que se encuentren, como padres, en una situación difícil de manejar, podrán buscar fácilmente el consejo para solucionarla.

Por ejemplo, quizás descubran a su niñito mintiendo. Vayan a las páginas finales del libro, busquen "la mentira" en el índice, vuelvan a las páginas indicadas, y seleccionen de allí las herramientas que consideren más eficaces en esa particular situación. Puede que sea una historia que aparece en la segunda mitad del capítulo tres, que ilustra la importancia de la veracidad. El índice puede también conducir a escrituras relacionadas con el tema que aparecen al final del capítulo dos. Si lo que se busca son métodos creativos de disciplina (castigos adecuados a los "faltas" cometidas), se puede hojear el capítulo cinco. Se puede avanzar hasta el capítulo cuatro si se descubre que las mentiras de un hijo se están convirtiendo lentamente en un hábito que debería quebrarse a través de un programa de incentivos. Finalmente, siguiendo los números de páginas que aparecen en itálicas, ustedes podrán descubrir cómo yo elijo manejar la situación cuando uno de mis hijos tiene problemas con una cuestión de disciplina.

Experimenten. Si una sugerencia no les funciona, intenten otra cosa y enfoquen el asunto desde otro ángulo. Pero no descarten definitivamente un método que no funcionó; puede ser que resulte con otro de los niños o en alguna otra etapa de la infancia. Créanme, el dejar de lado los clásicos métodos de corrección mantendrá a sus niños en puntas de pie, a la espera de lo que ustedes puedan sacar de la galera la próxima vez. El camino es largo, pero no tiene por qué ser aburrido.

Sinceramente, desearía que la paternidad fuera algo más simple, pero no lo es. Tengo la esperanza, sin embargo, de que este libro, de alguna manera, haga un poco más fácil el trayecto que les toca recorrer. Y si no los puedo ayudar en esa área, por lo menos que sea un poco más agradable.

Esto me recuerda aquella vez que reprendí a Tucker por molestar durante una clase de jardín de infantes. Exasperada, le dije: "Tucker, cuánto más te hagas el gracioso, más se va a prolongar esto".

"¡Y más divertido se va a poner!", me respondió con una sonrisa.

En lo que tiene que ver con la paternidad, estoy de acuerdo con Tucker. Encontrémosle la gracia. ¡Eso va a hacer que nuestro camino se vuelva más "divertido"!

Capítulo 2

Aprendamos del Gran Padre

Con demasiada frecuencia suponemos que si ejercemos la autoridad que Dios nos ha dado como padres para disciplinar a nuestros hijos, ellos dejarán de amarnos. Creemos que amar significa nunca hacerlos sentir mal. En realidad, implica hacer lo que sea mejor para ellos, aun cuando esto acarree consecuencias no tan placenteras. Cuando tengo que negarles a mis hijos algo que desean, a menudo les recuerdo esto a ellos (y me lo recuerdo a mí misma): "El mismo amor que algunas veces les dice sí, es el que otras veces les dice no".

En nuestra casa instituimos un ritual con nuestros hijos para marcar el fin de la etapa de bebé y el comienzo de la vida como niño. Después de haber dormido durante un año en una cunita en el cuarto de vestir que correspondía a nuestro dormitorio, Clancy se graduaba y pasaba a ocupar una pequeña cama. Al mismo tiempo, Tucker dejaba su cama en forma de automóvil para cambiarla por una litera, y Haven abandonaba su camita infantil para trasladarse a la cama de abajo de la litera.

Haven estaba nerviosa por haber tenido que pasar a una cama como las de las niñas más grandes. Se arrastró hasta la cama de abajo de la litera, con los ojos muy abiertos, y permaneció acostada allí, tiesa, prendida a su frazadita y succionando el chupete, mientras abrazaba a su dinosaurio Barney. Fijaba la mirada en la cama de arriba, como si hasta le asustara mirar el cuarto en derredor de sí.

Tucker también se mostraba ansioso, pero al mismo tiempo entusiasmado. Eléctrico y saltando por todo el cuarto, no veía la hora de probar su nueva cama. Sin embargo cuando llegó el momento de trepar a la cama de arriba, titubeó. De golpe Tucker había "olvidado" como subir una escalerilla. Luego de pasar varios minutos procurando convencerlo, finalmente se metió en la cama, pero la cosa no acabó allí. A los quince minutos se golpeó la cabeza contra el techo, al intentar pararse; se enganchó el brazo con la baranda, al inclinarse para conversar con Haven; y su pie quedó atrapado entre la cama y la pared cuando trató de apagar la luz con el talón.

Nosotros no conseguíamos dormir mucho que digamos, y luego de soportar durante una hora las ruidosas travesuras de Tucker, Steve consideró que era suficiente. Saltó de la cama y se dirigió como una tromba hacia el cuarto de los niños.

"¡Si no se tranquilizan", declaró, "volverán a dormir en sus viejas camas!" Para enfatizar su advertencia, Steve se quedó inmóvil por un momento, mirando a Tucker y Haven. Tenía sus manos levantadas en señal de exasperación, y no llevaba puesto nada más que sus calzoncillos.

Obviamente, Tucker no iba a dejar pasar esa imagen de Steve parado en la penumbra y a medio vestir sin hacer un comentario. "Papi", comentó, "¡parece que estuvieras a punto de morir en la cruz como Jesús!"

Tratando de contener la risa, Steve se dio por vencido y volvió a la cama.

El comentario de Tucke nos hizo reír a todos, pero contiene un germen de verdad: Nuestros hijos nos identifican mucho con Dios. Como padres, representamos a Dios ante ellos. Al observarnos cada día, van creando una imagen de él en su mente y corazón. Pueden imaginarlo como un tirano enojado, en espera de abalanzarse sobre ellos ante el mínimo error, o pueden dibujar un Dios tan pequeño y alejado, que casi no existe. Lamentablemente, algunos niños aún pintan un cuadro del Señor que corresponde a sus propias dimensiones.

Dado que nuestros hijos aprenden a relacionarse con Dios a través del ejemplo que ven en nosotros, debemos tomar muy en serio la tarea que implica nuestra paternidad. Dios nos ha bendecido al permitirnos representar ese rol; y creo que en eso precisamente consiste nuestro objetivo primordial como padres. ¿Pero cómo podemos representar al Señor ante nuestros hijos de una manera sana? ¿Cómo podemos ayudarlos a entender que su obediencia a nosotros (en amor) está estrechamente relacionada con el amor y la obediencia a su Padre celestial? Encararemos estas cuestiones a través del capítulo, con la esperanza de que finalmente lleguemos a comprender que criar niños que aman a Dios debe constituir nuestra más alta y primordial meta. Pero aun los mejores padres a veces no tienen sus prioridades en orden. Así que, primero consideremos con sinceridad algunas otras metas que a menudo persiguen muchos padres bien intencionados al criar a sus hijos.

EVALUEMOS NUESTRAS PRIORIDADES

Cuando se habla de no tener las prioridades en orden, ¡definitivamente me siento culpable! Durante una buena parte del día, mi meta como madre es lograr que los chicos se comporten bien, no por razones elevadas y santas, sino por mi propia paz y tranquilidad. Mi vida se vuelve mucho más simple y agradable cuando los niñitos me obedecen sin discutir y cuando se llevan bien entre ellos. Esto hace que sea rápida en corregirlos, a veces con ira, cuando perturban mi bienestar, sin tener en cuenta cuál es el modelo de Dios que represento ante ellos.

¿Qué ocultos motivos nos mueven a veces? ¿Alguna vez hemos luchado con nuestro orgullo? Yo sí. Con frecuencia deseamos que otras personas admiren a nuestros pequeñitos y, como consecuencia, alaben la pericia de sus progenitores. El que nuestros niños se comportan bien, proyecta una imagen positiva de nosotros como padres. Y cuando alguien lo nota, tenemos la impresión de que por fin todos nuestros arduos esfuerzos se ven recompensados.

Para algunas personas el orgullo no constituye la principal piedra de tropiezo. Pero, ¿y la culpa? Algunos de nosotros establecemos nuestras prioridades como padres dependiendo de las culpabilidades que experimentemos. Tenemos un ideal ilusorio y falso acerca de cómo debería ser el comportamiento de nuestros niños, y cuando ellos no cooperan, nos echamos la culpa y creemos que se debe a que estamos haciendo mal las cosas. Todas estas motivaciones (el deseo de tener paz, el orgullo y la culpa) resultan comprensibles. Pero de todos modos son erradas. Si nosotros educamos a partir de móviles equivocados, cuando la crianza se ponga más difícil, nos desmoronaremos. Así que resulta vital que, de tiempo en tiempo, tomemos distancia del pandemónium que implican los procesos de la crianza, para recordar que la verdadera meta está en lograr que los niños se formen una imagen apropiada de Dios en su interior y aprendan a relacionarse cada día con él como su Creador.

Ser los representantes de Dios ante nuestros hijos es una demanda difícil. De hecho, yo sería la primera en admitir que mi representación de Dios resulta imperfecta. Pero eso es algo intrínseco a la naturaleza misma de las cosas reflejadas: en un espejo nos vemos invertidos; en una cuchara, cabeza abajo; desdibujados en el vidrio de una ventana; y en todos los casos, unidimensionales. Aunque nos esforcemos por ser piadosos, nunca reflejaremos cabalmente a Dios. En lugar de intentar eso, nuestra meta debería centrarse en asegurarnos de que el reflejo de Dios que proyectamos lleve a nuestros niños a acercarse más a él (y que les haga desear tocar esa realidad que procuramos reflejar).

APRENDAMOS DE DIOS, EL PADRE PERFECTO

¿Cómo alcanzar semejante meta? La mejor forma es considerar la manera en que Dios ejerce la paternidad con sus hijos y luego imitar eso que vemos. En la Biblia, la epístola a los Hebreos nos brinda una perspectiva clave en cuanto al estilo en que Dios ejerce su paternidad. Dice: "…Hijo mío, no tomes a la ligera la disciplina del Señor ni te desanimes cuando te reprenda, porque el Señor disciplina a los que ama, y azota a todo el que recibe como hijo" (Hebreos 12.5-6).

Dios nos ama y desea lo mejor para nosotros. Y porque se preocupa tanto, nos disciplina cuando lo necesitamos. Nos ama demasiado como para dejar que continuemos andando por senderos equivocados. El Señor nos permite experimentar dificultades y contratiempos porque, con su ayuda, esos problemas captan nuestra atención y nos conducen de regreso al camino, al curso debido. Hebreos 12.5-6 ilustra perfectamente la manera en que Dios equilibra la tensión entre amar a sus hijos incondicionalmente y mostrarles las consecuencias del pecado.

¡Para mí, eso es paternidad creativa! Sin embargo, a nosotros, padres humanos, puede resultarnos un modelo difícil de seguir. Después de una larga jornada de trabajo, en nuestro caso, y de un día de escuela igualmente pesado, en el caso de nuestros niños, nos sentimos tentados a "no mantener la soga muy tirante" cuando llegamos a casa. "Después de todo", racionalizamos, "tenemos muy poco tiempo para estar juntos. No quiero que ellos sientan que lo único que hago es 'ladrarles'." Otra vez vuelve a hacer presa de nosotros la falsa impresión de que podemos demostrar mejor nuestro amor cediendo ante nuestros niños que manteniendo firmes las riendas.

Hoy, muchos de los "expertos" argumentan que disciplinar es controlar y que eso impide que los niños se expresen cabalmente como individuos. A eso, yo respondo: "¡Que se escuche un aleluya!" He visto a mi hijo expresarse a sus anchas, y no era un espectáculo agradable. Les daré un ejemplo.

Un lunes a la mañana, Steve, los chicos y yo fuimos a desayunar a un restauran local con otra familia. Antes de sentarnos en nuestros lugares jugamos a las sillas musicales, hasta que los adultos quedamos en una punta de la mesa y los chicos en la otra. Aún así, el desayuno resultó caótico. Había gritos y un volar de servilletas de papel y comida que partía continuamente de los niños hacia nosotros. Por supuesto, nuestro hijo Tucker estaba en el centro mismo de la acción. En ese tiempo, con sus cinco años, tanto se lo veía debajo de la mesa, como encima de ella, o corriendo alrededor: en cualquier lugar menos sentado como corresponde frente a su panqueque de chispas de chocolate. No nos llevó mucho tiempo descubrir que no nos sería posible conversar durante períodos más largos que treinta segundos. Al final, Steve y yo nos dimos por vencidos y fuimos a casa a dormir un rato. (Hicimos que Tucker también se acostara.)

Antes de dirigirme a mi propia cama para adoptar la postura del avestruz, con la cara enterrada debajo de la almohada, me dejé caer pesadamente sobre la cama de Tucker y miré a ese hijo mío tan alborotado. "¿Qué se te metió adentro esta mañana?", le pregunté, sin esperar en realidad una respuesta.

Tucker sacudió la cabeza como si no pudiera creer que yo le había hecho semejante pregunta estúpida. "Mami", dijo, "¡tú sabes que el pecado es agradable por un tiempo!" (Antes de que erróneamente supongan que Tucker es un especialista en Biblia, tengan en cuenta que hay ciertas escrituras sobre las que tengo que llamar su atención repetidas veces.)

No nos engañemos acerca de nuestros niños. Como bien lo ilustra mi historia, los chicos nacen con la necedad ligada a sus corazones. Por eso resulta tan importante que nosotros, como padres, sigamos el ejemplo de Dios y disciplinemos a nuestros pequeños. Lo que nuestros niños necesitan de nosotros es disciplina y reglas claras. Ellos no prueban los límites con la esperanza de descubrir los puntos débiles para escapar por ahí y sentirse libres. Lo que desean es asegurarse de que las paredes de su fortaleza son sólidas, de modo que puedan relajarse y disfrutar del ser niños. Intuitivamente, los niños perciben que el lugar más seguro es el que se halla bajo la protección de alguien más grande y más fuerte. Y se preguntan si en realidad nosotros podremos protegerlos.

¿Son sólidas las paredes de nuestra fortaleza? Desearía que ustedes consideraran la posibilidad de concederse el permiso de ser más estrictos, de levantar los límites un poco más cerca de su hogar. Sus hijos pueden hacer un escándalo; el mundo puede no comprender; pero ustedes conocen la verdad de Dios. Y su Palabra atestigua que "...el SEÑOR disciplina a los que ama, como corrige un padre a su hijo querido" (Proverbios 3.12).

CÓMO PRESENTAR LA IMAGEN DE DIOS

La disciplina, cuando es administrada de manera coherente y en amor, alienta a una obediencia de buen grado. La obediencia se basa en la confianza. Y en el mismo corazón de la confianza está el amor. Puedo obedecer a Dios, mi Padre celestial, porque sé que me ama, y puedo confiar en que cualquier cosa que él demande de mí resultará a la larga para mi bien. De la misma manera, nuestros niños precisan estar convencidos de que los amamos incondicionalmente. Necesitan confiar en que cuando les demandamos que hagan algo (y cuando los castigamos por desobedecer), lo hacemos por su propio bien.

Hay muchas formas de ayudar a nuestros pequeños a desarrollar convicción y a confiar en nosotros, y al hacerlo, les presentamos un cuadro bastante preciso de cómo es Dios. Permítanme darles dos ejemplos prácticos de la manera en que mi marido y yo procuramos llevarlo a cabo. Uno, consiste en un juego al que denominamos "la caída de fe". Steve se pone de rodillas, y uno de los niños se para de espaldas a él, sosteniéndose del respaldo de una silla.

Steve le pregunta: "¿Confías en mí?"

"Sí", es la respuesta de la niña.

"¿En realidad confías en mí?", le pregunta otra vez.

Ella responde afirmativamente.

Una vez más él le pregunta: "¿Confías en mí con todo tu corazón?"

"¡Sí!", exclama la niña anticipando lo que viene.

"Entonces, déjate ir", le indica Steve, "y yo te sostendré".

A esta altura, ella se deja caer hacia atrás, y Steve la toma justo antes de que golpee contra el suelo. Luego les llega el turno a los otros dos niños, y Steve y yo volvemos a explicarles el ejercicio.

"Así como puedes confiar en que papá te va a sostener", les decimos a los niños, "también puedes confiar en que Dios lo va a hacer, aun cuando algo te cause temor o no tenga sentido para ti. ¡Él se preocupa tanto por nosotros que siempre corre a sostenernos, y es tan fuerte, que no nos dejará caer!"

Este juego de "la caída de fe" les ha ayudado a comprender el principio de la confianza. Steve y yo a menudo hacemos referencia a él cuando los niños sienten que Dios les pide algo que les causa temor y no tienen certeza con respecto a si él va a estar ahí para ayudarlos a pasar por esa circunstancia.

Otra forma en la que hemos procurado enseñarles acerca de la confianza y la obediencia es utilizando la ilustración del paraguas. Un día yo dibujé un paraguas grande. Parados debajo de él estaban Tucker, Haven y Clancy. Al no ser una artista consumada, tuve que colocarle los nombres a las figuras para que los chicos pudieran saber quién era quién. Entonces señalé que el paraguas eran "mamá y papá". (Para ser sincera, el paraguas se parecía más a mamá en uno de aquellos días en que su pelo resulta indomable, pero resultaba necesario identificar a papá como parte del cuadro). Entonces les expliqué el dibujo.

"Cuando ustedes obedecen a lo que papá y mamá les enseñan", les dije, "están a salvo bajo el paraguas de nuestra protección. El mundo puede 'hacer llover' sobre ustedes todo tipo de problemas y tentaciones, pero están protegidos.

"Dios ha determinado que mamá y papá sean el paraguas que los cubra por su propia seguridad", continué. "Cuando ustedes eligen desobedecer y salir de debajo de nuestra cobertura, tienen que vérselas con las situaciones difíciles que les presenta el mundo".

Esta ilustración les ha ayudado a los niños a comprender por qué es tan importante que sigan nuestras instrucciones. También les ha servido como referencia cuando sienten que nosotros estamos tomando una decisión equivocada. Si eso sucede, Steve y yo les explicamos que a pesar de que ellos piensen que es errada la elección que han hecho papá y mamá, resulta más seguro obedecernos y mantenerse debajo del "paraguas" que volverse vulnerables a los peligros y mentiras del mundo. Dios, les decimos, tratará con nosotros (los padres) si nuestras elecciones son incorrectas.

Pero transmitir la imagen de Dios incluye más que simplemente proveerles juegos y ejemplos ilustrativos. Al tratar de representar a Dios ante nuestros hijos, Steve y yo descubrimos que también era vital demostrar amor y respeto el uno hacia el otro. El apóstol Pablo trató el tema de las relaciones familiares diciendo: "…cada uno de ustedes ame también a su esposa como a sí mismo, y que la esposa respete a su esposo" (Efesios 5.33). Sus siguientes palabras iban dirigidas a los hijos: "Honra a tu padre y a tu madre" (6.2).

Estoy convencida de que esos dos versículos no aparecen juntos por coincidencia. Los niños se sentirán motivados a responder ante nosotros, sus padres, de la manera adecuada cuando vean que mamá y papá se aman el uno al otro como deben hacerlo. Pensemos seriamente, junto con nuestro cónyuge, en la manera en la que nos relacionamos el uno con el otro. ¿Qué clase de mensaje les estamos comunicando a nuestros hijos? Constituir un ejemplo de respeto y amor dentro del matrimonio resulta esencial para transmitir una imagen sana de Dios. Si respetamos a nuestros cónyuges, nuestros hijos responderán de manera más positiva cuando les demandemos respeto hacia nosotros. Y cuando nuestros niños respetan a sus padres terrenales, aprenden también a respetar a Dios, su Padre celestial.

Hay una diversidad de maneras a través de las cuales enseñar a los niños a respetar la autoridad. Yo crecí en el sur de los Estados Unidos, donde aprendimos a responder "sí, señor", o "sí, señora" cuando se nos requería seguir una instrucción. Además de esto, les he enseñado a mis hijos a dirigirse a las madres de sus mejores amigos llamándolas por su apellido, por ejemplo, "Señora Gómez", en lugar de usar su nombre de pila, como Alicia, o Julia. Podemos transmitirles estas lecciones al mismo tiempo en que aprenden a decir "por favor" y "gracias", y tal vez llamarlas los '100 buenos modales'.

Para desarrollar más aún su actitud respetuosa, pidámosles a nuestros niños que nos presten completa atención cuando les hablamos. ¿Cuántas veces hemos hablado con nuestros niños mientras sus ojos se mantienen fijos en la pantalla del televisor mirando a un pequeño italiano que salta sobre tortugas que ruedan por el piso? Si alguno de ellos se parece a Tucker, ni siquiera necesitará un juego de vídeo para distraerse. Así que cuando le hablo a Tucker, le pido que pare lo que esté haciendo, se quede quieto, y me mire a los ojos. A veces le he preguntado: "Si te fuera a ofrecer $100, ¿me escucharías con atención?" Esto logra captar su atención el tiempo suficiente como para recordarle que el rey Salomón, que fue el hombre más sabio que jamás vivió, dijo que es mejor obtener sabiduría (la que, ¡por supuesto!, proviene de mamá y papá) que oro o plata (Proverbios 16.16).

FORMAS SUTILES DE FALTAR EL RESPETO

Al entrenar a nuestros niños en el respeto a la autoridad, les estamos enseñando a relacionarse con Dios. No pueden obedecerlo si no han aprendido a escucharlo; no lo escucharán si no lo respetan; y no lo respetarán si no se someten a él. Evaluemos el nivel de sujeción que nuestros niños demuestran con respecto a nosotros en el presente, y consideremos de qué manera esto se puede transferir a su relación con Dios.

Cuando le damos una instrucción a alguno de nuestros hijos, ¿generalmente discute con nosotros o nos pregunta "por qué"? ¿Qué clase de actitudes tiene? Sus acciones responden a un planteo de: "Te obedeceré lo suficiente como para zafar", u "Obedeceré, pero haré lo que quiera primero"? ¿Tenemos algunos jóvenes abogados dentro de la familia? Hablo de esa clase de pequeños negociadores que siempre tienen una idea mejor que la nuestra acerca de cómo hacer las cosas que les indicamos. Moisés, como lo vemos en el libro de Éxodo, decidió hacer las cosas a su manera, y como resultado no pudo conducir a los hijos de Israel cuando entraron a la Tierra Prometida, aun después de haberlos soportado en el desierto durante cuarenta años.

La Biblia señala que mientras el pueblo de Israel deambulaba por el desierto, sintieron sed. Así que el Señor le dijo a Moisés que reuniera a la gente y le hablara a una roca que él señaló. Entonces el agua brotaría de ella. Sin embargo, en lugar de hablarle, Moisés golpeó la roca dos veces con su vara. Fluyó agua de ella, pero el Señor castigó a Moisés por su desobediencia, y le prohibió conducir a los israelitas en su entrada a la Tierra Prometida (Números 20.6-12). La historia de Moisés puede parecernos extrema, pero subraya la importancia de hacer las cosas a la manera de Dios. ¿Cuáles de las promesas de Dios pueden llegar a perder nuestros hijos por hacer las cosas a su propio antojo?

La desobediencia se presenta de muchas maneras, incluyendo la queja. Puede ser que resulte un poco difícil de reconocer en este caso, pero cuando yo me di cuenta de que la queja era simplemente una manipulación bien disfrazada, tomé la decisión de ponerme firme al respecto. Se convirtió en una cuestión tan importante en nuestro hogar que nuestros hijos pensaron que se trataba de uno de los Diez Mandamientos. Les doy un ejemplo:

Mientras nuestra casa estaba en proceso de construcción, yo escribía pasajes de las escrituras en las paredes, antes de que fueran pintadas. Un día Tucker entró disparado desde el patio (él tiene una sola velocidad), tomó un lápiz, y corrió escaleras arriba hacia lo que en el futuro se convertiría en su cuarto. Me picó la curiosidad, así que lo seguí y lo pesqué escribiendo en la paredes.

"No te preocupes, mamá", me dijo con prontitud. "Yo también estoy copiando escrituras."

Me incliné hacia delante, interesada por ver lo que él en realidad había escrito. ¡Después de todo, Tucker recién estaba aprendiendo a leer!

Apuntando al primer conjunto de jeroglíficos, dijo con orgullo: "¿Ves?, dice: 'No te quejarás'".

Me anima saber que no sólo mis hijos se quejan; ¡los hijos de Israel fueron notoriamente conocidos por ello también! Una vez, cuando se quejaban por no tener suficiente comida, Dios se enojó y les dijo: "¡Bien! ¿Quieren carne? ¡Les voy a dar tanta que les va a salir por las narices!" (Ver Números 11). Entrenemos a nuestros niños para seguir instrucciones, de manera de que no tengan que aprender por el camino más difícil cuáles son los resultados que produce la queja. Recordemos que no sólo tenemos que desarrollar una relación de amor con nuestros niños sino que ésta debe incluir la sujeción a nuestra autoridad. Nuestra interacción con ellos proveerá los fundamentos de la relación que luego ellos establezcan con Dios.

LA BIBLIA COMO PALABRA FINAL

Enseñar a nuestros niños a obedecernos y prestar atención a nuestras palabras implica prioritariamente enseñarles a obedecer a Dios y su Palabra. En su libro *For Instruction in Righteousness* [Para instruir en justicia], Pam Forster escribe:

> Nuestro hijo necesita comprender que la autoridad que nosotros, como padres, ejercemos sobre él nos ha sido delegada por Dios. Cuando disciplinamos a un niño por sus errores, lo hacemos porque Dios dice que su acción es equivocada, y no por infringir alguna norma arbitraria que nosotros mismos hayamos inventado. Nuestros hijos se muestran mucho más permeables a la corrección cuando son los criterios de Dios y no los nuestros los que sostenemos delante de ellos. Si la Biblia es nuestra autoridad, nuestros niños llegarán a comprender que lo "correcto" y lo "incorrecto" se basa

en los criterios de Dios y no en los nuestros. (*)

¡Me encanta! Porque las reglas que voy instalando en ellos son las de Dios, y ya no tengo que responderles: "¡Porque yo soy la mamá, y nada más!" Puedo mencionar un texto apropiado de las Escrituras y luego decirles a mis niños con toda calma: "Queridos, yo no establecí estas reglas sino Dios. Y él dice que estas reglas hacen que la vida funcione bien. Y porque yo le creo y los amo a ustedes, voy a apoyar lo que él dice."

¿Cómo enseñarles a nuestros niños los criterios de Dios con respecto a la disciplina? Podemos darles una perorata usando versículos bíblicos cada vez que cometen una infracción y convertirnos ante ellos en una parodia de aquellos evangelistas que aparecen por televisión predicando sobre "el fuego y el azufre" del infierno. Aunque se hace referencia a la Biblia como la "espada del Espíritu", no creo que la intención sea utilizarla como un arma para amenazar a nuestros hijos. Aunque ese enfoque asuste a los niños y los lleve a obedecernos, no va a conseguir que amen las Escrituras. Y necesitamos que se produzca ese equilibrio entre el amor y la obediencia para que podamos transmitirles una imagen verdadera de Dios.

Nuestros niños responderán mejor a la Biblia si aprenden a amarla. Pero antes necesitan descubrir que nosotros amamos la ley de Dios. Recientemente fui entrevistada para un programa especial de televisión dedicado al Día de la Madre. La conductora me preguntó: "¿De qué manera te gustaría que tus hijos te recordaran?" Luego de descartar la imagen de modelo en traje de baño de la revista Sports Illustrated, me decidí por otra, y respondí: "Me gustaría que mis hijos recordaran que al despertar cada mañana y espiar a través de la baranda de la escalera, me veían leyendo la Biblia en mi sillón predilecto, tomando un café en compañía de Jesús, y escuchando lo que él quería decirme ese día a través de su Palabra".

Espero que esta imagen permanezca en sus mentes, y que con el tiempo mis niños lleguen a amar tanto la palabra de Dios, que ella se convierta en una parte tan importante de su rutina diaria como el cepillarse los dientes. Deberíamos fijarnos esta meta: que nuestros hijos amaran y abrazaran la ley de Dios. Consideremos atentamente esta estrofa de un hermoso poema de la Biblia: "Sobre todas las cosas amo tus mandamientos, más que el oro, más que el oro refinado" (Salmo 119.127). Me encantaría saber que, al igual que el autor de estos versos, mis hijos han llegado a entender la bondad de Dios y la felicidad que produce el obedecer su Palabra.

En la siguiente sección de "Caja de herramientas" he incluido una lista de las áreas de infracción infantil más comunes, acompañadas de algunas escrituras pertinentes. Resulta alentador notar que Dios no se ocupa de generalidades. Tiene ciertas cosas muy específicas que decir con respecto a la conducta de sus hijos. Sería maravilloso que nuestros niños conocieran y memorizaran estas escrituras, pero tengamos en cuenta que primeramente van dirigidas a nosotros, los padres. Oro para que a medida que vayan leyendo los próximos versículos y se les refresquen estas instrucciones dadas por Dios, asuman ustedes una nueva resolución en cuanto a enseñarles a sus hijos la palabra de Dios y formarlos en sus caminos.

(*) Pam Forster, *For Instruction in Righteousness* [Para instruir en justicia], p.2, copyright 1993 de Doorposts, 5905 SW Lookinglass Drive, Gaston, OR 97119, www.doorposts.net. Utilizado con permiso.

Aprendamos del gran Padre

Caja de herramientas

"Toda la Escritura es inspirada por Dios y útil para enseñar, para reprender, para corregir y para instruir en la justicia, a fin de que el siervo de Dios esté entera-mente capacitado para toda buena obra."
(2 Timoteo 3.16-17)

El exasperar o provocar disensiones

Proverbios 15.18: "El que es iracundo provoca contiendas; el que es paciente las apacigua."

Proverbios 10.12: "El odio es motivo de disensiones, pero el amor cubre todas las faltas."

Proverbios 26.21: "Con el carbón se hacen brasas, con la leña se prende fuego, y con un pendenciero se inician los pleitos."

❧

La ira

Proverbios 29.11: "El necio da rienda suelta a su ira, pero el sabio sabe dominarla."

Santiago 1.19-20: "Mis queridos hermanos, tengan presente esto: Todos deben estar listos para escuchar, y ser lentos para hablar y para enojarse; pues la ira humana no produce la vida justa que Dios quiere."

Efesios 4.26-27: "Si se enojan, no pequen. No dejen que el sol se ponga estando aún enojados, ni den cabida al diablo."

❧

Las discusiones

Proverbios 18.2: "Al necio no le complace el discernimiento; tan sólo hace alarde de su propia opinión."

Proverbios 13.10: "El orgullo sólo genera contiendas, pero la sabiduría está con quienes oyen consejos."

2 Timoteo 2.23-24: "No tengas nada que ver con discusiones necias y sin sentido, pues ya sabes que terminan en pleitos. Y un siervo del Señor no debe andar peleando; más bien, debe ser amable con todos, capaz de enseñar y no propenso a irritarse."

El estar atentos

Proverbios 12.11: "El que labra su tierra tendrá abundante comida, pero el que sueña despierto es un imprudente."

Proverbios 4.20: "Hijo mío, atiende a mis consejos; escucha atentamente lo que digo."

Las actitudes

Proverbios 15.15: "Para el afligido todos los días son malos; para el que es feliz siempre es día de fiesta."

Proverbios 17.22: "Gran remedio es el corazón alegre, pero el ánimo decaído seca los huesos."

El lenguaje malo o perverso

Efesios 4.29: "Eviten toda conversación obscena. Por el contrario, que sus palabras contribuyan a la necesaria edificación y sean de bendición para quienes escuchan."

Proverbios 4.24: "Aleja de tu boca la perversidad; aparta de tus labios las palabras corruptas."

La jactancia, los alardes, el orgullo

Proverbios 27.2: "No te jactes de ti mismo; que sean otros los que te alaben."

Proverbios 12.23: "El hombre prudente no muestra lo que sabe, pero el corazón de los necios proclama su necedad."

1 Pedro 5.6-7: "Humíllense, pues, bajo la poderosa mano de Dios, para que él los exalte a su debido tiempo. Depositen en él toda

ansiedad, porque él cuida de ustedes."

※

El hacer trampas

Proverbios 15.3: "Los ojos del SEÑOR están en todo lugar, vigilando a los buenos y a los malos."

Lucas 16.10: "El que es honrado en lo poco, también lo será en lo mucho; y el que no es íntegro en lo poco, tampoco lo será en lo mucho."

※

La queja

Filipenses 2.14-15: "Háganlo todo sin quejas ni contiendas, para que sean intachables y puros, hijos de Dios sin culpa en medio de una generación torcida y depravada. En ella ustedes brillan como estrellas en el firmamento."

Números 11.1: "Un día, el pueblo se quejó de sus penalidades que estaba sufriendo. Al oírlos el SEÑOR, ardió en ira."

1 Tesalonicenses 5.18: "Den gracias a Dios en toda situación, porque ésta es su voluntad para ustedes en Cristo Jesús."

La confesión

Proverbios 28.13: "Quien encubre su pecado jamás prospera; quien lo confiesa y lo deja, halla perdón."

Santiago 5.16: "Por eso, confiésense unos a otros sus pecados, y oren unos por otros, para que sean sanados. La oración del justo es poderosa y eficaz."

1 Juan 1.9: "Si confesamos nuestros pecados, Dios, que es fiel y justo, nos los perdonará y nos limpiará de toda maldad."

El controlar la lengua

Santiago 1.26: "Si alguien se cree religioso pero no le pone freno a su lengua, se engaña a sí mismo, y su religión no sirve para nada."

Proverbios 29.20: "¿Te has fijado en los que hablan sin pensar? ¡Más se puede esperar de un necio que de gente así!"

Proverbios 13.3: "El que refrena su lengua protege su vida, pero el ligero de labios provoca su ruina."

Proverbios 18.7: "La boca del necio es su perdición; sus labios son para él una trampa mortal."

El engaño

2 Corintios 4.2: "Más bien, hemos renunciado a todo lo vergonzoso que se hace a escondidas; no actuamos con engaño ni torcemos la palabra de Dios. Al contrario, mediante la clara exposición de la verdad, nos recomendamos a toda conciencia humana en la presencia de Dios."

Marcos 4.22: "No hay nada escondido que no esté destinado a descubrirse; tampoco hay nada oculto que no esté destinado a ser revelado."

El desafío a la autoridad y la rebelión

Salmo 106.43: "Muchas veces Dios los libró; pero ellos, empeñados en su rebeldía, se hundieron en la maldad."

Santiago 4.17: "Así que comete pecado todo el que sabe hacer el bien y no lo hace."

Eclesiastés 8.11: "Cuando no se ejecuta rápidamente la sentencia de un delito, el corazón del pueblo se llena de razones para hacer lo malo."

El aceptar la corrección

Proverbios 12.1: "El que ama la disciplina ama el conocimiento, pero el que la aborrece es un necio."

Proverbios 19.20: "Atiende al consejo y acepta la corrección, y llegarás a ser sabio.

Hebreos 12.5-6: "…Hijo mío, no tomes a la ligera la disciplina del Señor ni te desanimes cuando te reprenda, porque el Señor disciplina a los que ama, y azota a todo el que recibe como hijo."

Hebreos 12.11: "Ciertamente, ninguna disciplina, en el momento de recibirla, parece agradable, sino más bien penosa; sin embargo, después produce una cosecha de justicia y paz para quienes han sido entrenados por ella."

@

La diligencia

Proverbios 22.29: "¿Has visto a alguien diligente en su trabajo?, se codeará con reyes, y nunca será un Don Nadie."

1 Corintios 9.27: "Más bien, golpeo mi cuerpo y lo domino, no sea que, después de haber predicado a otros, yo mismo quede descalificado."

1 Timoteo 4.15: "Sé diligente en estos asuntos; entrégate de lleno a ellos, de modo que todos puedan ver que estás progresando."

@

El discernimiento

Proverbios 15.21: "Al necio le divierte su falta de juicio; el entendido endereza sus propios pasos."

Proverbios 4.25-27: "Pon la mirada en lo que tienes delante; fija la vista en lo que está frente a ti. Endereza las sendas por donde andas; allana todos tus caminos. No te desvíes ni a diestra ni a siniestra; apártate de la maldad."

☺

El hacer el bien

Filipenses 4.8: "Por último, hermanos, consideren bien todo lo verdadero, todo lo respetable, todo lo justo, todo lo puro, todo lo amable, todo lo digno de admiración, en fin, todo lo que sea excelente o merezca elogio."

Colosenses 3.2-3: "Concentren su atención en las cosas de arriba, no en las de la tierra, pues ustedes han muerto y su vida está escondida con Cristo en Dios."

1 Juan 2.15: "No amen al mundo ni nada de lo que hay en él. Si alguien ama al mundo, no tiene el amor del Padre."

3 Juan 11: "Querido hermano, no imites lo malo sino lo bueno. El que hace lo bueno es de Dios; el que hace lo malo no ha visto a Dios."

☺

El temor

Proverbios 3.24-26: "Al acostarte, no tendrás temor alguno; te acostarás y dormirás tranquilo. No temerás ningún desastre repentino, ni la desgracia que sobreviene a los impíos."

Salmo 56.3-4: "Cuando siento miedo, pongo en ti mi confianza. Confío en Dios y alabo su palabra; confío en Dios y no siento miedo. ¿Qué puede hacerme un simple mortal?"

☺

Las amistades

Proverbios 13.20 "El que con sabios anda, sabio se vuelve; el que con necios se junta, saldrá mal parado."

Proverbios 1.10,15: "Hijo mío, si los pecadores quieren engañarte, no vayas con ellos... ¡Pero no te dejes llevar por ellos, hijo mío! ¡Apártate de sus senderos!"

Proverbios 12.26: "El justo es guía de su prójimo, pero el camino del malvado lleva a la perdición."

1 Corintios 15.33: "No se dejen engañar: 'Las malas compañías corrompen las buenas costumbres'."

@

La generosidad

Proverbios 11.24: "Unos dan a manos llenas, y reciben más de lo que dan; otros ni sus deudas pagan, y acaban en la miseria."

Lucas 6.30-31: "Dale a todo el que te pida, y si alguien se lleva lo que es tuyo, no se lo reclames. Traten a los demás tal y como quieren que ellos los traten a ustedes."

Lucas 6.38: "Den y se les dará: se les echará en el regazo una medida llena, apretada, sacudida y desbordante. Porque con la medida que midan a otros, se les medirá a ustedes."

Hechos 20.35: "Hay más dicha en dar que en recibir."

2 Corintios 9.7b: "Dios ama al que da con alegría."

@

El chisme

Proverbios 16.28: "El perverso provoca contiendas, y el chismoso divide a los buenos amigos."

Proverbios 20.19: "El chismoso traiciona la confianza; no te juntes con la gente que habla de más."

Proverbios 11.13: "La gente chismosa revela los secretos; la gente confiable es discreta."

La avaricia

Proverbios 28.25: "El que es ambicioso provoca peleas, pero el que confía en el SEÑOR prospera."

Lucas 12.15: "¡Tengan cuidado! —advirtió [Jesús] a la gente-. Absténganse de toda avaricia; la vida de una persona no depende de la abundancia de sus bienes."

Los celos

Gálatas 5.26: "No dejemos que la vanidad nos lleve a irritarnos y a envidiarnos unos a otros."

Santiago 3.16: "Porque donde hay envidias y rivalidades, también hay confusión y toda clase de acciones malvadas."

El juzgar a otros

Mateo 7.1-2: "No juzguen a nadie, para que nadie los juzgue a ustedes. Porque tal como juzguen se les juzgará, y con la medida que midan a otros, se les medirá a ustedes."

Juan 8.15: "Ustedes juzgan según criterios humanos; yo, en cambio, no juzgo a nadie."

1 Corintios 4.5a: "Por lo tanto, no juzguen nada antes de tiempo; esperen hasta que venga el Señor. Él sacará a la luz lo que está oculto en la oscuridad y pondrá al descubierto las intenciones de cada corazón."

Mateo 7.3: "¿Por qué te fijas en la astilla que tiene tu hermano en el ojo, y no le das importancia a la viga que está en el tuyo?"

La bondad

Proverbios 11.17: "El que es bondadoso se beneficia a sí mismo; el que es cruel, a sí mismo se perjudica."

Efesios 4.32: "Más bien, sean bondadosos y compasivos unos con otros, y perdónense mutuamente, así como Dios los perdonó a ustedes en Cristo."

La pereza

Proverbios 10.4: "Las manos ociosas conducen a la pobreza; las manos hábiles atraen riquezas."

Proverbios 12.24: "El de manos diligentes gobernará; pero el perezoso será subyugado."

Efesios 6.5-6: "Esclavos, obedezcan a sus amos terrenales con respeto… No lo hagan sólo cuando los estén mirando, como los que quieren ganarse el favor humano, sino como esclavos de Cristo, haciendo de todo corazón la voluntad de Dios."

El escuchar

Proverbios 12.15: "Al necio le parece bien lo que emprende, pero el sabio atiende al consejo."

Proverbios 13.1: "El hijo sabio atiende a la corrección de su padre, pero el insolente no hace caso a la represión."

La mentira

Proverbios 12.19: "Los labios sinceros permanecen para siempre, pero la lengua mentirosa dura sólo un instante."

Proverbios 12.22: "El SEÑOR aborrece a los de labios mentirosos, pero se complace en los que actúan con lealtad."

Proverbios 21.6: "La fortuna amasada por la lengua embustera se esfuma como la niebla y es mortal como una trampa."

Levítico 19.11: "No roben. No mientan. No engañen a su prójimo."

Salmo 34.13: "...refrene su lengua de hablar el mal y sus labios de proferir engaños."

@

El comportamiento

1 Corintios 10.31: "En conclusión, ya sea que coman o beban o hagan cualquier otra cosa, háganlo todo para la gloria de Dios."

@

La modestia

Proverbios 11.22: "Como argolla de oro en hocico de cerdo es la mujer bella pero indiscreta."

Proverbios 31.30: "Engañoso es el encanto y pasajera la belleza; la mujer que teme al SEÑOR es digna de alabanza."

1 Corintios 12.23b: "Y se les trata con especial modestia a los miembros que nos parecen menos presentables".

@

El dinero

Proverbios 21.20: "En casa del sabio abundan las riquezas y el perfume, pero el necio todo lo despilfarra."

Proverbios 22.7: "Los ricos son los amos de los pobres; los deudores son esclavos de sus acreedores."

@

La obediencia

Salmo 119.129: "Tus estatutos son maravillosos; por eso los obedezco."

Lucas 11.28: "-Dichosos más bien —contestó Jesús- los que oyen la palabra de Dios y la obedecen."

Juan 14.15: "Si ustedes me aman, obedecerán mis mandamientos."

Colosenses 3.20: "Hijos, obedezcan a sus padres en todo, porque esto agrada al Señor."

Salmo 119.60: "Me doy prisa, no tardo nada para cumplir tus mandamientos."

La paciencia

Romanos 8.25: "Pero si esperamos lo que todavía no tenemos, en la espera mostramos nuestra constancia."

Romanos 12.12: "Alégrense en la esperanza, muestren paciencia en el sufrimiento, perseveren en la oración."

Efesios 4.2: "…siempre humildes y amables, pacientes, tolerantes unos con otros en amor."

El ser pacificadores

Proverbios 20.3: "Honroso es al hombre evitar la contienda, pero no hay necio que no inicie un pleito."

Proverbios 19.11: "El buen juicio hace al hombre paciente; su gloria es pasar por alto la ofensa."

Santiago 3.18: "En fin, el fruto de la justicia se siembra en paz para los que hacen la paz."

Mateo 5.9: "Dichosos los que trabajan por la paz, porque serán llamados hijos de Dios."

Las presiones de sus pares

Proverbios 29.25: "Temer a los hombres resulta una trampa, pero el que confía en el SEÑOR sale bien librado."

Proverbios 4.14-15: "No sigas la senda de los perversos ni vayas por el camino de los malvados. ¡Evita ese camino! ¡No pases por él! ¡Aléjate de allí, y sigue de largo!"

Tito 2.12: "[Dios] nos enseña a rechazar la impiedad y las pasiones mundanas. Así podremos vivir en este mundo con justicia, piedad y dominio propio."

Hechos 5.29: "-¡Es necesario obedecer a Dios antes que a los hombres! —respondieron Pedro y los demás apóstoles-."

1 Timoteo 4.12: "Que nadie te menosprecie por ser joven. Al contrario, que los creyentes vean en ti un ejemplo a seguir en la manera de hablar, en la conducta, y en amor, fe y pureza."

El respeto a la autoridad

Romanos 13.1: "Todos deben someterse a las autoridades públicas, pues no hay autoridad que Dios no haya dispuesto, así que las que existen fueron establecidas por él."

Hebreos 13.17: "Obedezcan a sus dirigentes y sométanse a ellos, pues cuidan de ustedes como quienes tienen que rendir cuentas. Obedézcanlos a fin de que ellos cumplan su tarea con alegría y sin quejarse, pues el quejarse no les trae ningún provecho."

El respeto a los padres

Proverbios 20.20: "Al que maldiga a su padre y a su madre, su lámpara se le apagará en la más densa oscuridad."

Proverbios 30.17: "Al que mira con desdén a su padre, y rehúsa obedecer a su madre, que los cuervos del valle le saquen los ojos y que se lo coman vivo los buitres."

Efesios 6.2-3: "Honra a tu padre y a tu madre —que es el primer mandamiento con promesa- para que te vaya bien y disfrutes de una larga vida en la tierra."

☙

La responsabilidad

Proverbios 12.10: "El justo atiende a las necesidades de su bestia, pero el malvado es de mala entraña."

☙

La venganza

Proverbios 20.22: "Nunca digas: «¡Me vengaré de ese daño!» Confía en el SEÑOR y él actuará por ti."

Levítico 19.18: "No seas vengativo con tu prójimo, ni le guardes rencor. Ama a tu prójimo como a ti mismo. Yo soy el SEÑOR."

☙

La vida centrada en uno mismo

Salmo 119.36: "Inclina mi corazón hacia tus estatutos y no hacia las ganancias desmedidas."

Filipenses 2.3-4: "No hagan nada por egoísmo o vanidad; más bien, con humildad consideren a los demás como superiores a ustedes mismos. Cada uno debe velar no sólo por sus propios intereses sino también por los intereses de los demás."

Santiago 3.16: "Porque donde hay envidias y rivalidades, también hay confusión y toda clase de acciones malvadas."

El dominio propio

Proverbios 25.28: "Como ciudad sin defensa y sin murallas es quien no sabe dominarse."

Proverbios 16.32: "Más vale ser paciente que valiente; más vale dominarse a sí mismo que conquistar ciudades."

Proverbios 5.23: "[El malvado] morirá por su falta de disciplina; perecerá por su gran insensatez."

2 Timoteo 1.7: "Pues Dios no nos ha dado un espíritu de timidez, sino de poder, de amor y de dominio propio."

El compartir

1 Timoteo 6.18: "Mándales que hagan el bien, que sean ricos en buenas obras, y generosos, dispuestos a compartir lo que tienen."

Hebreos 13.16: "No se olviden de hacer el bien y de compartir con otros lo que tienen, porque ésos son los sacrificios que agradan a Dios."

Hechos 4.32: "Todos los creyentes eran de un solo sentir y pensar. Nadie consideraba suya ninguna de sus posesiones, sino que las compartían."

La rivalidad entre hermanos

Proverbios 17.14: "Iniciar una pelea es romper una represa; vale más retirarse que comenzarla."

Proverbios 25.21-22: "Si tu enemigo tiene hambre, dale de comer; si tiene sed, dale de beber. Actuando así, harás que se avergüence de su conducta, y el SEÑOR te lo recompensará."

Romanos 12.10: "Ámense los unos a los otros con amor fraternal, respetándose y honrándose mutuamente."

Romanos 12.18: "Si es posible, y en cuanto dependa de ustedes, vivan en paz con todos."

Romanos 12.21: "No te dejes vencer por el mal; al contrario, vence el mal con el bien."

Juan 15.13: "Nadie tiene amor más grande que el dar la vida por sus amigos."

Romanos 12.15-16a: "Alégrense con los que están alegres; lloren con los que lloran. Vivan en armonía los unos con los otros."

1 Pedro 3.8-9: "En fin, vivan en armonía los unos con los otros; compartan penas y alegrías, practiquen el amor fraternal, sean compasivos y humildes. No devuelvan mal por mal ni insulto por insulto; más bien, bendigan, porque para esto fueron llamados, para heredar una bendición."

1 Juan 2.9-10: "El que afirma que está en la luz, pero odia a su hermano, todavía está en la oscuridad. El que ama a su hermano permanece en la luz, y no hay nada en su vida que lo haga tropezar."

El hablar sin amabilidad

Proverbios 15.4: "La lengua que brinda consuelo es árbol de vida; la lengua insidiosa deprime el espíritu."

Proverbios 12.18: "El charlatán hiere con la lengua como con una espada, pero la lengua del sabio brinda alivio."

Proverbios 15.1: "La respuesta amable calma el enojo, pero la agresiva echa leña al fuego."

Proverbios 18.21: "En la lengua hay poder de vida y muerte; quienes la aman comerán de su fruto."

El robo

Levítico 19.11: "No roben. No mientan. No engañen a su prójimo."

Efesios 4.28: "El que robaba, que no robe más, sino que trabaje honradamente con las manos para tener qué compartir con los necesitados."

Proverbios 10.2: "Las riquezas mal habidas no sirven de nada, pero la justicia libra de la muerte."

@

El hablar demasiado

Proverbios 10.19: "El que mucho habla, mucho yerra; el que es sabio refrena su lengua."

Proverbios 17.28: "Hasta un necio pasa por sabio si guarda silencio; se le considera prudente si cierra la boca."

Proverbios 21.23: "El que refrena su boca y su lengua se libra de muchas angustias."

@

La burla

Proverbios 26.18-19: "Como loco que dispara mortíferas flechas encendidas, es quien engaña a su amigo y explica: '¡Tan sólo estaba bromeando!'"

Santiago 3.5: "Así también la lengua es un miembro muy pequeño del cuerpo, pero hace alarde de grandes hazañas. ¡Imagínense qué gran bosque se incendia con tan pequeña chispa!"

@

La ingratitud

Colosenses 2.6-7: "Por eso, de la manera que recibieron a Cristo Jesús como Señor, vivan ahora en él, arraigados y edificados en él, confirmados en la fe como se les enseñó, y llenos de gratitud."

Colosenses 3.15: "Que gobierne en sus corazones la paz de Cristo, a la cual fueron llamados en un solo cuerpo. Y sean agradecidos."

Colosenses 4.2: "Dedíquense a la oración: perseveren en ella con agradecimiento."

Miscelánea de escrituras

1 Corintios 13.4-7: "El amor es paciente, es bondadoso. El amor no es envidioso ni jactancioso ni orgulloso. No se comporta con rudeza, no es egoísta, no se enoja fácilmente, no guarda rencor. El amor no se deleita en la maldad sino que se regocija con la verdad. Todo lo disculpa, todo lo cree, todo lo espera, todo lo soporta."

Gálatas 5.22-23: "En cambio, el fruto del Espíritu es amor, alegría, paz, paciencia, amabilidad, bondad, fidelidad, humildad y dominio propio. No hay ley que condene estas cosas."

Juan 3.16: "Porque tanto amó Dios al mundo, que dio a su Hijo unigénito, para que todo el que cree en él no se pierda, sino que tenga vida eterna."

Romanos 8.28: "Ahora bien, sabemos que Dios dispone todas las cosas para el bien de quienes lo aman, los que han sido llamados de acuerdo con su propósito."

Gálatas 6.7-10: "No se engañen: de Dios nadie se burla. Cada uno cosecha lo que siembra. El que siembra para agradar a su naturaleza pecaminosa, de esa misma naturaleza cosechará destrucción; el que siembra para agradar al Espíritu, del Espíritu cosechará vida eterna. No nos cansemos de hacer el bien, porque a su debido tiempo cosecharemos si no nos damos por vencidos. Por lo tanto, siempre que tengamos la oportunidad, hagamos bien a todos, y en especial a los de la familia de la fe."

Efesios 6.13-17: "Por lo tanto, pónganse toda la armadura de Dios, para que cuando llegue el día malo puedan resistir hasta el fin con firmeza. Manténganse firmes, ceñidos con el cinturón de la verdad, protegidos por la coraza de justicia, y calzados con la disposición de proclamar el evangelio de la paz. Además de todo esto, tomen el escudo de la fe, con el cual pueden apagar todas las flechas encendidas del maligno. Tomen el casco de la salvación y la espada del Espíritu, que es la palabra de Dios."

Romanos 8.38-39: "Pues estoy convencido de que ni la muerte ni la vida, ni los ángeles ni los demonios, ni lo presente ni lo por venir, ni los poderes, ni lo alto ni lo profundo, ni cosa alguna en toda la creación, podrá apartarnos del amor que Dios nos ha manifestado en Cristo Jesús nuestro Señor."

Capítulo 3

El punto central
de la obediencia

Estaba muy atareada trabajando en la computadora cuando escuché algo que siempre causa terror al corazón de una madre: silencio total. Se esperaba que mi hija Haven, de dos años, estuviera jugando en su cuarto, y por lo general ella no jugaba tan callada. Tratando de ser un poco optimista, de inmediato intenté descartar lo obvio ("no está haciendo nada bueno") e ingenuamente supuse que se había quedado dormida. Dejé mi trabajo, atravesé la sala y espié en su cuarto. Sonreí al ver que se había subido a la cama y estaba haciendo una siestita.

Grandioso, pensé. *Ahora cuento con algunos minutos más de paz para adelantar un poco el trabajo.*

Cuando me volvía para irme y redimir ese precioso tiempo que me habían regalado, noté que Haven se había dormido con el cobertor sobre la cabeza. Me pareció que no iba a poder respirar bien, así que en puntas de pie me acerqué a su cama y suavemente acomodé la frazada. En lugar de encontrar una niña dormida, me hallé frente a una sonrisa pícara que se escondía tras un chupete. Retiré la frazada un poco más y descubrí el origen de su alegría culpable: Haven apretaba entre sus manos el Santo Grial de los infantes: ¡el control remoto! Como bien sabe todo padre de un "mordisqueador de tobillos", el control remoto figura en la lista de los grandes ¡no!, ¡no!, junto con la botonera de la vídeo grabadora y el teléfono.

Este episodio con Haven no constituyó el primer intento (ni será el último) de mis hijos por tratar de encubrir su pecado. Como esta anécdota bien lo ilustra, hasta que nuestros niños aprendan a obedecer a partir de una elección libre y propia, continuarán pensando que el objetivo es probar si pueden salirse con la suya sin ser descubiertos. Por eso resulta importantísimo, especialmente a medida que los chicos van creciendo, que adquiramos una nueva perspectiva de la paternidad que incluya estos dos pasos: brindar enseñanza al corazón de los niños y a la vez disciplinar su carnalidad. En tanto que resulta fundamental que nuestros hijos aprendan a seguir instrucciones, también necesitan comprender las razones sobre las que se basan las reglas y restricciones que nosotros establecemos, para que así puedan elegir obedecernos a través de un acto de su voluntad. En esto consiste el corazón de la obediencia.

Los niños que crecen en un medio ambiente estricto y legalista en el que los padres nunca explican el propósito de la disciplina, con frecuencia obedecerán mientras papá y mamá estén mirando, y actuarán de manera diferente apenas ellos den vuelta la cabeza. Por el otro lado, los chicos que crecen en hogares en los que faltan reglas y criterios claros, y los padres son vistos más bien como camaradas que como figuras que representen autoridad, en general saben qué es lo correcto y qué deben hacer, pero no tienen la fuerza de voluntad como para ejecutarlo.

Toma más tiempo y esfuerzo enseñarles a los niños la *razón* por la que los corregimos que simplemente impartirles un castigo. Por ejemplo, si Clancy me interrumpe mientras hablo por teléfono, lo más conveniente para mí sería enviarla a su cuarto. Esto detendría su comportamiento inadecuado y me permitiría continuar con mi conversación, habiéndome desviado apenas un breve instante de mi programa personal de actividades. Pero no constituye un buen enfoque, porque Clancy sólo llegará a entender que esta vez le dieron una reprimenda. En una próxima ocasión que tenga una pregunta que considere urgente, probablemente volverá a interrumpirme.

No quiero decir que no debamos enviar a los niños a su cuarto. Pero la disciplina sola no resulta suficiente; debemos hacer un seguimiento. Así que después de enviar a Clancy a su cuarto, se hace necesario acortar un poco la conversación telefónica y luego subir a buscarla. Entonces puedo explicarle que interrumpir es desconsiderado tanto para mí como para la persona que está del otro lado de la línea. Y señalar que cuando ella me interrumpe, en realidad está transmitiendo un mensaje egoísta, que implica que lo que tiene que decirme es más importante que lo que la otra persona y yo nos estamos comunicando. Esto me brinda la oportunidad de hablarle a Clancy acerca de que debemos poner a los demás en primer lugar.

Por supuesto, como padres también debemos mostrarnos sensibles a las necesidades de nuestros chicos. ¡A veces la pregunta es importante! Por eso, en nuestra casa usamos una técnica fantástica que aprendimos en la clase de crianza de los hijos, y a la que llamamos la "regla en cuanto a interrupciones". Utilizando esta técnica, nuestros niños han aprendido a quedarse quietos cerca de mí cuando necesitan llamar mi atención sobre alguna cosa. Yo coloco la mano encima de la de ellos, y así les doy a entender que sé que quieren decirme algo, y luego, en un momento en el que cabe un alto en la conversación, pido disculpas y los atiendo brevemente.

Lleva su tiempo el hacer un seguimiento tras la aplicación de la disciplina, para transmitir las reglas y explicar los pasos a seguir en una situación similar en el futuro. ¡Pero vale la pena! Criaremos niños que hacen lo correcto por las razones adecuadas.

ORIENTAR LA CRIANZA DESDE EL INTERIOR

Nuestro objetivo como padres debería ser lograr un crecimiento en nuestros niños que los lleve de las motivaciones externas (corrección de su carnalidad o de sus acciones) al desarrollo de las motivaciones internas, a través de inspirar su corazón. El proceso se parece un poco al de amasar pan empezando de cero. O sea, integrar los ingredientes básicos y mezclarlos bien. Luego agregar la levadura y sobar la masa durante al menos diez minutos. (Es trabajo agotador, ¡pero puede fortalecer esos brazos fláccidos!) Después, cubrir la masa con un paño húmedo y dejar que crezca hasta que doble su tamaño. Luego, sacarla del recipiente y golpearla, estirarla y amasar un poco más. Entonces dejarla a un costado para que vuelva a leudar por segunda vez (cuando se deja leudar dos veces, mejora el sabor y la consistencia del pan). Y recién ahí, luego de otro ciclo de amasado, finalmente darle forma de panes a la masa, colocarlos en una bandeja untada con manteca, y hornearlos. ¡No hay nada como el olor a pan recién horneado!

Probablemente más de uno se pregunte que tiene que ver el pan horneado con la crianza de un niño. ¿Les respondo? ¡Muchísimo! Cuando los niños son pequeños, pasamos mucho tiempo mezclando los ingredientes básicos, o sea, proveyéndoles los cuidados que necesitan cada día: alimento, ropa limpia y los brazos que los mecen y acunan. A medida que crecen, agregamos la levadura y amasamos; es decir, los instruimos, los disciplinamos, y los felicitamos cuando vemos que van incorporando los valores de Dios en su vida. Esta etapa nos absorbe gran cantidad de tiempo y energía, pero resulta asombroso notar lo mucho que nos vemos fortalecidos como padres durante el proceso, especialmente en nuestras áreas "fláccidas".

Se llega a un punto, después de haber mezclado, amasado y hecho pausas de tanto en tanto para permitir que nuestras palabras penetren, en que simplemente tenemos que esperar (y orar). En esta etapa, mucho del "crecimiento" de nuestros hijos tiene que provenir de su interior, de su corazón. Si nuestra instrucción (o levadura) no produce resultados, nuestros niños se "desinflarán" y quedarán chatos, y luego se endurecerán cuando enfrenten el calor del horno. Pero si nuestra conducción y sabiduría permanecen dentro de ellos, continuarán creciendo y serán causa de alegría y satisfacción para los demás. ¡Y nada se compara a la atractiva fragancia de una casa llena de niños que viven la fe de Dios!

Resulta vital que se produzca una transición de la etapa en la que simplemente corregimos la conducta de nuestros hijos a aquella en la que comenzamos a motivarlos desde adentro. Si nuestros niños no aprenden a hacerse cargo de sus propias decisiones, y no comprenden por qué necesitan hacer buenas elecciones, sufrirán las consecuencias. No siempre podremos evitar que se equivoquen al tomar sus decisiones; pero en algún momento tienen que comenzar a elegir por ellos mismos. Esa era la intención de Dios cuando nos dio una voluntad propia. Él desea que partamos del lugar adecuado cuando tomamos decisiones. Nos dice: "Si ustedes me aman, obedecerán mis mandamientos" (Juan 14.15). Nuestras actitudes le resultan más importantes que nuestras acciones, a tal punto, que no quiere que hagamos lo correcto por causas equivocadas. Es más, Jesús condenó a los líderes religiosos de sus días por obedecer sólo por razones de temor, orgullo o costumbre, en lugar hacerlo por amor (ver Mateo 23.26).

Como madre, creo que comprendo por qué Dios desea que sea así. El amor y la obediencia que se producen por obligación no son tan maravillosos como los que surgen espontáneamente. Aunque me encanta robarles besos a mis niños cuando duermen, no son tan dulces como los que me dan cuando se despiertan a la mañana, corren escaleras abajo, y se sientan en mi regazo. El principio se mantiene igual cuando de Dios se trata. Lo imagino sentado en su trono celestial, esperando ansiosamente que sus hijos se despierten y derramen su amor sobre él.

Dios les ha dado a nuestros hijos su propia voluntad para elegirlo o rechazarlo, así que nosotros, sus padres, debemos proveerles buenas razones para que sigan su camino. La meta es que nuestros niños realicen elecciones obedientes porque saben que es correcto hacerlo, pues eso le agrada a Dios, y no simplemente porque quieren evitar el castigo. Si nuestros niños se sienten motivados a obedecer sólo a causa del temor, van a perder de vista el punto central de la obediencia.

Debo confesar que si me hubiera sido posible obligar a mis hijos a obedecerme por temor mientras eran muy pequeños, seguro hubiera seguido realizando mi labor paternal del mismo modo. Resulta mucho más fácil, pero constituye un enfoque equivocado. Mirando en retrospectiva, me alegro de no haber tenido éxito usando la táctica del temor. Tal vez me hubiese simplificado la vida mientras los niños eran pequeños, pero prefiero verlos obedecerme (y obedecer a Dios) de todo corazón por amor.

MANTENER EL EQUILIBRIO

Por supuesto, siempre existe la tentación de permitir que el péndulo oscile demasiado hacia el otro lado y descuidar la disciplina a la carne. Sin embargo ese enfoque es peligroso porque nuestros niños precisan de la corrección. No resulta suficiente proveerles sólo información y amor incondicional con la esperanza de que en algún momento comiencen a hacer las elecciones correctas.

En cuanto a esta técnica, debo confesar, una vez más, que he realizado mis mejores esfuerzos por tratar de utilizarla. Muchos conocen mi tendencia a darles a mis hijos sobredosis de información, cuando, en realidad, corregirlos sería lo más efectivo. Es más, lo he hecho recientemente, la semana pasada. Mientras terminaba de dar mi sermón número 286 sobre un aspecto de la conducta de Tucker que necesitaba ser corregido, él hizo un comentario que me dejó acobardada.

"Me parece, mamá", dijo Tucker con toda seriedad después de escuchar mi perorata, "que deberías registrar todos estos sermones en un casete para que yo pudiera escucharlos cuando me voy a dormir. De esa manera, se grabarían en mi corazón durante toda la noche, y si tuviera problemas para dormirme, ¡ellos me ayudarían a hacerlo!" (Tucker no tenía ninguna intención de faltarme el respeto; el problema es que sufro de *verbosidad*) en algunas ocasiones. Por favor, ¡oren por mí!)

Como habrán notado, podemos hablarles por demás a nuestros hijos. Pero si no los disciplinamos cuando son pequeños, tendrán grandes dificultades para disciplinarse a ellos mismos cuando crezcan. Hemos visto vidas truncadas a causa de la permisividad que se autoconceden. Una de las razones por las que los padres con frecuencia miman y se muestran indulgentes con sus niños es porque desean mantener una relación excelente con ellos. También deseo eso, pero enfatizar demasiado el tema de la amistad resulta riesgoso. Cuando tratamos de ser sus mejores compañeros en una etapa temprana (llenándolos de exhortaciones pero sin ejercer ninguna disciplina correctiva), nos colocamos en su mismo nivel, y ellos pierden la seguridad de saber que alguien más grande y más sabio los cuida. Lo que los niños realmente necesitan de pequeños son padres y no amigos.

Una de las mayores recompensas de la paternidad es la amistad que se desarrolla con nuestros hijos; pero si queremos llevarnos el premio antes de finalizar la carrera, los únicos que terminan pagando las consecuencias son nuestros niños. La amistad con ellos se desarrollará más adelante, cuando maduren.

FORMAS PRÁCTICAS DE LLEGAR A SU CORAZÓN

¿De qué manera específica podemos llegar al corazón de nuestros hijos proporcionándoles disciplina e instrucción, amor y corrección de manera sana y equilibrada? Permítanme incluir aquí algunos ejemplos de mis intentos por enseñar a mis hijos que la obediencia procede del corazón.

Como lo mencioné en el capítulo dos, una buena manera de comenzar con la corrección es hacerles saber a nuestros hijos lo que la Biblia dice acerca de su acción equivocada. La palabra de Dios hace mucho más que transmitir mandamientos; con frecuencia explica las razones por las que debemos obedecerlos. Un día, cuando Tucker tenía cinco años, quiso discutir conmigo en varias ocasiones. Lo corregí, pero luego le leí este versículo de la Biblia: "Háganlo todo sin quejas ni contiendas, para que sean intachables y puros, hijos de Dios sin culpa en medio de una generación torcida y depravada. En ella ustedes brillan como estrellas en el firmamento" (Filipenses 2.14-15).

Me senté y le expliqué: "Tucker, tú eres un hijo de Dios y debes brillar como una estrella. Pero cuando discutes, tu luz comienza a desvanecerse. Yo quiero que siempre brilles de manera radiante, así que, por favor, reconsidera tus actitudes."

Las palabras penetraron en él. Un poco después comenzó a quejarse y discutir, pero luego se refrenó. "Mami", me preguntó, ahuecando la mano sobre la boca, "¿todavía brillo?"

Le sonreí. "Lo estás haciendo ahora."

Además de usar las Escrituras, también podemos llegar al corazón de nuestros niños permitiendo que sus acciones erradas se conviertan en oportunidades de enseñanza, y no simplemente en reprimendas. Antes de pronunciar una sentencia, les pregunto a mis hijos: "¿Por qué debo corregirte?" Es importante que ellos admitan sus errores, y que reconozcan que merecen ser disciplinados. Luego continúo, preguntándoles: "¿Cómo podías haber manejado esto de otra manera, o sea, de una forma que le hubiera agradado más a Jesús?" El responder a estas cuestiones los ayuda a articular su conducta con lo que deberían haber hecho, y los anima a hacer lo correcto la próxima vez.

La enseñanza va más allá de dar un tratamiento a las acciones. Cuando nuestros niños se deslizan, tenemos la oportunidad de hacerlos focalizar en sus motivaciones también. Contando con nuestra ayuda, ellos pueden aprender en una edad bastante temprana a analizar las verdaderas razones que provocan su comportamiento. Podemos guiarlos a identificar las motivaciones erróneas y llevarlos a orar, pidiéndole al Señor que les cambie el corazón.

Cuando llegamos al punto central de la obediencia, descubrimos que también necesitamos instruir a nuestros hijos acerca de prestar atención a la forma en que sus palabras y acciones afectan a otros. Mateo 12.34 dice: "De la abundancia del corazón habla la boca". Y yo descubrí la importancia de transmitirles este concepto por una experiencia directa que tuve con Tucker cuando él tenía tres años. Una noche, serví para la cena salchichas con chile y ensalada de col en vinagre.

"No puedo comer esto. ¡Es horrible!", anunció Tucker, sacando la lengua ante el vegetal que humeaba en su plato.

Después de un largo día de andar tras los niñitos por todos lados, realmente no aprecié para nada su opinión con respecto a la comida que yo había elegido servir. "Nunca debes decir que la comida es 'horrible'", señalé mirándolo con el ceño fruncido. "Yo quiero que, como un niño educado, tú te comas al menos una parte de lo que te he servido".

Tucker se esforzó y tragó algunos bocados. Yo supuse que el tema acababa ahí.

Una semana después cenamos en la casa de unos amigos. Durante la comida, Tucker se volvió hacia la anfitriona y con toda educación le dijo: "Esta comida es bastante horrible, pero me la voy a comer de todos modos".

Casi me ahogué con lo que estaba tragando. Desafortunadamente, me había olvidado de enseñarle a Tucker que la razón por la que no decimos que la comida es "horrible" es porque podemos ofender a la persona que la preparó. Y aquí encontramos otro motivo por el que resulta esencial que lleguemos al corazón del niño y no simplemente disciplinemos su carne.

EL PODER DE LAS HISTORIAS

La utilización de las Escrituras para lograr que los desarreglos de nuestros niños se conviertan en momentos de enseñanza resulta una forma interesante de focalizar la atención en lo que constituye el corazón mismo de la obediencia. Sin embargo, he descubierto que la manera más efectiva de llegar a mis niños es utilizar cuadros descriptivos, lecciones objetivas e historias. Todo esto tiende a permanecer en el corazón de nuestros hijos, formándolos desde adentro cuando nosotros no estamos cerca como para formarlos desde afuera.

Por favor, ténganme paciencia mientras les cuento esta historia personal. Les prometo que al final verán la relación que guarda con el punto que quiero enfatizar.

"Papá, cuéntanos acerca del tiempo en que estábamos en el vientre de mamá". Así comenzó lo que parecía una inocente conversación mientras realizábamos nuestro peregrinaje familiar de la semana por el negocio de comestibles del barrio.

Al ver a Tucker sujeto a su carrito, y sintiéndose lejos de su alcance, Haven se burló de su hermano. "Tucker, tú no puedes tener un bebé, porque eres un varón. ¡sólo las niñas pueden tener bebés!".

Para no dejarse superar por ella, respondió rápidamente: "Sí, bien, ¡pero prepárate, Haven, porque van a conseguir un cuchillo y a abrirte la panza para sacar al bebé!"

En un intento de evitarle un trauma infantil, Steve terció: "No necesariamente. No a todos los bebés se los saca haciendo un tajo."

Yo le eché una mirada de advertencia, como para decirle: "¡Oh, no, no entres en ese tema!", pero ya era demasiado tarde.

"Entonces, ¿cómo salen?", dijo Clancy con su tierna vocecita.

Steve, dándose cuenta de que había pasado el punto de no retorno, trató de hablar con soltura. "A través del área privada de mamá".

"¡Ay, que feo!", dijeron a coro los niños.

"¡Me alegro de no haber salido por ahí!, señaló Tucker.

Tucker puede haberse sentido aliviado por el hecho de no haber nacido por parto natural, pero yo no me sentí así cuando lo tuve. Cuando el doctor me informó en la semana 39 que Tucker no estaba en la posición correcta dentro de mi útero, y que si él no rotaba en 48 horas yo tendría que enfrentar una cesárea, me sentí muy decepcionada. Acababa de terminar mis clases preparto y estaba lista para ganarme el oro. En lugar de eso, ni siquiera estaba calificando para la final. Según lo había pronosticado el doctor, Tucker nació por cesárea.

Poco menos de un año después, cuando la pequeña línea se puso azul, indicando mi segundo embarazo, estaba decidida a tener un parto normal. Finalmente llegó el gran día, Steve y yo corrimos al hospital, donde me pusieron un camisón más cómodo, con abertura en la espalda. Las contracciones marchaban bien, así que la enfermera desató las tiras de la espalda de mi camisón, y sentí un dolor que luego acabó con los otros dolores: el pinchazo de la bendita anestesia peridural.

Llegó el doctor y monitoreó el progreso del trabajo de parto. Me aseguró que todo estaba bien, y que pronto llegaría el tiempo de pujar.

Ya había comenzado a relajarme, cuando de repente todo se descompaginó. El doctor revisó el monitor, y luego de darle varias órdenes a la enfermera, me informó, nervioso, que los latidos del corazón del bebé se escuchaban erráticos. Iba a tener que realizar una operación cesárea de emergencia.

Me sentí destruida. No podía creer que luego de pasar por la peor parte del trabajo de parto, mis sueños de experimentar un parto tradicional no se iban a cumplir. Mientras me trasladaban a la sala de operaciones, luchaba por contener las lágrimas.

De repente, sentí que el Señor me decía: *Regocíjate en todas las cosas.*

Mordiéndome los labios, lo acepté. *Está bien, Señor,* oré. *Gracias por esta cesárea. Te alabaré en todas las cosas, y me regocijaré en ti.*

Unos minutos después, descubrí por qué había permitido Dios la cesárea. Cuando el doctor realizó la incisión, sus ojos se abrieron sorprendidos, y llamó a Steve para que sacara una foto de mi abdomen. Había un orificio justo debajo de la primera capa de piel. Seis de las siete capas cosidas que conformaban la cicatriz de mi primera cesárea se habían rasgado, dejando ver una pequeña ventana. En un instante me di cuenta de que si hubiera tenido a Haven en la forma en que yo deseaba, no hubiéramos sabido de esta ruptura hasta después, hasta que se hubiera producido mucho sangrado interno. Pero éste no es el mayor milagro de mi historia.

Haven nació con una enfermedad de la sangre, conocida como estreptococo hemolítico grupo B, que era potencialmente fatal. Las madres tienen esta infección en el canal de parto, y el bebé la contrae cuando pasa a través de él durante el alumbramiento. Haven, en realidad, había contraído la enfermedad en el vientre; de alguna manera, la bacteria se había abierto camino. Si ella hubiera nacido a través de un parto natural (pasando a través del canal de parto), hubiera adquirido más de la bacteria y seguramente hubiera muerto. A causa de que el Señor a veces dice que no a nuestros sueños, a fin de producir algo mejor en nuestras vidas, pudimos tomar la enfermedad de Haven a tiempo y erradicarla completamente. Los médicos nunca tuvieron certeza de cómo había contraído la enfermedad, pero no hay misterio en cuanto a la razón por la que sobrevivió. Otra vez digo: "¡Regocíjense!"

Hace poco intenté ayudar a Haven a comprender por qué Dios a veces dice que no a nuestros pedidos. Le conté la historia de su nacimiento y le recordé que Dios ve las cosas dentro del panorama general, y que él obra en medio del conjunto de todas las cosas para nuestro bien.

¡Las historias son poderosas! Pueden hacer que nuestros niños comprendan más fácilmente los caminos y los mandamientos de Dios, y les enseña de modo eficaz en qué consiste el corazón de la obediencia. Por ejemplo, podemos alentar a nuestros hijos a no darse por vencidos a través de la memorización de Filipenses 4.13: "Todo lo puedo en Cristo que me fortalece", y repetirlo hasta que lo puedan recitar en sus sueños. Sin embargo, con todo lo poderoso que es ese versículo, también podemos llegar a sus corazones con historias como la de David y Goliat, que les ayudará a vencer sobre los gigantes que encuentren en su mundo.

Es muy probable que si un chico se mete en problemas vez tras vez en torno a una misma cuestión sea porque no entiende qué es lo que está haciendo mal. Suponiendo que tiene edad como para comprender, veamos si podemos salirle al encuentro con una historia que lo ayude a entender la razón por la que lo instruimos. Si les ha costado encontrar historias apropiadas, tengan la libertad de hojear las siguientes historias, cuadros descriptivos, y lecciones objetivas. Puede ser que encuentren justo algo que les resulte adecuado.

El punto central de la obediencia

Caja de herramientas

La ira

"Así también la lengua es un miembro muy pequeño del cuerpo, pero hace alarde de grandes hazañas. ¡Imagínense qué gran bosque se incendia con tan pequeña chispa!" (Santiago 3.5).

Preparémonos para armar una fogata para los niños. Juntemos algunas ramitas y troncos, un fósforo, algún líquido ígneo (que ayude a encender) y un balde de agua. (Tengamos cuidado con esta lección objetiva. Si no contamos con un hogar dónde encender la leña, esperemos a realizar algún picnic o a ir de camping para utilizarla.) Mientras apilamos los leños, expliquemos a los niños que la leña representa nuestras palabras. Del mismo modo que la madera, nuestras palabras también sirven para construir cosas o para quemarlas. Podemos edificar a las personas y las relaciones que mantengamos con ellas, o podemos hacer arder todo y destruirlas.

Luego encendamos un fósforo. El fósforo representa nuestra ira, nuestros enojos. Y cuando nuestras palabras (la leña) y la ira (el fósforo) entran en contacto, los resultados pueden ser mortales.

Una vez que nuestra ira se ha disparado, tenemos que hacer una elección: podemos avivar el fuego agregando más leña (palabras airadas) o algún líquido inflamable (estallido físico, gestos violentos), o de lo contrario, decidir apagarlo.

Si se trata de un pequeño fuego, bastará con cubrir las llamas con un trapo húmedo. Podemos apagar nuestra ira al dejar pasar la ofensa. ¡Esto da buenos resultados! La Biblia lo atestigua: "el amor cubre todas las faltas" (Proverbios 10.12b). Por supuesto, la manera más rápida y efectiva de extinguir un fuego es empaparlo con agua (o sea, con el perdón). Cuando perdonamos a alguien y luego decidimos olvidar el incidente, apaciguamos el deseo de venganza.

Las discusiones

Ésta es una lección objetiva fácil y divertida que les enseñará a nuestros niños a terminar con una discusión. Tomemos una pelota y salgamos al exterior para jugar a arrojarla y recibirla. Expliquémosle al niño que es posible jugar porque los dos participamos. Luego, arrojemos la pelota al suelo y vayámonos del lugar. Es probable que el niño se altere un poco y quiera continuar jugando, pero aunque se ponga fuera de sí, no podrá continuar con el juego solo, por su propia cuenta. Explicarle que una discusión es como jugar a arrojar la pelota. En cuanto una de las dos personas elije dejar caer la pelota (o sea, la discusión) y se aleja, la pelea se acaba.

La próxima vez que escuchemos una riña entre los hermanos, preguntémosles: "¿Quién va a dejar caer la pelota?"

(De paso, pueden terminar de jugar a la pelota antes de volver a la casa.)

El prestar atención

Escondamos un viejo reloj despertador (del tipo de los que tienen un tic-tac fuerte) en algún lugar del cuarto y pidámosle a uno de los niños que lo encuentre. No le brindemos ayuda; indiquémosle que preste atención al sonido del tic-tac. Una vez que lo encuentre, recompensémoslo con 30 minutos más de este juego. Recién entonces expliquemos la lección.

Digámosle al niño que encontró el reloj por haber prestado atención, lo que tuvo su recompensa. Recordémosle que cuando no prestamos atención, o no escuchamos cuidadosamente, solemos "perder" tiempo en lugar de ganarlo. Porque, con frecuencia, la recompensa por prestar atención es contar con más tiempo para jugar luego.

El lenguaje malo o perverso

Mientras los niños miran, llenar dos vasos medidores: uno con agua del grifo, y el otro con agua tomada del retrete del baño. Vaciarlos en el lavabo; luego, sin lavarlos, rellenarlos con alguna bebida que a los niños les guste. Preguntarles de cuál vaso les gustaría beber. (Si no se hacen los graciosos, seguramente elegirán aquel que antes estuvo lleno de agua del grifo.)

Entonces explicarles la lección: Nuestro lenguaje debe ser limpio si queremos que otros escuchen luego los testimonios que damos acerca de Dios. Si nuestra boca ha estado antes llena de "conversaciones sucias", las palabras de testimonio que demos, aunque sean dulces y tiernas, probablemente resulten rechazadas. Si deseamos convertirnos en eficaces testigos de Dios, debemos mantener nuestra manera de hablar limpia; de lo contrario contaminaremos las puras verdades del evangelio.

@

La jactancia, los alardes, el orgullo

Imaginemos que estamos presenciando la ejecución de una sinfonía y que un flautista de primera línea en el mundo se encuentra en el centro del escenario. Personas de todas partes han viajado para escucharlo dar vida a su flauta a través de la música. Esa noche, la audiencia no queda decepcionada. Al oírse la nota final, la multitud se pone de pie al unísono y se escucha una ovación cerrada.

Luego sucede algo extraño. La flauta salta de entre las manos del hombre y comienza a inclinarse, saludar y arrojar besos al auditorio. "¡Gracias! ¡Gracias!", dice con voz metálica.

La audiencia ríe con gran alborozo ante el espectáculo. Porque son conscientes de la realidad: una flauta es sólo un instrumento. La persona que le insufla vida es la que merece el reconocimiento.

Podemos explicarles a los niños que así de tonto es jactarnos cuando algo de lo que hacemos nos sale muy bien. Es Dios el que nos ha dado la capacidad y los dones para lograrlo. Debemos disfrutar de nuestros logros, pero darle a Dios el reconocimiento.

☙

El hacer trampas

Ananías vendió una propiedad por una gran suma de dinero. Les dio sólo una parte de ese dinero a los apóstoles; pero, queriendo aparecer como generoso, declaró que se trataba de la cifra total. Su esposa, Safira, estuvo de acuerdo con este engaño.

Pedro, uno de los doce apóstoles, sabía la verdad. "Ananías", le dijo, "el dinero de la propiedad era tuyo y podías gastarlo como quisieras. Pero has mentido y te has quedado con parte del dinero para ti mismo. ¿Por qué has hecho eso? No nos mentiste a nosotros, le mentiste a Dios".

Cuando Ananías escuchó esas palabras, cayó muerto al piso.

Unas pocas horas después, llegó Safira, sin saber lo que había sucedido.

"¿Es éste el precio en el que vendieron su tierra?", le preguntó Pedro.

"Sí", respondió ella, "ese fue el precio".

"¿Por qué se pusieron de acuerdo para poner a prueba al Espíritu del Señor", le recriminó Pedro. "¡Mira! Los que sepultaron a tu esposo acaban de regresar y ahora te llevarán a ti."

En ese mismo instante ella cayó muerta. (Ver Hechos 5.1-11.)

Probablemente nuestros niños no mueran a causa de mentir o de engañar. Sin embargo, esta historia señala una verdad importante: Cuando hacemos trampas o mentimos, estamos tratando de estafar a Dios. (¡Por supuesto que es tonto porque él lo sabe todo!) Y aunque no muramos de repente a causa del engaño, experimentaremos el resultado mortífero que produce la mentira. Esto va a destruir por completo nuestra confiabilidad, nuestro honor, y nuestra buena reputación.

La queja

Hace mucho tiempo vivieron dos hermanos mellizos que, aunque eran idénticos en apariencia, resultaban completamente distintos en todo. Uno de ellos era el eterno optimista, siempre capaz de mirarle el lado bueno a la vida, en tanto que el otro era pesimista, y se quejaba por todo. Un año, en el día del cumpleaños de los mellizos, su padre llevó a cabo un experimento. Llenó el cuarto del pesimista con todas las clases posibles de juguetes y juegos, y el del optimista con estiércol de caballo.

Esa noche, el padre se dirigió al cuarto del pesimista, y allí encontró al muchacho llorando amargamente en medio de sus nuevos regalos.

"Tengo que leer todas estas instrucciones antes de poder hacer nada con esto", se quejó el muchacho, con el ceño fruncido. "Y necesito una tonelada de pilas y baterías también."

Después de tratar de animar a su hijo, el padre dejó al desdichado muchacho y se dirigió por el pasillo al cuarto de su hermano. Increíblemente, el muchachito sonreía y danzaba en torno a las pilas de estiércol.

"¿Por qué estás tan contento?", le preguntó su padre.

El muchacho sonrió. "¡Con tanto estiércol, debe haber un pony cerca!"

La próxima vez que su niño comience a quejarse, recuérdenle que empiece a buscar el "pony".

El controlar la lengua

Santiago 3.3 dice: "Cuando ponemos freno en la boca de los caballos para que nos obedezcan, podemos controlar todo el animal". Santiago entonces realiza una aplicación de esta analogía a nuestras lenguas, señalando que las palabras que decimos pueden gobernar toda nuestra persona. De allí sale la frase "dominar la lengua".

Si no tenemos acceso a un caballo, mostrémosles a nuestros niños la lámina de un caballo con un freno en la boca. Hagamos referencia a lo pequeño que es el freno en comparación con el tamaño del caballo. Señalemos que el freno está conectado con la brida, que sostiene en su mano el jinete. Expliquemos que un caballo salvaje precisa primero ser "quebrado" y luego entrenado para poder interpretar las señas del jinete. Si el jinete tira de la brida hacia el lado derecho, el caballo gira a la derecha. La brida controla al caballo. Del mismo modo, si podemos ponerle una "brida" a nuestra lengua para controlarla, podremos con mayor seguridad determinar la dirección que tomen nuestras vidas.

Una amiga me envió por e-mail una idea que adopté. Cada vez que Tucker les decía algo agudo o poco amable a sus hermanas, tenía que ir afuera, hasta la cerca que tenemos alrededor de la casilla del perro y colocar un clavo en un poste. Le resultó divertido las primeras veces, pero luego se cansó. Durante una semana yo continué obligándolo a hacerlo. No le decía el por qué. A la semana siguiente, cada vez que él decía algo brusco o falto de amabilidad, primero debía pedir perdón a sus hermanas, y luego salir e ir hasta el poste para quitar uno de los clavos. A esta altura, los primeros que había colocado se estaban herrumbrando a causa del rocío y la lluvia. Cuando hubo terminado de sacar todos los clavos, yo salí con él.

Le expliqué: "Cada vez que tus palabras lastiman a tus hermanas, es como si un clavo atravesara sus corazones. Si dejas el clavo allí, sin pedir perdón, se infecta y puede producir amargura. Aun después de que les pides perdón, y quitas el clavo, el hueco permanece en ese lugar. Sé cuidadoso. Puedes desdecirte de tus palabras, pero no puedes deshacer el daño que has causado."

También se puede ilustrar este principio insertando clavos en una naranja. Después de un tiempo, la naranja comienza a pudrirse como reacción al hierro de los clavos. Cuando se quitan los clavos, el daño resulta evidente.

☙

El engaño

Isaac tenía hijos gemelos, Esaú y Jacob. Un día, cuando Isaac ya estaba viejo, casi ciego y próximo a morir, llamó a su hijo primogénito, Esaú.

"Esaú", le dijo, "es tiempo de darte la bendición de la primogenitura. Pero antes de hacerlo, quiero que tomes tu arco y tus flechas, que caces un animal, y que luego lo prepares para mí."

Rebeca, la astuta esposa de Isaac, escuchó la conversación e hizo sus propios planes. Llamó a un costado a Jacob, el menor de los gemelos, y además su favorito, y le dijo: "Ve a matar dos cabritos para que yo le prepare a tu padre su platillo favorito. Luego le llevarás la comida y él te bendecirá a ti en lugar de a tu hermano mayor."

Sin embargo, había un problema: Esaú era de un físico más bien grande y muy velludo, en tanto que Jacob era delgado y lampiño. Así que Rebeca le colocó a Jacob las ropas de Esaú y le envolvió las manos en la piel de un cabrito y también colocó de esta piel en su pecho, de manera que semejara pelo.

Cuando Jacob entró al cuarto con la comida, el padre preguntó: "¿Quién está ahí?"

"Esaú", mintió Jacob. "Siéntate, padre, y disfruta de lo que he cazado y preparado para ti, para que puedas darme tu bendición."

Podía ser que Isaac estuviera viejo y ciego, pero no era tonto. "Ven aquí, muchacho", dijo, "quiero palpar tu piel."

Jacob extendió el brazo cubierto con la piel del cabrito.

El padre gruñó: "La voz es la de Jacob, pero al tacto pareces Esaú. ¿Eres verdaderamente mi primogénito?"

"Por supuesto", le mintió Jacob.

Esto bastó para convencer a Isaac, y pronunció la bendición sobre Jacob. Muy pronto después de esto, Esaú regresó su casa. Al descubrir la traición de Jacob, se puso furioso y quiso matar a su hermano menor.

Rebeca se dio cuenta del complot asesino que Esaú estaba tramando y ayudó a su amado Jacob a abandonar el país y a huir a la casa del hermano de ella donde podría quedarse hasta que la ira de Esaú se hubiese aplacado. (Ver Génesis 25.19-34 y Génesis 27.)

Mirando la historia superficialmente, parecería que el engaño produce resultados y es bueno cuando nos ayuda a conseguir lo que deseamos. Pero, al avanzar en el relato bíblico, descubrimos que Jacob tuvo que pagar un precio por su engaño. No mantuvo ningún tipo de relación con su hermano gemelo por más de veinte años, y nunca volvió a ver a su madre, Rebeca, porque ella murió antes de que él regresara. Jacob mismo fue objeto de engaños más tarde, cuando su futuro suegro prometió darle su hija más joven, Raquel, en matrimonio si Jacob trabajaba para él durante siete años. Pero en la noche de la boda, cambió las hijas, y Jacob terminó casado con la mayor, Lea. Entonces tuvo que trabajar otros siete años para poder tener a Raquel, que era a la que amaba.

Les enseño a mis hijos que el engaño es "mentir con las acciones en lugar de mentir con las palabras". Y, al igual que con la mentira, tal vez pensemos que es posible zafar, pero Dios lo ve todo, y él nos ama demasiado como para permitir que no recibamos el merecido castigo.

La desobediencia

Bradley quería convertirse en un jugador de hockey profesional. Así que, durante el invierno, cada día después de la escuela se dirigía al estanque de William Hill, que estaba congelado, y allí patinaba y soñaba hasta la hora de la cena. Una mañana, su madre le ordenó volver directamente de la escuela porque ya se aproximaba la primavera y el hielo del estanque iba a comenzar a derretirse.

Esa tarde, después de la escuela, Bradley tenía toda la intención de obedecer a su mamá, pero al pasar junto al estanque no pudo resistir la tentación de hacer un última pasada sobre el hielo. Sacó los patines de su mochila, y luego de ponérselos, avanzó con cuidado sobre el hielo hasta llegar al medio del estanque. *El estanque está perfecto. A mamá no le preocuparía que yo estuviera aquí si viera lo grueso que está el hielo todavía,* razonó.

Bradley continuó patinando después de la escuela durante el resto de la semana. Pero un día, mientras se decía a sí mismo que su madre no sabía tanto sobre patinaje en estanques congelados como él, el hielo comenzó a crujir. Horrorizado, se lanzó a toda velocidad hacia la orilla. Pero estaba demasiado lejos del borde. Su pie atravesó el hielo y el patín se le llenó de agua congelada. Tropezándo, Bradley cayó hacia delante, golpeó el hielo con la cabeza y quedó inconsciente.

Afortunadamente, el señor Hill, dueño de la propiedad, estaba mirando desde adentro de su casa. Cuando vio que el hielo se rompía debajo de Bradley, corrió hacia el exterior y arrastró al niño hasta ponerlo a salvo.

Después de un rato, Bradley despertó frente a la chimenea del señor Hill. Tenía un gran chichón en la frente y el pie entumecido. Por lo demás, estaba bien. Bradley fue un muchacho afortunado. No sólo sobrevivió a una muerte casi segura, sino que aprendió una valiosa lección acerca de la obediencia. Uno puede zafar de ser descubierto por un tiempo, pero nunca estará seguro de que su pecado no lo alcance (ver Números 32.23).

Concentrarse en la meta

Imaginemos que vamos caminando por un sendero pavimentado de oro en dirección a un castillo majestuoso. El día es maravilloso: los pájaros cantan, la brisa sopla suavemente, el cielo está muy azul, y las flores comienzan a abrirse. El día es tan espléndido que nos sentimos tentados a saltar hacia un costado, dejar el sendero e internarnos en la pradera. Pero la meta es visitar el castillo, así que nos mantenemos en la senda.

Justo cuando hemos decidido conservar nuestro curso, aparece una mariposa amarilla y negra revoloteando frente a nuestras narices y se posa luego en una flor un poco más allá. Nos encantan las mariposas y silenciosamente nos deslizamos hacia ella. Justo cuando la alcanzamos, la mariposa levanta vuelo y se posa en otra flor. Otra vez, nos deslizamos hasta allí, con un deseo vehemente de cazarla. La situación se repite varias veces durante minutos, que luego se transforman en horas, y antes de que nos demos cuenta, nos hemos alejado demasiado del camino como para poder llegar al castillo ese día. Frustrados, nos dejamos caer sobre la hierba. El día se ha ido, y no hemos hecho nada en realidad.

¿En cuántas ocasiones nos hemos dedicado a perseguir "mariposas" en lugar de ceñirnos a recorrer el camino que nos habíamos determinado? Esta historia ilustra a los niños acerca de lo fácil que es distraernos de la meta y de lo importante que resulta concentrarnos en ella.

La codicia

Tucker me contó una broma que parece ilustrar perfectamente dónde debe estar nuestro verdadero tesoro: en los cielos.

Un millonario yacía en su lecho de muerte. "Señor", dijo, "por favor, ¿me permites llevarme un millón de dólares conmigo al cielo?"

El Señor le respondió que no.

El hombre continuó argumentando con Dios. "Por lo menos permíteme llevar un portafolios lleno de mis bienes", le pidió.

Finalmente, el Señor accedió.

Poco después, el hombre murió. Como lo había solicitado, lo enterraron con su portafolios. Pero cuando el millonario llegó ante las puertas de perlas, no lo dejaron pasar.

"Lo lamento, señor", le dijo el portero, "pero no puede entrar con eso al cielo."

Rápidamente el caballero le explicó. "¡Usted no entiende! Yo he obtenido permiso del Señor para traer esto conmigo."

"Bien. ¿Qué es lo que tiene adentro?", preguntó intrigado el portero.

El hombre abrió su portafolio y con todo orgullo desplegó 50 barras de oro.

El portero se rascó la cabeza y preguntó: "¿Ha traído bloques de pavimento para el piso?"

La impaciencia

La jardinería constituye una manera fantástica de enseñarles paciencia a nuestros niños. Podemos comprar algunas semillas de frutilla, tierra fértil y una maceta. Junto con los chicos, plantemos las semillas y sigamos su evolución. Cuando comiencen a aparecer las frutillas, permitamos que los chicos coman una verde. Luego, hagamos que esperen hasta que la fruta esté completamente madura antes de comer las otras. Luego llevémoslos a reconocer que comieron frutillas mucho más sabrosas cuando supieron esperar a que maduraran. Sucede lo mismo con muchas otras cosas. Si aprendemos a ser pacientes, las cosas nos resultarán más dulces.

Si la jardinería es una actividad que les requiere un tiempo que no tienen, o no les resulta práctica, se puede adaptar esta lección objetiva comprando fruta verde y fruta madura en la verdulería. Luego, cuando los niños se muestren impacientes ante algo, preguntarles si en realidad quieren "la fruta ácida de la impaciencia", o si prefieren esperar "la dulzura que se desprende de la paciencia".

Los celos

Un hombre rico y poderoso, que tenía dos hijos, falleció. En su testamento, le dejaba los negocios familiares al hijo mayor. A su hijo más joven le dejó su libro favorito de historias cortas. El hijo menor se puso celoso de la buena fortuna de su hermano y cortó todo contacto con él. Arrojando el gastado libro de su padre a un rincón, se fue a vivir su vida, en amargura y rebelión.

Años después, el hermano mayor inició otra empresa muy exitosa y llamó a su hermano, pidiéndole que volviera al hogar y se encargara de los negocios que había dejado su padre. El joven se sintió emocionado. Finalmente experimentaría lo que era llevar la vida de un poderoso, algo que había deseado con desesperación.

Después de regresar, se hizo cargo de la compañía, pero detestaba la tarea. Tenía un temperamento artístico y creativo; no estaba hecho para el mundo de los negocios. Bajo su dirección, la compañía no podía hacer otra cosa que marchar hacia la bancarrota. El muchacho lo perdió todo.

Cuando estaba empacando sus cosas para marcharse de casa nuevamente, encontró el libro que su padre le había dejado. Se sentó en el borde de la cama y, por primera vez, lo abrió. Cayeron de él tres hojas de papel. El primer documento era el traspaso de la escritura de la cabaña de su abuela en Nueva Inglaterra. El segundo papel era un cheque por $ 100.000.- Y el tercero, una carta de su padre. Decía: "Hijo, tú tienes talento como para escribir muchas grandes historias como éstas que aparecen en mi libro favorito. Mientras tu hermano lleva adelante los negocios, quiero que te tomes un año, vivas en la cabaña de la abuela, y escribas tu primera novela. Creo que tienes el potencial como para inspirar a muchas personas con tus palabras. Te amo. Papá."

Esta historia tiene como objetivo animar a nuestros hijos a contentarse con los dones que su Padre celestial les ha dado. Dios sabe qué es lo que a la larga nos producirá mayor felicidad. Tal vez lo que él nos ha dado nos parezca poco cuando lo comparamos con lo que otras personas han recibido. Pero, a medida que maduramos, nos damos cuenta de que Dios sabía muy bien lo que estaba haciendo cuando formó a cada uno.

La pereza

Proverbios 6.6-11 dice: "¡Anda, perezoso, fíjate en la hormiga! ¡Fíjate en lo que hace, y adquiere sabiduría! No tiene quien la mande, ni quien la vigile ni gobierne; con todo, en el verano almacena provisiones y durante la cosecha recoge alimentos.

"Perezoso, ¿cuánto tiempo más seguirás acostado? ¿Cuándo despertarás de tu sueño? Un corto sueño, una breve siesta, un pequeño descanso, cruzado de brazos… ¡y te asaltará la pobreza como un bandido, y la escasez como un hombre armado!"

Estas escrituras pueden alentar a nuestros niños a ser diligentes. Salomón, el escritor de Proverbios, utiliza la figura de la hormiga como ejemplo del trabajo esforzado, porque ella demuestra iniciativa al almacenar comida, defender su colonia, y cuidar de las crías. Pero además señala los peligros de la pereza; nos recuerda que el mejor momento para que un ladrón irrumpa en una casa es cuando el dueño duerme. De la misma manera, cuando preferimos vagar por ahí en lugar de trabajar esforzadamente, Satanás, el rey de los ladrones nos puede robar las bendiciones de Dios.

El saber escuchar

Armemos un circuito a recorrer, interrumpido por obstáculos, en la sala o en el patio. Puede consistir en algo tan simple como la colocación de algunas sillas, mesitas, zapatos, guías telefónicas o un recipiente con agua (suponiendo que lo preparemos fuera de la casa) en distintos lugares, para que los niños los esquiven. Tapémosle los ojos a uno de los niños y hagámoslo recorrer el camino. Para poder evitar los obstáculos, necesitará escuchar cuidadosamente las directivas de sus papás. Para complicarlo un poco, permitamos que los hermanos le griten instrucciones encontradas tratando de guiarlo. La única manera de llegar al fin del camino con éxito es desoír todas las otras voces y escuchar a papá y mamá.

También debemos escuchar con atención a nuestro Padre celestial que, a través de un "silbo apacible", nos guía al transitar entre los obstáculos de la vida.

La mentira

La fábula de Esopo "El pastorcito mentiroso" ilustra con una imagen muy fuerte la importancia de decir la verdad y ganarse la confianza de los demás.

A un pastorcito se le dio la responsabilidad de vigilar y cuidar las ovejas de su amo. Los días le resultaban largos y sin interés. En un día en que se sentía especialmente aburrido, el muchacho decidió divertirse un poco. Mientas las ovejas pacían apaciblemente al límite del bosque, él grito con todas sus fuerzas: "¡El lobo! ¡Socorro! ¡El lobo!" Los habitantes de un pueblo de los alrededores escucharon sus gritos y corrieron hacia el campo de pastoreo para rescatar al pastorcito y sus ovejas. Pero cuando llegaron, encontraron sólo a un muchachito que se desternillaba de risa.

Algunos días después, el muchacho otra vez gritó: "¡El lobo! ¡Socorro! ¡El lobo!" La gente de la villa se lanzó al rescate por segunda vez, pero otra vez encontraron al muchacho muriéndose de risa.

Una tardecita, apareció verdaderamente un lobo y comenzó a atacar a las ovejas. El muchacho gritó, lleno de terror: "¡El lobo! ¡Socorro! ¡El lobo!" Pero esta vez la gente se negó a ser burlada; cada uno continuó con su tarea, ignorando los gritos que demandaban auxilio. Mientras el muchacho miraba petrificado y sin poder hacer nada, el lobo mató a muchas de las ovejas. La moraleja de esta historia es: Nadie le cree a un mentiroso, aun cuando diga la verdad.

La obediencia

Naamán, un famoso jefe del ejército sirio, tenía una enfermedad incurable en la piel, llamada lepra. Había convivido con este flagelo durante años, pero un día escucho una noticia que le trajo esperanza:

Había un profeta en Samaria que podía curarlo.

Con el permiso del rey y llevando gran cantidad de presentes, Naamán fue a visitar al profeta Eliseo. Pero, antes de que él llegara a la casa del profeta, le salió al encuentro un mensajero de parte de Eliseo que le dijo que se sumergiera siete veces en el río Jordán. Y que si lo hacía, sería sanado.

Naamán se puso furioso. ¿Era el profeta tan altivo que no podía entregarle esa información en persona? ¿Y cómo sería posible que un simple baño lo ayudara de alguna manera? El río Jordán no le parecía más especial que los ríos de su propio país, Siria.

Naamán estuvo a punto de estallar en ira, cuando su sirviente lo detuvo. "Señor", empezó a hablar algo nervioso, "si el profeta le hubiera mandado hacer algo complicado, ¿usted no le habría hecho caso? ¿Qué perderá si sigue esta instrucción tan simple?"

Naamán se dio cuenta de que su siervo decía algo cierto. Así que se tragó el orgullo, dejó de argumentar, y obedeció a Eliseo, zambulléndose en el río siete veces. Y quedó por completo sano (Ver 2 Reyes 5.)

Esta historia está llena de verdades referidas a la obediencia. Uno tiene que obedecer en las cosas pequeñas sin discutir, aun cuando no comprenda o no esté de acuerdo, para realmente aprender la obediencia.

La perseverancia

Cierto día en el que estaba sentada debajo de un árbol al pie de una montaña bastante alta, algo captó mi atención. Una jovencita marchaba junto a un hombre que supuse era su padre. Cuando comenzaron a avanzar por el empinado sendero juntos, el hombre se detuvo, tomó una piedra, y la puso en la mochila vacía que ella cargaba. Continuó luego haciendo eso cada unos cuantos pasos. A pesar de ello, la niña se esforzaba por continuar la marcha, pero antes de alcanzar la cima, se cayó, a causa del peso de su carga.

¡La carga es demasiado pesada para una niña tan pequeña!, pensé enojada.

Incapaz de seguir mirando esa escena, me apresuré a salir en defensa de la niña. Cuando llegué a la cima, ví que la niña descansaba en los brazos de su padre. Él la había tomado en sus brazos y la cargaba por el resto del camino.

Después de respirar profundo, miré enfurecida al hombre. "¿Qué clase de padre es usted?", le pregunté. "¿Por qué hace tropezar deliberadamente a su hija al aumentarle la carga?"

Él señaló hacia una cumbre lejana. Más allá de muchas altas montañas y valles profundos se divisaba un hermoso castillo. El hombre me explicó: "Mi hija es una princesa y aquél es su hogar. Ella tiene por delante caminos que implican un gran desafío, caminos que no se ven desde aquí, al pie de la montaña. Necesita fortalecerse para la travesía que le resta. Va a llegar un momento en el que yo remueva, una por una, las piedras que ella carga. Mientras tanto, yo caminaré junto a ella, y ella aprenderá a apoyarse en mí."

El ser una molestia

Cuando yo era pequeña, mi familia solía pasar una vez al año un domingo por la tarde con todas mis tías, tíos y primos. Cada primavera, nos juntábamos trayendo grandes cajas y delicias para un almuerzo tipo picnic y nos dirigíamos al parque. Allí solíamos deslizarnos, sobre trozos de cartón, por las laderas cubiertas de pasto.

¡Pero eso constituía sólo una parte de la diversión! Después, preparábamos las mesas de picnic con los platos favoritos de la familia: la ensalada de arvejas de la tía Betty, la ensalada de frutas de la tía Paulina, y el guisado de brócoli y queso que hacía mi mamá. Lamentablemente, a las moscas también les gustaban esos platos especiales. Apenas les quitábamos las tapas a los recipientes, todos comenzábamos a sacudir nuestros brazos alrededor de ellos, como un puñado de bailarines de hula-hula, para arrojar a aquellos insectos fuera de allí.

¡Resultaba exasperante! Apenas sacábamos una mosca de la ensalada de papas del tío Leo, otra aterrizaba en los frijoles de tío Jaime. Generalmente teníamos que cubrir la comida, luego guardarla, y al final nos veíamos obligados a irnos del parque temprano.

Los niños también pueden convertirse en una peste, en especial cuando molestan a alguno de sus hermanos. Así que, chicos, la próxima vez que comiencen a "zumbar" como insectos alrededor de alguno, recuerden que sólo hacen falta unos pocos insectos para arruinar todo un picnic.

Las prioridades

Conseguir una jarra, una taza de arroz crudo, y algunas nueces con cáscara. (Si no cuentan con todos estos ingredientes, se puede utilizar arena y piedras.) Pedir a uno de los niños que llene la jarra con el arroz, y que luego cuente cuántas nueces puede colocar adentro. Luego hacer que vacíe el arroz de la jarra y trate de realizar de nuevo el ejercicio. Pedirle entonces que piense alguna manera de lograr que entren más nueces dentro de la jarra. Sugerirle que coloque las nueces primero y que luego vuelque el arroz. Contar entonces las nueces. (Seguramente habrá logrado colocar muchas más.)

Después explicar el ejercicio: Si primero nos ocupamos de las cosas primordiales (representadas por las nueces), las otras actividades menos esenciales (simbolizadas por el arroz) siempre encontrarán un lugar donde entrar. Por ejemplo, si cada mañana nos tomamos el tiempo para leer la Biblia y orar antes de "enfrentar el día", encontraremos el momento para realizar todo lo que haga falta.

Este ejercicio también nos ayuda a ilustrar, por ejemplo, la importancia de realizar las tareas domésticas y escolares antes de mirar dibujos animados. Y puede enseñar acerca de lo esencial que es cuidar el dinero: Si gastamos todo el dinero que nos dan mensualmente sólo en "arroz" (cosas como caramelos y chucherías) nunca nos quedará suficiente para aquellas cosas que de veras deseamos.

Usar la imaginación para este ejemplo.

El dominio propio

Conocí a un hombre que se ganaba la vida como conductor de camión. Todas las semanas, durante quince años, condujo su vehículo por la misma ruta a través de las montañas Rocallosas. Como manejar le resultaba algo tan corriente, pronto se volvió demasiado confiado. Dejó de controlar los frenos antes de comenzar el descenso a un pequeño pueblo para entregar encargos. Aun ignoraba las señales de precaución colocadas para advertir a los camioneros que arrastraban cargas pesadas que probaran los frenos antes de realizar ese descenso tan pronunciado.

Un día en el que iba conduciendo con el brazo izquierdo colgado de la ventanilla, el pánico hizo presa de él. Pisaba el pedal del freno hasta el fondo sin conseguir que el camión bajara la velocidad. Su mente trabajaba a toda velocidad tratando de recordar en qué punto del camino se hallaba la siguiente salida para situaciones de peligro (o sea, la cuesta de ripio para emergencias que lograba detener a los camiones).

Adelante divisó una. Era su única esperanza de supervivencia. Con un temblor en las manos y cada gramo de fuerza que había dentro de él, guió el camión fuera de control sacándolo de la ruta para intentar tomar la salida de emergencia. Cuando el camión se detuvo a la mitad de la cuesta, le agradeció a Dios. Había conducido en esta ruta cientos de veces, y sabía que era la última salida para emergencias de la zona. Si hubiera avanzado una milla más, habría sido imposible hacer algo para detener el camión.

Yo compuse esta historia para ayudar a Tucker a prestar atención a las señales que nos advierten acerca de perder el control, y también sobre la necesidad de tener un plan que nos permita escapar cuando eso nos sucede. Yo dibujé la ruta de este conductor de camiones sobre un papel, y Tucker todavía lo tiene colgado en su cartelera. Le sirve de recordatorio para intentar dar con la "salida de emergencia" y recuperar el dominio propio antes de que su ira se convierta en destructiva y lo hiera a él y probablemente a otros también.

El confiar en los padres

En *El refugio secreto,* Corrie ten Boom narra el momento en que le preguntó a su padre qué significaba la palabra "sexismo". Así es como Corrie rememora ese momento: "Él se volvió a mirarme, como lo hacía siempre que respondía una pregunta, pero, para mi sorpresa, no dijo nada. Finalmente, se puso de pie, tomó su maleta de viaje de un estante que había por encima de nuestras cabezas y la colocó en el piso.

"¿Podrías ayudarme a llevarla hasta el tren, Corrie?', me dijo.

"Me puse de pie y tiré fuertemente de ella. Estaba abarrotada de los relojes y piezas de repuesto que había comprado esa mañana.

"'Es demasiado pesada', dije.

"'Sí', admitió. 'Y no sería un buen padre el que le pidiera a su hija pequeña que transportara semejante cargamento. Corrie, sucede lo mismo con el conocimiento. Algunos saberes resultan demasiado pesados para los niños. Cuando seas más grande y más fuerte, podrás cargarlo. Pero por ahora, tendrás que confiar en mí para que yo lo lleve por ti.

"Y yo me sentí satisfecha. Y más que satisfecha: con una maravillosa paz. Había respuesta para ésta y todas mis otras preguntas difíciles, pero por el momento estaba contenta con dejarlas al cuidado de mi padre"(*).

Este pasaje me lo envía Dios de modo providencial cada vez que uno de los niños entra al cuarto en el que Steve mira las noticias y escucha palabras como "violación", "incesto" u "homosexualidad". No rehuyo a la comunicación franca y abierta, pero tampoco voy a tratar con mis hijos cuestiones pesadas hasta que estén en condiciones de hacerlo. No quiero que el mundo sobrecargue a mis hijos cuando ellos aún son demasiado pequeños.

El confiar en Dios

El único sobreviviente de un naufragio se vio arrastrado hasta una isla deshabitada. Cada día oraba fervientemente a Dios pidiendo que lo rescataran, y cada día escrutaba el horizonte esperando ver llegar la ayuda, pero no parecía que fuese a suceder. Exhausto, se las arregló para construir una chocita con maderas que encontró flotando, para protegerse de las inclemencias del tiempo y guardar sus pocas posesiones. Pero un día, luego de andar buscando algo útil en la resaca que dejaba el agua, regreso a su choza para encontrarla en llamas, con un humo espeso que se elevaba hacia el cielo. Lo peor había sucedido:

había perdido todas sus posesiones. Quedó aturdido por la pena y la ira.

"Dios, ¿cómo puedes hacerme esto?", exclamó.

No obtuvo respuesta. Al final el hombre se quedó dormido, exhausto y quebrantado.

Temprano a la mañana siguiente se despertó con la vista de un barco que se aproximada a la isla. Increíblemente, venía a rescatarlo.

"¿Cómo se dieron cuenta de que yo estaba aquí?", preguntó el hombre sorprendido.

"Vimos sus señales de humo", respondió el capitán.

Esta historia les recuerda a nuestros niños que aunque resulta fácil que se desanimen cuando las cosas les salen mal, no deben perder las esperanzas. Dios obra en nuestras vidas aun en medio del sufrimiento y el dolor. ¡Una choza en llamas puede bien ser una señal de humo, un llamado para que opere la gracia de Dios!

La sabiduría

Un hombre rico entrevistaba a un grupo de potenciales conductores de una limousine. El primer candidato afirmó: "Soy el mejor conductor de automóviles de carrera de la región. ¿Ve aquellos acantilados? Soy capaz de iniciar la marcha a 200 yardas de él, levantar la velocidad hasta las 100 millas por hora, y luego frenar por completo a pocos centímetros del borde. ¡Estaría completamente seguro conmigo!"

En efecto, él realizó con exactitud lo que había prometido. Sin embargo, quedó muy desconcertado cuando el hombre le informó su decisión: "Conduce usted muy bien, pero no es el tipo de chofer que estoy buscando".

El siguiente candidato era un conductor de los que realizan pruebas y piruetas con el automóvil. También él realizó con su automóvil maniobras que desafiaban las reglas de seguridad y condujo a gran velocidad lo más cerca que pudo del borde del cañón sin caer en él. Pero el hombre rico tampoco quiso contratarlo.

A esa altura de las cosas, el caballero comenzaba a preocuparse y se preguntaba en voz alta si es que llegaría a encontrar a la persona adecuada para esa tarea. En ese momento, un joven que había estado presenciando las entrevistas se le acercó.

"Discúlpeme, señor", dijo tímidamente, "entiendo que usted intenta contratar a alguien para un puesto de trabajo".

El caballero miró al muchacho titubeante. "Sí, hijo, busco un chofer, pero tú me pareces demasiado joven."

"Sé que soy bastante joven", insistió el muchacho, "pero también maduro, y acabo de obtener mi licencia. ¿Puedo, por lo menos, demostrarle mis habilidades en la conducción?"

El caballero le respondió de una manera brusca: "Está bien, pero tienes que usar tu propio automóvil".

El muchacho agradeció al hombre y le aseguró que no lo lamentaría. Entonces se montó en su viejo cascajo y condujo hasta el cañón. No había andado más que unos pocos metros cuando, al descubrir el peligro que se presentaba por delante, bajó la velocidad y desvió el automóvil para rodearlo.

Deteniéndose junto al caballero, el muchacho le dijo: "Si le parece bien, señor, me gustaría demostrarle mis habilidades en algún lugar menos peligroso".

El caballero respiró aliviado. "No es necesario. He vivido lo suficiente como para descubrir que el buen desempeño no tiene que ver con andar por la vida a toda velocidad al borde del precipicio, sino con la sabiduría de mantenerse a una distancia prudencial del peligro. ¡Estás contratado!"

No intentemos descubrir hasta dónde nos podemos acercar al pecado sin caer en él. La verdadera sabiduría consiste en procurar mantenernos lo más alejados de él que nos resulte posible.

(*) Corrie Ten Boom, con John y Elizabeth Sherrill, *El refugio secreto*, Editorial Vida, 1973.

Capítulo 4

Visualicemos
el cuadro general

Después de que *The Facts of Life* saliera al aire durante algunos años, los productores del programa determinaron que era tiempo de que mi personaje, "Blair", perdiera su virginidad. Según su concepción, esto constituía una parte normal del crecimiento, y el programa necesitaba encarar ese tema. Yo expresé mi postura en cuanto a que no quería tener que ver con la perpetuación de esa mentira, y ellos, respetuosamente, no me presionaron.

Durante la última temporada, los productores, en conocimiento de mis convicciones, eligieron entonces al personaje de "Natalie" para que participara de ese tradicional "hecho de la vida". Antes de escribir el guión, una vez más se acercaron a mí; pero esta vez para ofrecerme que el personaje de "Blair" abogara por la abstinencia en ese episodio.

Como respuesta, le pedí que en lugar de eso me sacaran del guión de ese capítulo. Y una vez más los productores, amablemente, aceptaron mi pedido. Mirando en retrospectiva, a veces me pregunto si tomé la decisión correcta. Hubiese sido la oportunidad ideal para brindarles a las chicas una alternativa que valiera la pena. Pero en esa época tenía la firme convicción de que ni siquiera debía aparecer en un episodio que mostrara un enfoque positivo con respecto al sexo prematrimonial.

La primera razón que esgrimí fue que alguna de mis jóvenes admiradoras podría, al pasar los canales para elegir un programa, verme y decidir mirar el episodio. Y como resultado, tal vez fuera absorbida por la propaganda que promueve las bondades de mantener relaciones sexuales previas al matrimonio.

Hice mi elección suponiendo que no se me iba a pagar este episodio, dado que no iba a formar parte de él. Fue una decisión que me costó, pero no me resultó difícil. Creía por completo en las palabras de Jesús cuando dijo: "Y todo el que por mi causa haya dejado casas, hermanos, hermanas, padre, madre, hijos o terrenos, recibirá cien veces más y heredará la vida eterna" (Mateo 19.29).

Me di cuenta muy pronto en la vida de que esta existencia terrenal constituye meramente el juego previo; es el preludio a la gloria infinita que disfrutaremos en el cielo. El tener esa predisposición mental siendo una muchacha joven me ayudó a tomar decisiones en el temor de Dios que influyeron para bien sobre el resto de mi vida. Por esa razón, como madre, deseo también entrenar a mis hijos para que miren más allá del día de hoy, y se centren en la eternidad. Estoy convencida de que ésta constituye una de las lecciones más valiosas que puedo enseñarles.

Hay diversas maneras de lograr que los niños enfoquen su mirada en lo eterno, y en este capítulo he bosquejado, a grandes trazos, algunas de las principales. Pero cuando nos preparamos para formar a nuestros niños, como padres primero debemos tener en cuenta que, nuestra habilidad para inculcar perspectivas a largo plazo en ellos está estrechamente vinculada a con compromiso con esas perspectivas. Como muchas de las cosas que tienen que ver con la paternidad, esto también comienza con nosotros, los padres.

MIRAR MÁS ALLÁ

Mientras nuestros niños son pequeños, es fácil que seamos miopes o cortos de vista en cuanto a nuestra comprensión de las cosas. Andamos dando vueltas por ahí, apagando los incendios que aparecen delante de nosotros, y siempre mantenemos a mano un extintor, pero sin tomarnos el tiempo de planear la instalación de un sistema de rociamiento automático de agua con miras al futuro. Sin embargo, resulta fundamental que nos detengamos cada tanto en medio de nuestra lucha por mantener apagados los incendios para mirar hacia el camino que tenemos por delante. ¿Seguimos conduciendo a nuestros niños en la dirección correcta?

Sabemos lo que sucede cuando fijamos la vista en nuestros pies al caminar. Comenzamos a perder el equilibrio y ni siquiera nos damos cuenta de que nos hemos desviado del curso hasta que es demasiado tarde. Necesitamos detenernos en medio de la travesía y darles una buena mirada, larga y amorosa, a nuestros pequeños. Necesitamos tomarnos el tiempo para evaluar sus fortalezas y debilidades y estimar qué características tomarán esos rasgos de carácter al transitar por el camino y llegar a la adolescencia, y más adelante, a la adultez.

Robar una galletita del frasco cuando mamá no mira, se puede penalizar fácilmente con una palmada en la mano. Hurtar un par de pendientes de la galería de negocios de la localidad también se puede manejar con un golpe en las muñecas: ¡pero al colocar las esposas! Engañar en un juego de mesa puede ocasionar que el niño sea enviado de nuevo al "comienzo". Engañar en un examen de la escuela secundaria también nos manda de regreso, pero a casa, posiblemente expulsados. Enojarse y golpear a uno de los padres garantiza una penitencia. Enojarse y golpear a un profesor garantiza otra forma de "penitencia": detrás de las rejas.

No me malinterpreten. No quiero decir que si Susana roba una galletita va a terminar en la cárcel algún día. Lo que sí quiero decir es que ignorar las cuestiones morales cuando las implicaciones son de las dimensiones de un infante puede producir peligrosas repercusiones, que tendrán las dimensiones de un adolescente. No podemos suprimir definitivamente los pecadillos de nuestros niños, pero debemos decidir cuándo preferimos lidiar con algunas de esas cuestiones morales y de carácter. ¿Cuando nuestro hijo tiene cinco años o cuando llega a los quince?

DESARROLLAR LOS MÚSCULOS DE JESÚS

Concentrémonos en un área específica: el dominio propio. Es un buen rasgo a estudiar, porque podemos comenzar a ayudar a nuestros niños a dominar sus impulsos desde muy temprano en la vida. En la época en que empezaba a caminar, Haven solía enojarse cada vez que no le permitíamos salirse con la suya. Cuando aparecía con una rabieta, con toda calma la tomábamos en brazos y la colocábamos en el corralito de juegos hasta que se calmaba y recuperaba el dominio propio. Tucker, en cambio, golpeaba a sus hermanas con el juguete que tenía a mano cada vez que no lograba que las cosas fueran a su manera. Con él, Steve y yo tratábamos el asunto retirándole primero el juguete, lo que generalmente implicaba bastante conflicto y gritería. Luego lo colocábamos en un rincón del corredor (que le resultaba mucho menos divertido que su cuarto) hasta que podía pedir perdón con sinceridad y darle un abrazo a la hermana que había golpeado. ¡Qué costo tan alto tenía el haber perdido el control!

A medida que nuestros niños fueron creciendo, nos hemos esforzado por inculcarles rasgos de carácter que estén en concordancia con lo que Dios enseña, como el dominio propio. En un sentido, Steve y yo nos hemos convertido en los "personal trainers" que a diario supervisan los "ejercicios" espirituales de los niños, en un intento por fortalecer su resolución y fuerza de voluntad.

Ahora que se hallan en la escuela primaria, intentamos centrarnos en áreas relacionadas con problemas específicos. Tucker, a la edad de nueve, pasa la mayor parte del tiempo intentando refrenar su lengua. Procura utilizar cada oportunidad que se presenta para hacer reír a la gente, aunque se trate de un humor inapropiado o hiriente. Precisa de toda su determinación para contenerse. Pero está esforzándose por desarrollar los "músculos de Jesús" (o sea, fortalecer su espíritu), y notamos que mejora cada día. Tucker está aprendiendo el verdadero sentido de esta escritura: "El falto de juicio desprecia a su prójimo, pero el entendido refrena su lengua" (Proverbios 11.12).

La necesidad de dominio propio de Clancy se refiere a un área completamente distinta. Si se le da la oportunidad, ella llora cuando las cosas no salen como quiere. Aunque es sensible por naturaleza, también sabe que unas pocas lágrimas bien colocadas operan maravillas para conseguir lo que desea. Vemos que mejora en su disciplina cristiana cuando le pedimos que se serene y nos comunique su último trauma en un tono de voz normal y no "relinchando".

Estoy agradecida a Dios por la oportunidad de enseñar a mis hijos ahora, dentro del marco seguro de la familia, mientras son pequeños y las consecuencias resultan menores. Oramos junto con Steve que, al enseñarles a ejercitar cada día sus músculos espirituales, nuestros niños desarrollen la fortaleza de carácter que les permita enfrentar cualquier desafío que tengan por delante y hacer las elecciones correctas. Pero un adolescente o un adulto al que nunca se le ha enseñado el valor de la disciplina puede acabar enredado en deudas, desempleado a perpetuidad, y siendo promiscuo, o adicto a drogas, al alcohol o a la comida, entre otras cosas.

Para tener las agallas de inculcar permanentemente estas cualidades cristiana en la vida de nuestros hijos, debemos mantener nuestra mirada firme en el cuadro general. Recordemos que cualquier cosa que tengamos que negarles a nuestros niños hoy resultará en su bien futuro.

SEMBREMOS LO POSITIVO

Desarrollar un enfoque de la paternidad dentro de un cuadro amplio requiere más que sólo podar los rasgos negativos que vemos en nuestros niños. Debemos además ayudarlos a desarrollar cualidades positivas, cualidades que constituyan sus puntos fuertes cuando lleguen a la adolescencia. Alentemos a nuestros pequeños a orar en voz alta en la mesa, antes de cenar, y *antes* de que comiencen a negarse al llegar a la adolescencia. O hagámosles leer la Biblia antes de ir a la cama. Los niños pequeños pueden tomarlo como una buena excusa para quedarse levantados un rato más, pero nosotros sabemos que hasta esas pequeñas cosas ayudan a desarrollar buenos hábitos a una edad temprana.

Debemos alentar a los niños a desarrollar la mayor parte de estos hábitos y rasgos de carácter desde su temprana infancia. Entendí este concepto cuando me tocó enfrentar cuestiones vinculadas con el pudor y la relación entre niñas y niños con Haven, a los cuatro años, cuando perdió la chaveta por causa de Brandon, el mejor amigo de su tío Casey, de doce años. Supe que se trataba de una cosa seria cuando vino a mi un día y anunció: "He decidido que ya no deseo parecer más un muchachito".

Hasta pronunciar esa declaración, ella sólo deseaba usar jeans. Y los pocos vestidos que se ponía para ir a la iglesia tenían que ser de denim (la misma tela de los jeans).

Traté de ocultar mi alegría ante esa declaración y le pregunté como al pasar: "¿De veras? ¿Y por qué ya no quieres ser como un muchachito?"

"¡Porque he encontrado 'el hombre con el que me voy a casar'!", anunció Haven.

Me duró poco la alegría. Algunos días después, se pavoneaba en la escalera vistiendo shorts y una chaqueta cortada a la altura de la cintura, que en realidad debía ir sobre uno de sus vestidos de los domingos.

"Haven", le dije, "tienes que ir a ponerte el vestidito que va con esa chaqueta".

"Quiero usarla así porque pienso que a Brandon le va a gustar de esta manera", me anunció.

Mis ojos se abrieron por el asombro, pero me limité a decir: "No. No me parece recatada, y tendrás que cambiártela".

"Bueno, ¡cuando crezca y tenga mi propia familia, podré usarla!", dijo Haven desafiante.

"Sí, pero espero que para cuando crezcas hayas desarrollado la sabiduría como para vestirte con recato", le respondí como conclusión.

Y creo que lo hará. Pero ahora, mientras aún es pequeña, trato de ayudarla a comprender lo que la Biblia quiere decir cuando señala que una mujer piadosa se viste "...decorosamente, con modestia y recato, sin peinados ostentosos, ni oro, ni perlas, ni vestidos costosos… más bien con buenas obras, como corresponde a mujeres que profesan servir a Dios" (1 Timoteo 2.9-10).

Sin embargo, mi lucha con Haven no acabó allí. Lo siguiente que hizo fue preguntarnos si podía llamar a Brandon para saber si había regresado de sus vacaciones. Le expliqué que en nuestra familia las niñas no llamaban a los muchachos. Me preguntó si los muchachos podían llamar a los muchachos.

Luego de mi respuesta afirmativa, rápidamente imploró: "¿Entonces puede Tucker llamar a Brandon para ver si ha regresado?"

¡Ay, ay! ¡Esto está sucediendo demasiado pronto! Entiendo que cuando una niña de seis años usa una bikini no tiene el mismo efecto que tendría cuando la lleva una muchacha de 16 años, y que el amor de una niña no se puede comparar con el ritual de citas de una muchacha de la escuela secundaria. Pero no quiero explicarle a mi hija adolescente, dentro de diez años, por qué repentinamente tuve que cambiar los límites. Sé que resulta mucho más fácil establecer límites morales seguros temprano en la vida que más tarde.

UNA PERSPECTIVA ETERNA

Aunque los padres necesitamos focalizar la atención en el cuadro general de las elecciones que deberán realizar nuestros hijos, también necesitamos ayudarlos a mirar dentro de un encuadre aún mayor: la eternidad. Al abrazar nosotros mismos esta perspectiva y enseñar a nuestros niños a enfocar su visión en la realidad de los cielos y de las promesas que los esperan allí, podemos ejercer una gran influencia sobre las elecciones que ellos realicen aquí en la Tierra.

Es importante que les expliquemos a nuestros niños que somos sólo visitantes en la Tierra y que nuestro verdadero hogar está en el cielo con Dios (ver 1 Pedro 2.11). "Si comparamos el tiempo que pasamos aquí con el que pasaremos en nuestro hogar celestial, podríamos decir que resulta semejante a las horas que estamos en la casa de un amigo cuando vamos a jugar con él después de la escuela en contraste con los años que viviremos en casa hasta que crezcamos". Soy consciente de que mi analogía es imperfecta, pero les ha ayudado a mis chicos.

Tener esta concepción de las cosas produce cambios significativos en la vida de un niño. Haven, hasta donde yo recuerdo, siempre ha luchado con su inseguridad. Quizá por ser la hija del medio, o tal vez porque ha heredado un poco del temperamento melancólico de su papá. Pero alrededor de los cuatro años oyó una historia del Antiguo Testamento: la de la huérfana Ester, que se convirtió en reina y fue usada por Dios para salvar al pueblo judío. De alguna manera, Haven se identificó con el propósito tan claro de la vida de Ester. No importa que no sea ni se sienta una reina; Haven cree que Dios también la puso a ella sobre la Tierra "precisamente para un momento como éste" (Ester 4.14).

Ese sentido de tener un propósito eterno está marcando la trayectoria de Haven. Y saber que el Dios del Universo tiene un plan y un hogar celestial, también marcará una trayectoria de vida definida en nuestros hijos, y los ayudará a tomar decisiones precisas cada día.

CONSEJO SOBRE INVERSIONES

Jesús nos advierte que hagamos tesoros en el cielo y no en la Tierra, donde pueden ser robados o destruidos, o simplemente consumirse con el tiempo (ver Mateo 6.19). Así que, consideremos cómo les estamos enseñando a nuestros hijos a visualizar su tiempo, talentos y dinero a la luz de la eternidad.

Muchas de las familias que conozco (incluida la mía) pasan gran parte del tiempo corriendo tras sus actividades a un paso frenético. Las temporadas de fútbol, básquet, béisbol y fútbol americano se enciman unas con otras. Después de lanzarnos a encuentros de natación, a campamentos con bandas musicales, a funciones de ballet, a torneos de karate, de pronto nos encontramos cansados y sobrepasados. Nuestros niños no necesitan aprovechar cada oportunidad, tomar todo tipo de clases y practicar todo tipo de deportes antes de los diez años para sentirse completos. Otra vez, es una cuestión de perspectivas.

En nuestra familia procuramos no comprometernos con más de un deporte o actividad a la vez. Esto significa que a Clancy le tocará sentarse como espectadora durante la temporada de béisbol, pero luego le llegará a Tucker el turno de tomarse un período de receso cuando comiencen las clases de gimnasia. Steve y yo sabemos que a medida que nuestros niños crezcan van a tener que dejar pasar muchas "buenas" oportunidades si nos ceñimos a nuestra regla. Pero regular las actividades nos ha permitido bajar el ritmo y centrarnos en lo que Dios considera "mejor", tanto para nuestros niños individualmente como para toda la familia.

¡Atención, papás y mamás! Tratemos de tener el cuadro general en mente la próxima vez que nos den las hojas de admisión a distintas actividades para firmar. ¿Qué resultará más significativo desde el punto de vista eterno para la vida de nuestros hijos, un estante lleno de trofeos o la sencilla recompensa que produce el encontrarnos todos como familia ante la mesa para cenar juntos? El ir y el hacer necesitan ser examinados con frecuencia a la luz de lo que Dios considera valioso. Otra manera de resultar mejores administradores del tiempo familiar es el ir descubriendo las habilidades que Dios les ha dado a los niños. Hacerlo nos brindará una perspectiva de lo que necesitamos para enseñarles a invertir mejor su tiempo y talentos, de acuerdo con los planes de Dios para su futuro.

Una vez que hayamos descubierto algún punto fuerte en particular que el Señor le haya concedido a nuestro hijo, concentrémonos en esa área en persecución de la excelencia. Pensemos en términos de profundidad y no de amplitud. También tengamos cuidado de no menospreciar ciertos dones que nos puedan parecer lugares comunes, tales como el servicio, la hospitalidad, o las obras de misericordia. Deberemos crear nuestros propios espacios para el ejercicio de esos talentos, y probablemente tengamos que evaluar las inclinaciones de nuestros hijos para descubrir sus dones, pero el esfuerzo reportará beneficios duraderos en sus vidas y en las vidas de los que los rodeen.

Cuando nuestros niños comienzan a descubrir cuáles son los talentos que Dios les ha dado, pueden sentirse tentados a considerar sus habilidades según la tabla de valores del mundo. Resulta fácil tomar como válida la definición del éxito que hace la sociedad, que se contrapone con lo que Dios señala como logros. En el tiempo en que escribí este libro, Haven deseaba ser actriz. Si bien yo quiero alentar sus inclinaciones naturales, también deseo protegerla de las falsas pesas y medidas del mundo, que prevalecen notoriamente en la industria del espectáculo. En el 99 por ciento de las situaciones que he conocido de cerca, los niños que se han visto lanzados al negocio del espectáculo han debido enfrentar esta propuesta: pérdida o pérdida. Si se convierten en niños exitosos cuando aún no tienen la madurez para manejarlo, no encontrarán luego otra dirección en la que marchar, cuando terminen sus 15 minutos de fama, que no sea cuesta abajo. Pero la mayoría (aquellos que no consiguen papeles de éxito) deberán enfrentar el rechazo a diario, ya que se les dirá luego de cada prueba que son "demasiado bajos", o "demasiado gordos", o "demasiado corrientes", o simplemente "no lo bastante buenos".

Como entendemos que ese constante rechazo puede ocasionar profundas heridas, Steve y yo hemos elegido proveerle a Haven la oportunidad de canalizar su talento natural de actriz a través de la iglesia y la escuela, sin introducirla al "negocio del espectáculo". Por supuesto, en esos espacios ella no va a ganar dinero, pero creemos que quitar de en medio la seducción del dinero hace que resulte mucho más fácil descubrir la voluntad de Dios, sin importar las circunstancias que nos rodeen.

Asegurémonos de enseñarles a nuestros pequeñitos que las razones por las que Dios les ha dado talentos no son las de corto plazo, como conseguir una beca para la universidad, hacer dinero, o volverse famosos. La intención que Dios tiene al darnos dones es que los usemos en el beneficio de otros para la extensión de su reino. Si a nuestros niños les gusta la jardinería, recordémosles que las flores pueden alegrar a sus vecinos ancianos o a sus abuelos. Quizás alguno de nuestros hijos sea un joven Rembrandt. ¿No podría una de sus brillantes obras maestras iluminar el cuarto de hospital de un amigo enfermo? Puede ser que esto no les brinde a nuestros hijos mucho dinero ni gran reconocimiento, pero enseñarles a honrar a Dios con sus talentos va a resultar una recompensa mayor y más duradera.

LA ECONOMÍA DE DIOS

Además de instruir a nuestros niños para que sean buenos administradores de los dones que les ha dado Dios, también tenemos una responsabilidad muy clara en cuanto a influir sobre la perspectiva que tengan del dinero. ¿Hemos notado que Dios habla tan seguido del tema dinero en las Escrituras, que sólo es superado en extensión por el tema amor? Dios nos da las capacidades y la orientación como para que podamos suplir nuestras necesidades a través del trabajo esforzado, pero también deja absolutamente en claro que, en tanto que a nosotros nos corresponde hacer nuestra parte, en última instancia es su responsabilidad proveernos lo que necesitamos. Creo que la Biblia enseña que la razón principal por la que Dios bendice nuestras finanzas es para que tengamos dinero para dar a otros (ver Lucas 6.38). Debemos alentar a nuestros niños a dar en cada oportunidad que se les presente. Y, como siempre, la mejor manera de animarlos es a través de nuestro propio ejemplo. Queremos inculcar en sus corazones los ideales de Dios en cuanto al manejo del dinero.

Una de las maneras en que enseño a mis niños a ser prudentes en el uso del dinero es a través de la utilización de cuentas bancarias hogareñas, que he establecido para cada uno de ellos. Cada vez que reciben dinero, me lo traen, y yo lo registro en sus diferentes cuentas. Comenzamos por colocar el 10 por ciento en su cuenta de diezmos, el 10 por ciento en su cuenta de ahorros, y el 80 por ciento en su cuenta para gastos. Pero no me gustaba el mensaje que les transmitía al igualar el valor de sus ahorros con el del privilegio de diezmar. Así que lo resolví colocando el 5 por ciento en ahorros y abriendo una cuenta "misionera" a favor de un misionero de nuestra iglesia para depositar el otro 5 por ciento. Esto también les dio la oportunidad de mirar hacia el mundo exterior.

La economía de Dios es mucho más que diezmar nuestro dinero. Tiene que ver con cultivar un espíritu amplio también en cuanto al dar. Aun dentro de las actividades de todos los días, podemos enseñarles a nuestros niños a distinguir el cielo de la Tierra. He desarrollado un juego creativo para solucionar conflictos entre hermanos, por ejemplo, cada vez que hay un excedente impar de galletas. Supongamos que les digo a Haven y Clancy que pueden compartir lo que queda de un paquete de galletitas Oreo. Generalmente se desata una pelea luego de algunos minutos, porque ambas quieren la última galleta. Pero, en lugar de partirla en dos y escuchar el inevitable: "Ella recibió la mitad más grande", yo les pregunto: "¿Quién quiere recibir la bendición aquí, y quién quiere recibirla en el cielo?"

Mis hijos saben bastante acerca de la economía de Dios como para darse cuenta de que su recompensa en el cielo será mucho más que una exigua galletita. No pasa mucho tiempo sin que una de ellas renuncie al placer de comerla. (Y si las dos optan por la bendición en el cielo,

¡imagino que yo me tendré que comer la última galleta!)

Además de enseñarles sobre las bendiciones celestiales en contraposición con las bendiciones terrenales, este enfoque también instruye a los niños acerca de lo que es una gratificación pospuesta. Pero, lo que es mejor, los hace más como Jesús, que estaba dispuesto a sacrificar su vida por nosotros a causa del gozo que tenía por delante (ver Hebreos 12.2).

BONOS, INCENTIVOS Y RECOMPENSAS

Si encontramos difícil enseñar estos valores de largo alcance a nuestros niños, podemos intentar gratificarlos un poco a través de incentivos. No veo ningún impedimento para usar alicientes en la tarea de enseñar a nuestros niños a realizar buenas elecciones. Aun Dios les dijo a los hijos de Israel: "Hoy les doy a elegir entre la bendición y la maldición: bendición, si obedecen los mandamientos que yo, el SEÑOR su Dios, hoy les mando obedecer" (Deuteronomio 11.26-27). Si él no desestima el dar recompensas a sus hijos por la obediencia, ¡tampoco yo! Dios sabe que los hijos responden bien a los incentivos. El primer mandamiento con promesa es: "Honra a tu padre y a tu madre, para que disfrutes de una larga vida en la Tierra que te da el SEÑOR tu Dios" (Éxodo 20.12). Yo creo que una recompensa ocasional realmente ayuda de un modo sutil a nuestros niños a desarrollar una perspectiva eterna. Cuando aprenden a negarse a ellos mismos ahora, se apegan luego a la expectativa de recibir recompensas mayores en el cielo.

Mientras estaba embarcada en escribir este libro, tuve que pedirles a mis niños que hicieran sus tareas escolares con mayor independencia de mí. Ha resultado una labor especialmente ardua para Tucker, que a veces trabaja hasta las 6.00 p.m. para acabar su tarea. (Para darles una idea, les diré que Haven realiza deberes similares y para el mediodía ya está afuera jugando con el perro.) Para ayudar a Tucker, establecí un plan de incentivos. Le compré un paquete de tarjetas con la figura de algunos jugadores de béisbol y le dije que si finalizaba su tarea a las 12.00, le daría cinco de esas figuras. Si terminaba a la 1.00, recibiría cuatro, y así sucesivamente. Fue sorprendente. Tucker trabajó a toda velocidad en su tarea escolar y ya estaba pegando sus cinco nuevas estampas en el álbum para las 11.30. Ni hace falta que mencione que subimos al automóvil y fuimos a conseguir otro paquete de figuras para el día siguiente.

En el camino, Haven quiso sacar partido del plan y prorrumpió diciendo: "¿Qué recibiré yo si acabo mi tarea rápido?"

Tontamente, le pregunté: "¿Crees que necesitas más motivación para realizar tu trabajo?"

Haven tenía una idea bullendo en su cerebro. "Sí", me dijo. "Creo que podrías llenar mi máquina de goma de mascar, y si termino a las 12.00, me podrías dar cinco centavos para sacar algunas."

Pensé que era razonable; no era necesario, pero sí razonable. Esperé un momento, pensando que Clancy también pediría algo. Como no lo hizo, pregunté: "Clancy, ¿crees que ayudaría que te ofreciera un pequeño incentivo?"

"No. El sólo saber que le agrado al Señor me alcanza", respondió con dulzura y sinceridad.

¡La respuesta de Clancy me apabulló! Pero no nos den a Steve y a mí el reconocimiento por haber desarrollado una increíble habilidad paternal. Nuestro sistema de incentivos no siempre funciona tan bien. Por ejemplo, durante el invierno, cuando Tucker tenía siete años y estaba con su problema de alergia y mala conducta al máximo nivel, tanto él como yo estábamos llegando al límite. Viendo que yo estaba al borde de una crisis, Steve me ofreció tomarse unos días de vacaciones y cuidar a los niños para que yo pudiera ir un día antes al retiro de mujeres de la iglesia y rejuvenecer un poco.

La noche antes de que me fuera, Steve le dijo a Tucker: "Bueno, hijo, mañana vamos a tener un campamento muy provechoso".

Tucker se animó. "¿Quieres decir que vamos a hacer ejercicios?"

Steve en seguida le cortó la idea de raíz. "No", le dijo con firmeza, "vamos a trabajar las ideas de 'el hijo de arriba y el hijo de abajo' para aprender a tomar las decisiones correctas, aun cuando sea difícil."

Tucker, que ya había trabajado con juegos de incentivo para el fortalecimiento del carácter, asintió. "Oh, ya entiendo", dijo con una amplia sonrisa en su rostro. "Tú me prometerás un juguete y luego, si yo hago lo correcto durante todo el día, ¡me lo darás!"

Steve suspiró. "Bueno,… sí."

Obviamente, Tucker había participado tanto de este tipo de ejercicios, que el verdadero sentido del juego (realizar las elecciones correctas para desarrollar una perspectiva general del cuadro) había perdido fuerza.

Como habremos descubierto, resulta importante mantener un equilibrio al distribuir recompensas. Si continuamos con la lectura del pasaje de Deuteronomio 11, descubriremos que Dios no sólo presentó bendiciones ante los hijos de Israel; también expresó una maldición. (Aunque yo prefiero llamarla una "corrección".) Él conocía el valor de usar tanto las bendiciones como las correcciones para modelar el comportamiento de sus hijos.

En el siguiente capítulo vamos a considerar el tópico referido a cómo administrar la corrección. Mientras tanto, he reunido una lista de mis "bonos", incentivos y recompensas favoritos para alentar a nuestros pequeñitos a desarrollar una mirada general del cuadro.

Visualicemos el cuadro general

Caja de herramientas

Recompensas motivadoras

Cuadros y calendarios

- Uno de mis sistemas favoritos de recompensas es la antigua planilla para pegar etiquetas autoadhesivas. Compro un bloc pequeño de estas planillas en una de las librerías de insumos para maestros, o en un negocio de papelería para oficina, junto con pequeñas calcomanías. Cada vez que uno de mis hijos es amable, obedece sin argumentar, lee un libro o hace algo bueno, yo le pido que pegue una figurita en su planilla personal. Cuando ésta se llena de etiquetas (normalmente contiene unos veinte cuadros) el niño puede dirigirse al "cofre de los tesoros" y tomar uno. En nuestra casa, ese "cofre" es un estante lleno de vídeos, pequeños juguetes, u otros elementos que quiero regalarles, pero que no deseo entregarles sin un motivo. Si no deseamos tener un cofre de tesoros, podemos establecer un premio específico que se obtendrá al completar los cuadros de la planilla.

- Consigamos una planilla de registro de cheques que no haya sido usada, y démosela a nuestro hijo. Cada conducta positiva será recompensada con una cantidad determinada de puntos (que registraremos en la columna de 'depósitos'). Cada conducta negativa le costará una cantidad determinada de puntos (que se registrará como 'débito'). La cifra que corresponda a las recompensas y a las consecuencias estará estipulada en la tapa del registro. También la lista de beneficios y lo que equivale cada uno en puntos. Por ejemplo, 30 minutos de televisión o de vídeo juegos cuestan 30 puntos. Dado que sacar la basura sin que se le mande también vale 30 puntos, si uno de los chicos los tiene registrados en su haber, puede con ellos comprar este privilegio. Simplemente deberá deducir los puntos de la columna de débitos. El niño también puede irlos acumulando para conseguir privilegios mayores, como levantarse más tarde, que cuesta 200 puntos. Si no gana suficientes puntos, o si los pierde por mal comportamiento, no se le concede ningún privilegio ya que no tiene puntos para 'comprar'.

Fichas

- Al comienzo de la semana consigo una bolsa llena de fichas y coloco tres vasos desechables con el nombre de cada uno de mis chicos; también anotamos una fecha en el calendario, a la que llamamos la noche de la "Pizzería Familiar". Luego, cada día en que los niños practican sus lecciones de piano sin que les digamos que lo hagan, reciben una ficha para colocar en su vaso. Al final de la semana, Steve y yo les permitimos que gasten las fichas que han ganado en juegos y paseos. (¡Esto seguramente nos evita el tener que distribuir fichas caras como las golosinas!)

- En algún negocio de suministros para maestros, comprar una bolsa pequeña de fichas de colores y asignarles un sistema de valores. Una de las ideas puede ser recompensar las buenas notas en los trabajos escolares. Por cada nota muy buena que el niño obtenga, por ejemplo, se le entrega una ficha azul, que equivale a 20 minutos de videojuegos, o de ver televisión, o de jugar con un amigo. Las notas que son buenas recibirán una ficha amarilla, que equivale a 10 minutos de tiempo de diversión. Guardemos las fichas verdes como una bonificación extra de cinco minutos que se agregará por prolijidad o por un progreso significativo en los estudios.

- ¡Mis fichas favoritas son las de chocolate! Estas fichitas se pueden otorgar a los chicos por tomar la iniciativa en acercarse a otros y ser amables con ellos. Quizás se les puede dar un puñadito de ellas por llamar a la abuela sólo para contarle cómo ha sido su día. Pueden ganar otro puñadito por escribir una carta o enviar un e-mail a un pariente que vive en otro estado. Pintar un cuadro para un vecino anciano, o jugar a las damas con él puede garantizarles un paquete de galletas con chispas de chocolate (para compartir, por supuesto).

- Me encantan los juegos, así que esta recompensa me resulta tan divertida como a los chicos. Los conflictos entre hermanos habían alcanzado un pico peligroso durante un período de varios días. Intenté todo lo que se me ocurrió para lograr que los niños se llevaran bien, pero los agravios entre unos y otros parecían ir en aumento. Así que declaré el día del "Bingo del Amigo". Tenía un viejo bingo de cartón en el garaje, con una bolsa llena de fichas y un pequeño bolillero de bingo. Colocamos el bolillero en la cocina, y yo les entregué una tarjeta a cada niño. Por cada 30 minutos que podían sobrevivir sin discutir o pelear, yo hacía girar el bolillero una vez y leía la letra y el número que tenía la bola que salía. Jugamos durante todo el día, sacando una nueva bola cada media hora si era que habíamos tenido paz durante los previos treinta minutos. La primera persona que lograba completar su cartón haciendo bingo obtenía un premio; así que continuamos jugando hasta la hora de ir a dormir. El que logró la mayor cantidad de espacios cubiertos al llegar la noche, obtuvo permiso para quedarse levantado durante una hora más, junto con papá y mamá.

Comida
- Tengo una amiga que le daba a su hija uno de los ingredientes

para elaborar su receta favorita de galletas cada vez que ella preparaba su mochila de la escuela y la dejaba al lado de la puerta la noche anterior. Al finalizar la semana, había obtenido todos los ingredientes, y entonces cocinaban las galletas y las disfrutaban juntas.

- Soy consciente de que debemos proveer a nuestros niños comida saludable, pero es divertido sorprenderlos ocasionalmente colocando alguna comida chatarra en su bolsa del almuerzo para la escuela. Podemos agregar algo dulce o una bolsita de papas fritas con una breve nota que diga: "Me di cuenta de lo bien que hiciste tu cama hoy". La clave es el reconocimiento y la recompensa por su buena conducta.

- Cuando Tucker estaba por entrar al jardín de infantes, teníamos que aplicarle toda la batería de vacunas que le correspondían. Haven y Clancy nos acompañaron al consultorio del doctor, y cuando vieron por lo que tenía que pasar Tucker para poder entrar al jardín de infantes, quedaron como petrificadas. Quería patearme a mí misma por traer a las niñas; y para tratar de consolar a Tucker dije: "Muy bien: por cada pinchazo se recibe una bola de helado. ¡Eso significa que Tucker tendrá un helado triple hoy!" A las nenas les permitimos comer un helado simple, pero desde ese momento ellas otra vez comenzaron a mirar con entusiasmo su ingreso a jardín de infantes.

- Gálatas 5.22-23 dice: "…el fruto del Espíritu es amor, alegría, paz, paciencia, amabilidad, bondad, fidelidad, humildad y dominio propio". Hacer que los niños confeccionen algunos billetes con figuras de frutas, cortando nueve rectángulos de papel e incluyendo en cada uno de ellos uno de los frutos del Espíritu. Darles a los niños la oportunidad de ganarse cada uno de estos billetes al mostrar en su conducta la cualidad de carácter expresada en él. Cuando hayan ganado los nueve, sorprenderlos con una recompensa frutal. Puede ser una cajita de cereales frutados, o una ensalada de frutas preparada junto con mamá, o una porción de pastel de frutillas o un helado de fresas.

- Si nos es posible conseguir una de esas viejas máquinas expendedoras de goma de mascar, ésta constituye una manera económica y divertida de recompensar a los niños por un solo centavo a la vez. (¡Pero no le digan al dentista que yo he recomendado esto!)
- Las golosinas pequeñas, como las pastillas M&M's, o las garrapiñadas, o las palomitas de maíz, entregadas en pequeñas cantidades, ayudan a reafirmar el buen comportamiento a través de todo el día.

Dinero

- Por supuesto, dar dinero siempre produce resultados cuando uno lo piensa en términos de incentivo. Y les podemos enseñar a nuestros niños a diezmar ese dinero de la recompensa; así que logramos motivarlos y enseñarles en una sola lección.
- Podemos colocar el dinero que les asignamos semanalmente en monedas dentro de un frasco al comienzo de la semana. Entonces, cada vez que los escuchamos hablar con falta de respeto o insolencia, quitamos una moneda. Lo que quede dentro del frasco al finalizar la semana es lo que les daremos.
- A mis niños les disgusta hacer compras. Y los escucho quejarse en el almacén, en la tintorería y en las tiendas. A fin de que tomen conciencia de la frecuencia con la que dicen cosas negativas, le doy a cada uno un dólar en monedas de cinco centavos antes de nuestra cruzada de compras de la tarde. Luego les

informo que la última sesión de compras será en el kiosco, y que toda moneda que les quede en el bolsillo la pueden gastar en golosinas. Pero, durante el resto de las compras, tienen que darme cinco centavos por cada palabra negativa que pronuncien.

• Algunos niños constantemente demandan ayuda para hacer cosas que bien pueden hacer solos. (No quiero dar nombres, pero tengo a uno de esos niños viviendo bajo mi techo.) Cuando eso me sucede, le digo: "Bien, pero mi ayuda tiene un costo". Podemos tener un frasco con monedas de diez centavos. Y cuando el niño pide ayuda para hacer algo que podría hacer solo sin dificultad, le pedimos que nos pague diez centavos. (A veces yo misma retiro la moneda del frasco si él ha dejado su plato en la mesa luego de la comida, o si sus medias han quedado en el piso del baño, o si yo tengo que guardar la leche en el refrigerador luego de que él la ha usado.) Al final de la semana, si han quedado monedas, son suyas.

• Si nuestros niños son demasiado pequeños para utilizar dinero verdadero, intentemos usar "billetes falsos" de los que se pueden comprar en las jugueterías, o de los que vienen en los juegos de mesa. Démosles de este dinero y luego llevémoslos de compras al "negocio de mamá" (una pequeña cantidad de objetos que guardamos ocultos para una ocasión como ésta). Ellos pueden comprar cosas como medias para situaciones especiales, moños o hebillas para el pelo, pelotas de fútbol, y otras cosas divertidas.

• Seguramente necesitamos comprar ropa nueva para nuestros niños cuando cambia la estación. ¿Qué tal si hacemos que esta ropa se relacione con sus notas escolares? Dependiendo del presupuesto con el que contemos estableceremos los valores. Por ejemplo, cuando traen el primer boletín de calificaciones, podemos concederles $ 20 por cada nota muy alta que hayan sacado, $ 10 por las intermedias, y $ 5 por las que apenas les permitan promocionar; todo el dinero será aplicado a la compra de ropa de invierno. Usaremos el mismo criterio en la segunda entrega del boletín, para comprar algunas prendas de primavera. Y también al cierre del período escolar, para comprar la ropa de verano.

- Una buena alternativa a la mensualidad en efectivo es colocar el dinero en una tarjeta de compras de una tienda. Esto deja las compras a discreción del niño, según las posibilidades que le dé la tienda. Cuando su tarjeta de compras se vacía de fondos, tiene que discutir con el gerente o aprender a hacer durar más su dinero la próxima vez. También acaba con el "¿Me puedes comprar...?" mientras hacemos la fila para pagar en la caja. Simplemente podemos responderle: "¡Seguro! Utiliza tu tarjeta." Eso lo hará pensar bastante acerca de lo que en realidad desea adquirir.

Recompensas en tiempo

- No es difícil hacer tarjetas para marcar y resulta muy divertido. Tomemos tarjetas de 3x5 cm y escribamos en ellas las tareas que los niños deben realizar cada día durante la semana. Luego hagámosles una perforación, pasemos una cinta, y colguémoslas en un lugar adecuado. Los niños deberán marcar con una tilde cada tarea que completen adecuadamente. Al final del día, o de la semana, les pediremos que nos entreguen las tarjetas para recibir el pago (lo que sea que hayamos estipulado con anterioridad). Pero aquí hay un punto. Se les pueden descontar las tareas que no hayan realizado en tiempo y forma. Por ejemplo, no se les permitirá limpiar el piso dos veces el viernes para compensar su olvido del miércoles y el jueves.

- Haven tiene la impresión de que la finalidad de la vida es lograr hacer las cosas lo más rápido posible. Todo lo hace al doble de la velocidad normal. Sus prácticas de las lecciones de piano duran 10 minutos, y se escuchan como un recital de Alvin y sus ardillitas. Realiza su tarea escolar de forma esporádica y poco prolija, y con su ropa es bastante menos que meticulosa. Tenemos que recompensarla por tomarse más tiempo para completar sus tareas. Créase o no, no le permitimos terminar una tarea escolar que le haya sido asignada en menos de 10 minutos, la práctica de sus lecciones de piano en menos de 30 minutos, y cualquier tarea hogareña en menos de 5 minutos. Si completa sus deberes cuidadosamente y a nuestra satisfacción en el tiempo señalado, le permitimos reducirlo en un minuto la próxima vez. Si comienza a caer en descuidos, no sólo tiene que realizar la tarea de nuevo, sino que volvemos a recomponer los tiempos al máximo estipulado al principio.

- Otra forma en que hemos tratado de lograr que Haven reduzca su velocidad y realice las tareas con mayor cuidado es a través de recompensarla con minutos de televisión. Por ejemplo, si tiene un examen de matemática de 30 preguntas, puede ganarse un minuto de televisión por cada respuesta correcta, y se le descuenta un minuto por cada respuesta incorrecta. Si se equivocó en cinco de los problemas, gana la posibilidad de mirar televisión durante 20 minutos. Si las respuestas son correctas en un ciento por ciento, la recompensa consiste en duplicar el tiempo de televisión, lo que en este caso significaría una hora (¡Eso es tiempo suficiente como para ver la reposición de dos episodios de *The Facts of Life!*)

- En general el mejor momento para tener el devocional familiar es antes de ir a dormir. Para empezar, ya todos han comido, están limpios y confortables con sus pijamas. Y lo que es más, este tiempo constituye una recompensa, porque les permite seguir levantados un rato más. Si se comportan bien y escuchan con atención, les podemos conceder que se queden unos minutos más. Si no prestan atención o interrumpen, se van a la cama enseguida. Algunos niños le escapan a tener que sentarse con la familia para hablar de la Biblia, pero aun esos niños prefieren esta reunión a tener que irse a la dormir. También es importante que procuremos hacer divertidos estos encuentros familiares. Se pueden conseguir buenos libros complementarios con este fin.

Recompensas por un comportamiento excelente

- En cierta ocasión compré por catálogo una cantidad de lápices y solicité que les inscribieran esta frase en cada uno de ellos: "¡Te sorprendí haciendo bien las cosas!" Los escondí en un cajón, y los fui sacando de a uno cuando notaba que alguno de mis hijos realizaba una buena elección aunque creyera que nadie se daría cuenta.

- Consigamos un frasco grande, del tipo de los que se usan para encurtidos, y llamémoslo el "frasco de beneficios especiales". Coloquemos adentro papelitos que incluyan una variedad de privilegios y beneficios especiales. Este "frasco de beneficios especiales" es para utilizar en aquellas ocasiones en que nuestros niños nos dejan descolocados al realizar elecciones fuera de lo común "simplemente para agradar a Dios". Cuando les toque sacar del frasco el papelito con el beneficio, hagámosles cerrar los ojos, para que sea una sorpresa. Aquí les paso algunas ideas de recompensas especiales: tomar una gaseosa con la cena, dormir una noche con papá y mamá, ir al cine el sábado, elegir los ingredientes para colocarle a la pizza la próxima vez, llevar a cabo una guerra de almohadas, acompañar a papá al trabajo, comer el postre antes de la comida, recibir una tarjeta que diga "queda libre del castigo" (como crédito para una próxima corrección).

- Durante Pascua, comprar una bolsa de huevos plásticos de colores, de los que se abren. Tenerlos a mano, junto con una canastita de Pascua, para ser utilizados más adelante en el año, cuando nuestros niños necesiten una motivación que los sacuda. Colocar dentro de los huevos una golosina, unas monedas, un cupón por algunos minutos más de televisión, o un papelito en el que se otorgue algún otro beneficio especial. Luego, cada vez que uno de los niños realice una elección que "desafíe a Satanás", como lo hizo Jesús cuando resucitó de los muertos el domingo de Pascua, le permitiremos elegir un huevo de la canasta.

- A todos nos han pedido alguna vez que donemos dinero para alguna obra de caridad, y a cambio han colocado nuestro nombre dentro de una caja para que tengamos la oportunidad de participar en un sorteo para ganar un gran premio. Podemos intentar una variante similar en casa. Determinemos un premio al comienzo de la semana, o compremos un juguete y coloquémoslo junto a una caja etiquetada como "Acciones caritativas". Durante toda la semana, cada vez que uno de nuestros hijos haga algo que muestre una actitud amorosa, como obedecer, ser pacificador, o servir a cualquier miembro de la familia, el nombre de ese niño se escribirá en un cartoncito o tira de papel y se colocará dentro de la caja. Al finalizar la semana, sacaremos un nombre al azar y señalaremos quién es el ganador del gran premio. Cuantas más acciones amables realicen los niños, mayores probabilidades tendrán de ganar.

- ¿Hemos visto alguna vez esos platos de mesa rojos con la leyenda "Tú eres especial hoy" escrita en el borde? Generalmente se los usa para cumpleaños y celebraciones, pero estoy segura de que podemos encontrar muchas otras ocasiones en las que utilizar uno de ellos. Premiemos con el uso del plato especial a los niños cada vez que realicen algo durante el día que merezca reconocimiento, y destaquémoslo con mucho énfasis cuando nos sentemos alrededor de la mesa esa noche.

Recompensas por saber mostrar gratitud

- Para inculcar la importancia de ser agradecidos, cuando le hacemos un regalo a uno de los niños, pospongamos el beneficio de jugar con ese objeto hasta después de que haya escrito una nota de agradecimiento. Esto sólo retrasa el placer unos cinco o diez minutos, pero implica mucho en cuanto a lo importante que resulta ser agradecidos.
- Procuremos establecer una nueva tradición, colocando papeles de carta con la leyenda "Te agradezco" en la media de Navidad de nuestros niños, o envolviendo para regalo un bloc de notas bonito y agregándolo a los otros presentes en su cumpleaños. Eso les facilitará escribir las notas de agradecimiento; ¡y cuánto más rápido lo hagan, más rápido podrán jugar con sus regalos!
- Nuestra iglesia auspicia un Festival de la Cosecha el 31 de

octubre. Resulta una excelente oportunidad para que nuestros niños se disfracen y reciban golosinas sin "celebrar" Halloween. El primer año, mis niños sólo pudieron conservar la mitad de las golosinas que recibieron. Porque se olvidaban de decir "gracias" cuando les entregaban golosinas en los distintos quioscos en los que se realizaban los juegos. La regla en nuestra familia es que si uno se olvida de ser agradecido, debe entregarle la golosina a papá o a mamá.

Miscelánea de recompensas

- Lograr que los niños se levanten y se preparen para ir a la escuela por la mañana con frecuencia ocasiona que algunos vayan llorando o gritando al salir por la puerta. Con un poco de suerte, tal vez haya un buen programa de dibujos animados en televisión justo 30 minutos antes de la hora de salir. Si no lo hay, grabemos uno de los programas favoritos de los niños y permitámosles mirarlo antes de ir a la escuela siempre y cuando estén completamente listos como para salir. Esto los anima a terminar pronto la rutina matinal, y el día comienza de un modo más apacible.

- Los niños parecen tener tantas tareas escolares para la casa en estos días que es fácil que por momentos se sientan sobrecargados. En el caso de Tucker, cuando la carga le resulta demasiado pesada, tiende a renunciar al intento. Lo ayudo a motivarse un poco dividiendo su tarea escolar en distintas partes menores, "del tamaño de un bocado". Y le armo una lista que dice más o menos así: "Hacer la tarea de matemática, y luego intentar introducir 50 veces la pelota en el aro. Estudiar cómo se deletrean las palabras indicadas, y luego ir a alimentar a Checkers. Leer los tres capítulos del libro asignados, y luego darse una ducha." Podría parecer que así se prolonga la realización de las tareas escolares, pero en realidad reduce el tiempo que él pasa quejándose y en distracciones. En el balance final, las cosas se realizan más rápido.

- A veces, a los más pequeños les cuesta sentarse quietos a la mesa. Afortunadamente, son capaces de encontrar placer aun en las cosas más ínfimas. Compremos un par de velas para encenderlas en la mesa durante la cena; luego anunciemos que el que permanezca sentado y tranquilo en su silla durante toda la comida tendrá permiso para soplar y apagarlas.

- A Tucker le encantan los juegos de LEGO, pero resultan muy caros. Para solucionar este problema, Steve y yo compramos un estuche con las piezas para armar un barco pirata de LEGO y le dijimos a Tucker que sólo recibiría una pieza por vez. Le permitimos abrir la caja y armar las diez primeras piezas siguiendo las instrucciones del folleto. Pero después de eso, si deseaba otra pieza, tenía que demostrar iniciativa, como, por ejemplo, levantar un juguete del piso en vez de caminar por encima de él, o limpiar los restos de dentífrico que quedaban en el lavabo luego de cepillarse los dientes, o aun guardar los zapatos de su hermana. Con el tiempo, Tucker completó ese barco de LEGO, y dados los cambios que observamos en él, entendemos que valió la pena cada centavo que invertimos en el juego.

- Yo provengo de una familia de lectores, y me parte el corazón confesar que mis chicos prefieren mirar un vídeo a leer un libro. Como reacción, hemos implementado un plan que nos causa felicidad a todos. Por cada cien páginas que nuestros niños leen, reciben autorización para alquilar el vídeo que deseen (adecuado a su edad). Cuando llegan a un total de mil páginas, pueden *comprar* el vídeo familiar que elijan.

- No sé si a ustedes les pasa, pero hay períodos en la vida de mis hijos en los que siento como si estuviera muy encima de ellos todo el tiempo. Quiero que sepan cuánto los quiero (y cuánto me gustan), pero no puedo dejar pasar ciertos comportamientos y actitudes. Cuando descubrimos que estamos en una situación semejante, podemos intentar algo así: compremos un pequeño diario personal para cada niño, y coloquémoslo sobre su mesita de luz. Después de que se hayan ido a dormir y antes de retirarnos a nuestro cuarto, escribamos algo alentador en el diario de cada uno. Podría ser señalándoles alguna área en la que sabemos que se están esforzando, aunque no hayan logrado progresos aún. Podría ser marcándoles algún rasgo positivo que notamos que tienen en su interior pero que aún no han desarrollado. O puede ser sobre un momento del día en el que disfrutamos de su compañía. Esto no sólo constituirá una palabra de aliento como primera cosa en la mañana, sino que además quedará como un registro impreso de nuestro amor y aprobación, al que podrán recurrir cuando los mandamos quedarse un rato más en su cuarto.

- Podemos crear el diploma a la "Sinceridad bajo presión", y hacerlo colocar un marco. Luego, cada vez que uno de los niños diga la verdad cuando le sería más fácil y ventajoso mentir, entreguémosle el cuadro para colgarlo en su cuarto durante ese día. Cuando el papá regrese a la noche, el niño podrá entregárselo a cambio de un paseo a la heladería.

Versículos bíblicos con modelos de buen comportamiento

- Proverbios 24.3-4: "Con sabiduría se construye la casa; con inteligencia se echan los cimientos. Con buen juicio se llenan sus cuartos de bellos y extraordinarios tesoros."

  Cuando nuestros niños reciben buenas notas en la escuela, podemos recompensarlos permitiéndoles comprar algún objeto decorativo para su cuarto.

- Proverbios 1.8-9: "Hijo mío, escucha las correcciones de tu padre y no abandones las enseñanzas de tu madre. Adornarán tu cabeza como una diadema; adornarán tu cuello como un collar."

  Compremos un collar para nuestra hija y guardémoslo. Luego, cuando ella decida obedecer en lugar de hacer las cosas a su manera, recompensémosla con el collar.

- Proverbios 25.12: "Como anillo o collar de oro fino son los regaños del sabio en oídos atentos."

  Compremos pendientes o anillos para regalarle a nuestra hija la próxima vez que acepte la corrección sin ponerse a la defensiva o dar excusas.

- Proverbios 2.7: "Él [Dios] reserva su ayuda para la gente íntegra y protege a los de conducta intachable."

  A los muchachos les encantan los escudos. Compremos uno de juguete y establezcamos que ésa será la recompensa que nuestro hijo recibirá a la hora de ir a la cama si logra transcurrir todo su día con una conducta intachable en un área en la que ha sido muy molesto.

- Proverbios 10.4: "Las manos ociosas conducen a la pobreza; las manos hábiles atraen riquezas."

  No les doy una mensualidad a mis hijos por hacer sus tareas, pero sí les pago (los recompenso) por aquellas tareas que realizan con diligencia y sin necesidad de que se les recuerde hacerlas.

- Proverbios 4.8-9: "Estima a la sabiduría, y ella... te pondrá en la cabeza una hermosa diadema; te obsequiará una bella corona."

Compremos una corona de juguete en un negocio de disfraces o de cotillón. Siempre que descubramos a alguno de nuestros hijos eligiendo comportarse sabiamente (por ejemplo, escucharnos con atención, obedecernos inmediatamente, o leer la Biblia sin que se lo mandemos), coloquémosle la corona y declarémoslo "rey (o reina) por una hora".

Capítulo 5

Corrección Creativa

Me encantan los juegos de mesa, pero Steve no los soporta. Dice que ya hay demasiada competitividad en su vida como para añadirle más. Para él no tiene sentido crear, dentro del espacio confortable de su casa, un escenario artificial en el que deba ganar o perder.

Dado que Steve se rehúsa a satisfacer mi inclinación por los juegos de mesa, tomé el asunto por mi cuenta y decidí formar un grupo de jugadoras. ¡Lo pasamos muy bien! Todos los viernes unas siete amas de casa de distintas edades nos juntamos para jugar, comer y reírnos. Originalmente lo llamamos "El club de la buena medicina", basándonos en Proverbios 17.22, que dice: "Gran remedio es el corazón alegre". Pero ahora hemos pensado llamarnos "El espacio de las madres", porque descubrimos que no éramos las únicas que necesitaban pasar un rato con otras mujeres. Lo que comenzó en el reducido espacio de mi cocina ha crecido hasta convertirse en todo un ministerio, integrado por grupitos de madres que se reúnen a través de los Estados Unidos para compartir una comida, su fe, la amistad y un poco de diversión.

Mi pequeño grupo de amigas comenzó a reunirse hace muchos años, cuando los niños eran tan pequeños como para ponerlos a dormir una siesta mientras nosotras nos trabábamos en aquellas contiendas amistosas. Ahora nuestros bebés se han convertido en niños bullangueros que ya no duermen siestas, así que los hemos tenido que relegar al patio trasero; allí juegan al aire libre mientras nosotras jugamos adentro. Una vez que cerramos la puerta, no se les permite interrumpir a menos que haya sangre de por medio. (Para su tranquilidad, les diré que nuestra mesa de juegos está ubicada frente a un gran ventanal desde el cual podemos observar los movimientos de los niños.)

Todos somos muy buenos amigos, tanto las madres como los hijos. Nuestros hijos han crecido juntos y las mamás hemos aprendido a salir juntas. (¿Les había mencionado que solemos encontrarnos para el almuerzo?) Quiero presentarles a algunas de estas maravillosas familias. Cuando comiencen a conocer a estas mujeres y a sus niños, seguramente notarán la mezcla un poco loca que se da en el grupo en lo que hace a estilos de paternidad, a los puntos fuertes que tiene cada una, y en especial en lo que tiene que ver con los puntos débiles.

CONOZCAN A LA PANDILLA
Mi mejor amiga

En primer lugar, permítanme presentarles a mi mejor amiga: mi mamá. Estoy convencida de que ella ha sido la mejor madre que jamás haya existido. (¡Sin tomar en cuenta a la Madre Teresa!) Mientras crecíamos, nos prodigó a mi hermano Cody y a mí aliento, afecto y un gran cariño. Era muy estricta con nosotros y siempre mantuvo altas las normas; yo me esforcé por superar sus expectativas porque la amaba y quería agradarla.

Probablemente mi mamá creyera que había acabado con la crianza luego de que Cody y yo crecimos. Pero un tiempo después, cuando yo tenía ya veinte años (¡oh sorpresa!) nació mi hermano Casey.

Al momento de escribir este libro, Casey era un típico muchacho de 16 años. Del estilo de los que le llenan las manos a uno. Siempre lo ha sido, aun desde *antes* de nacer. Esto explica sin lugar a dudas por qué Dios lo ha colocado en las manos tan hábiles de mamá. Cuando descubrió que estaba embarazada, mi madre, que ya superaba los cuarenta años, se hizo realizar una amniocentesis. El doctor comenzó con el estudio, pero no conseguía colocar la aguja en el vientre porque Casey no dejaba de dar volteretas. No se quedaba quieto el tiempo suficiente como para insertar la aguja sin peligro. Eso debió haberle dado a mi madre una pista de lo que tenía por delante. Casey aprendió a caminar a los nueve meses; ¡y a correr a los nueve meses y dos días! Y créanme que esa coctelera no ha parado desde entonces.

Mi mamá es la madre perfecta para Casey porque le da libertad y espacio para que se exprese con creatividad. La casa está cubierta por todas partes de elaboradas producciones de vídeos y proyectos de arte, y mamá jamás se ha quejado.

Pero mi madre también sabe establecer límites. Aunque Casey tiene 16 años, no se le permite ver películas para mayores de 13 a menos que mamá las haya visto previamente; todavía no ha tenido citas con chicas, y tiene que hablar por teléfono desde el aparato que está en la sala familiar. (¡A mi madre no se le pasa nada!) Por supuesto, Casey intenta constantemente correr los límites y dar a conocer sus opiniones acerca de tener más libertad. Pero, como ella tiene una voluntad tan firme como la de su hijo adolescente, se las arregla muy bien para marchar palmo a palmo con él.

A veces mamá se preocupa porque la casa está demasiado revuelta, o porque se siente muy dominante cuando tiene que hacerle cumplir las reglas a Casey. Pero creo que Dios aun usa nuestras debilidades para llevar a cabo su voluntad. Yo veo en ella a una mujer que se ocupa y que sabe cuándo mantenerse firme y cuándo relajarse. Casey se está desarrollando como un muchacho brillante, creativo y temeroso de Dios. Y mi madre le ayuda a convertirse en todo aquello que Dios tiene planeado para él.

Denise

Tengo otra amiga, Denise, que también está luchando con las pruebas con las que la confronta la adolescencia. Su hijo Michael tiene el arco iris en su cabellera, ha formado una ruidosa banda en el garaje, y se ha colocado un aro de oro en la oreja. Poco tiempo atrás decidió también atravesarse la lengua con otro pasador de metal. Aunque Denise le prohibió perforarse la lengua, con todo le da a Michael bastante libertad para alterar su apariencia. Siente que si tira mucho de las riendas, su joven semental podría dispararse. En muchas ocasiones cuando me llama, se cuestiona si no debería haber hecho algo diferente para lograr que el "camino estrecho" le resultara más atractivo a su hijo. Cuando le respondo "no lo creo", mi intención no es simplemente que se sienta mejor. En realidad ella tiene otro hijo obediente, bien comportado y que no anda perforándose la lengua o tiñéndose el cabello (probablemente se acerque más a lo que sería Jesús a los diez años). Y los ha criado a los dos de la misma manera.

Denise es esposa de pastor, y sé que a veces se preocupa pensando que otras madres puedan juzgarla a causa de que ha elegido ejercer su maternidad con cierta indulgencia. Pero sólo ella, su marido y Dios saben qué es lo mejor para su hijo. Creo que el hecho de que Michael la ame y tenga confianza en ella es más que elocuente. ¡Y Dios todavía está en el corazón de él! Aunque a veces pase por conflictos, Michael ha sentido desde muy temprano el llamado a convertirse en pastor de jóvenes. Y a mí no me preocuparía que Tucker estuviese en uno de sus grupos juveniles algún día. Podríamos decir mucho acerca del amor caritativo y la comprensión que se adquieren cuando experimentamos la gracia de Dios de primera mano en la adolescencia.

Janice

Conozco a Janice desde que enseñábamos a los niños en la escuela dominical juntas cuando yo era soltera. En secreto, solía referirme a ella y a su marido como "la pareja perfecta", porque eso pensaba que eran. Después de todos estos años mi opinión no ha variado.

Aún sus hijos me parecen perfectos. Nuestros hijos tienen la misma edad, pero allí es donde acaba el parecido. Sus niños cursaron con ella, en su casa, los primeros años de la escuela primaria. Ellos ya estudiaban griego cuando los míos recién estaban aprendiendo el alfabeto; se introducían en descubrimientos algebraicos mientras los míos simplemente descubrían algas en el pantano; y ya ejecutaban a Chopin cuando mis hijos sólo llevaban el ritmo con las varitas de madera.

Janice hubiera deseado ser más distendida como madre, como maestra y como administradora de disciplina. Pero no sé si eso es lo que Dios quería. Él le dio a Janice hijos con gran inteligencia, y ella les puso por delante el desafío de usarla. Tengo la corazonada de que su modalidad estricta y sus altas expectativas con respecto a los niños los llevarán a alcanzar aquellos objetivos que Dios ha planeado para ellos.

Shawn

Y luego tenemos a Shawn. Cada una de nosotras se considera la mejor amiga de Shawn dado que ella se muestra cálida, interesada y deseosa de alentarnos a todas. Guarda en su memoria, y puede repetir sin titubeos, las fechas de cumpleaños de cualquiera de nosotras. Y sus cuentas de teléfono deben resultar abultadísimas todos los meses, ya que siempre está al tanto de lo que le sucede a cada una (no porque sea una entrometida, sin porque se interesa sinceramente). Tiene un corazón tan grande como el cielo.

El más chico de sus hijos varones es un poco lento, pero él no se da cuenta porque Shawn es muy paciente y amorosa con él. Aún así, a veces Shawn se siente frustrada. Y a pesar de que no ejerce presiones indebidas sobre sus niños, no es tan generosa consigo misma. Tiene la impresión de que no está logrando mucho en su papel de esposa, madre y maestra. Por ejemplo, les brinda escolaridad en su casa a los chicos, pero como acaba de tener un bebé en estos días, están aprendiendo más sobre cómo colocar pañales que sobre cómo hacer cuentas. Sin embargo, tengo la impresión de que según las calificaciones de Dios los muchachitos de Shawn aprobarían con más del 90 por ciento. Van a resultar maridos y padres increíbles, porque están aprendiendo directamente de su mamá lo que significa amar y servir a otros.

SINTÁMONOS LIBRES PARA SER NOSOTROS MISMOS

Luego de realizar un pequeño esbozo sobre estas madres tan especiales, espero que nos hayamos dado cuenta de que no existe un estilo correcto o incorrecto de ser padres. La única calificación necesaria es tener el sincero y diligente deseo de andar por los caminos de Dios. El Señor conocía nuestras fortalezas y debilidades cuando quisimos ser padres, y sin embargo nos aceptó. Así que si él no lamenta habernos comisionado para la tarea de criar a sus hijos, entonces no tenemos por qué sentirnos culpables sobre ninguna cosa. Somos libres para ser nosotros mismos. Conocemos bien a nuestros niños y sus necesidades, así que confiemos en la perspicacia que Dios nos ha dado para entender las cosas. El Señor aseguró en 2 Corintios 12.9-10 que él sería fuerte cuando nosotros nos sintiéramos débiles.

Todo lo que necesitamos es depender de él.

Criar hijos constituye un proceso largo y arduo, en especial cuando tenemos la impresión de que constantemente sólo estamos corrigiéndolos. Pero, tengamos en mente que Dios aún no ha terminado con nuestros niños. El Señor siempre será su Padre celestial y continuará ejerciendo su paternidad sobre nuestros pequeñitos, aun cuando crezcan.

Nuestro pastor principal, el Dr. Scott Bauer, dice: "Dios se especializa en lo imposible, y nos delega lo posible a nosotros". En esta época parece imposible criar niños en el temor de Dios, pero el Señor puede hacerse presente y lograr que lo imposible se convierta en una realidad divina.

De hecho, Dios se presentó en mi vida cuando tenía diez años y vivía en Texas. A pesar de haber sido criada en un hogar cristiano, mi familia no asistía a la iglesia con regularidad. Un domingo a la mañana, mi mejor amiga y yo necesitábamos una excusa para ponernos un lindo vestido. Y teníamos una iglesia en la vereda de enfrente, un poco más allá. ¡Perfecto! Nos pusimos nuestros vestidos, nos subimos a las bicicletas, y nos fuimos a la escuela dominical.

Lo mejor de esa mañana fue el jugo de naranjas y los buñuelos que sirvieron durante la clase. El próximo fin de semana, sentí deseos de comer otra vez los buñuelos y regresé a la iglesia. Poco tiempo después ya estaba asistiendo por razones más importantes que un sabroso desayuno. Cuanto más llegaba conocer acerca del amor de Jesús por mí, más descubría que quería pasar mi vida a su servicio. En un lapso de pocas semanas toda mi familia comenzó a ir a la iglesia conmigo, y un corto tiempo después establecí oficialmente mi relación con Dios al caminar hasta el altar y pedirle a Jesús que perdonara mis pecados y viniera a vivir a mi corazón.

La razón por la que doy mi testimonio acerca de todo esto es para que podamos entender lo que Dios puede hacer en la vida de un niño. Aun cuando nosotros como padres no hagamos nada para guiarlos o corregirlos, Dios puede todavía cumplir sus propósitos en nuestros hijos. ¡Imaginen entonces todo lo que puede hacer contando *con* nuestra ayuda!

HERRAMIENTAS PARA LA TAREA

En el capítulo previo nos concentramos en la utilización de recompensas, incentivos y premios para intentar moldear la vida de nuestros hijos. En este capítulo vamos a considerar el uso de la corrección.

Como lo he ilustrado al describir a mis distintas amigas, todas hemos hecho diferentes acercamientos al tema de la paternidad. Así como no hay una manera perfecta de asumir la tarea de ser padres, tampoco hay un solo método "adecuado" para llevar a cabo la corrección. Preguntémosle a cualquiera que realice trabajos de reparación y nos dirá que es necesario contar con las herramientas adecuadas para realizar bien los trabajos. Por ejemplo, un destornillador resulta buenísimo para ajustar o aflojar tornillos. Y, aunque puede ser usado para machacar un clavo, sin embargo, un martillo realiza la tarea con mayor rapidez y eficacia. De la misma manera, necesitamos utilizar diversas herramientas de corrección para lograr resultados específicos. Es posible que tengamos que probar diferentes herramientas antes de encontrar la que resulta mejor para cada niño.

En el caso de Tucker, el enfoque del "destornillador" produce resultados. Con frecuencia acabamos dándole vueltas y vueltas a un asunto, pero cuando yo mantengo un contacto cercano con él y ejerzo una presión sostenida, con el tiempo la cuestión termina entrándole.

Esta modalidad no da resultados con Haven, sin embargo. Resulta un poco más difícil moverla, y luego yo voy perdiendo fuerzas si simplemente trato de seguir empujando. Con ella lo que da resultado es el "martillo"; específicamente la parte de atrás, la que se divide en dos (que se usa para quitar los clavos). Cuando Haven comienza a marchar en una dirección incorrecta, por lo general tengo que hacerla retroceder e imprimirle una nueva dirección. En ocasiones debo arrancar algunas cosas y enderezar otras un poco. Y continuar con el intento hasta que por fin se logra encauzar todo.

Con Clancy solemos utilizar unas pocas pasadas de papel de lija. A Steve y a mí nos toca pulir las aristas ásperas de nuestra hija menor, pero de vez en cuando nos topamos con un bulto que necesita un poco de lijado extra.

ACUDIR AL EXPERTO

La corrección eficaz implica más que la mera utilización de las herramientas indicadas. Podemos haber comprado en el negocio más afamado de la localidad una excelente caja de herramientas, de tres pisos, y que contenga la más amplia variedad de estos adminículos, pero sin embargo habrá ocasiones en las que necesitaremos ayuda profesional. En otras palabras, aunque tengamos conocimiento de los mejores métodos para corregir, en algunos momentos necesitaremos la guía de un experto. Bueno, tengo un experto para recomendarles: ¡Jesús!

Por suerte, su asistente, el Espíritu Santo, está de guardia las 24 horas (ver Juan 14.26). Muchas veces, cuando entro en crisis con uno de mis hijos y no sé qué herramienta utilizar, llamo al Espíritu Santo. Generalmente, en pocos minutos él me da alguna sugerencia. Y lo más irónico es que descubro que ya tenía la solución delante de mis ojos, pero no estaba segura de tener la habilidad para solucionar ese problema.

Además de habernos provisto con el Espíritu Santo, Dios también nos ha dejado el manual del fabricante, la Biblia, para que nos ayude en los dilemas que enfrentamos como padres.

Permítanme mostrarles algunos versículos que hablan sobre la corrección y que yo he subrayado en mi Biblia:

Eclesiastés 8.11: "Cuando no se ejecuta rápidamente la sentencia de un delito, el corazón del pueblo se llena de razones para hacer lo malo." Descubrí la veracidad de esta escritura, en especial cuando nuestros niños eran muy pequeños. En esa época resultaba imprescindible que yo dejara de lado lo que estaba haciendo y me ocupara de aplicar la corrección de inmediato. La mayoría de las veces no era cómodo para mí hacerlo, pero a ellos les ayudó a asociar la corrección con las malas acciones.

Resulta sorprendente la manera en que el corazón de nuestros niños se llena de "razones para hacer lo malo" cuando nosotros estamos demasiado ocupados como para corregirlos, o nos encontramos en un lugar público. Nuestros pequeñitos descubren muy pronto cuándo y dónde nosotros no vamos a ejecutar "rápidamente la sentencia de un delito". La próxima vez que actúen de modo incorrecto en público, sorprendámoslos dejando el carro de las compras a mitad de llenar y llevándolos al automóvil para aplicarles la corrección que merecen.

Aquí incluyo otro versículo de una página muy usada de mi manual del fabricante:

Santiago 1.20: "La ira humana no produce la vida justa que Dios quiere." Con facilidad suelo ocuparme de actividades que no tienen que ver con los niños, como armar álbumes de recortes, responder mi correo electrónico, y bueno, también escribir libros sobre la crianza de los hijos. Cuando lo hago, tiendo a gritarles a mis chicos en lugar de levantarme y ocuparme de ellos. Cuando grito, mis frases preferidas son: "Te he repetido muchas veces que…", o "Si tengo que decirte una vez más que…", o "¡Qué tengo que hacer para que tú…!" ¿Les suenan conocidas?

Pero gritarles a los niños para que cooperen resulta casi tan eficaz como intentar dirigir el automóvil a bocinazos. Cuando finalmente la idea de que la ira no produce resultados logró atravesar mi duro cráneo, tuve la posibilidad de frenarla un poco. Pensémoslo así: No le gritaríamos a una planta de tomates para que los produjera. ¡Sería ridículo! Todo lo que podemos hacer es proveerle a la planta un soporte para que crezca de la manera adecuada: quitarle las hojas muertas, fertilizar y regar el suelo, y conseguir que le dé bastante sol. En definitiva, el fruto que produzca vendrá de Dios, y no como resultado de vociferar o pronunciar desvaríos.

Lo que hace más triste esta analogía es que los tomates no quedan dañados pero nuestros niños sí. Y gritarles no los acerca al temor de Dios. La ira puede ayudarnos a lograr una meta inmediata, pero no llevará a los chicos a alcanzar la "justicia de Dios", que debería constituir nuestra meta principal. En lugar de chillar y gritar, necesitamos desarrollar y afianzar en nuestros hijos el hábito de la obediencia como primera reacción. Puede ser que al principio implique tomar medidas represivas; pero si permitimos que nuestros niños lleguen a desafiarnos, de todos modos necesitaremos aplicarles una corrección. ¿Por qué no hacerlo luego de la primera trasgresión, cuando todavía estamos calmos y aún no nos ha invadido la frustración, en lugar de esperar hasta la vigésima falta, cuando ya nos encontramos totalmente fuera de control?

Estos dos versículos bíblicos son apenas una muestra de las incontables escrituras útiles para la crianza de los niños. He incluido algunos más al final de este capítulo, junto con la aplicación práctica correspondiente. Al darnos su palabra, Dios ha provisto una fuente de sabiduría para nosotros, los padres. ¡No temamos usar este valioso manual!

OTRAS CLAVES EN CUANTO A LA CORRECCIÓN

Les transmito otro principio que he aprendido: No perdamos el tiempo con amenazas. No lo encuentro expresado en la Biblia con esas palabras exactas, pero creo que el espíritu que anima esta verdad está presente: "di lo que piensas hacer, y haz lo que dices que harás". Las amenazas sólo les enseñan a los niños el arte de especular. Se preguntarán cada vez: *¿Realmente mamá va a llevar a cabo lo que dice esta vez?* Los niños saben cuándo las chances están a su favor, y cuándo vale la pena arriesgarse e intentar correr los límites. Así que no anunciemos que vamos a hacer algo que no tenemos las posibilidades de ejecutar. Si hemos establecido los límites por anticipado, lo mismo que las consecuencias que implicará transgredirlos, estemos preparados para seguir hasta el final.

Ha habido momentos en que continuar hasta el final me ha resultado más difícil a mí que a mis niños. Un verano le prohibí a Tucker salir a durante una semana porque me había olvidado de la proximidad de la fiesta que organizaba uno de sus amigos. Me sentí muy mal, pero sabía que negarle concurrir a la fiesta era algo menor en comparación con la lección que estábamos tratando de enseñarle. Por lo general, cuando elegimos el castigo adecuado, que marca la enseñanza profundamente, tenemos que aplicarlo una sola vez. La clave está en conocer a cada uno de nuestros hijos. ¿Qué es lo que de verdad le interesa? ¿Jugar en el callejón, entretenerse con los juegos de vídeo, o encontrarse con sus amigos? ¿Comer algún bocadillo en particular? ¿Mirar su programa favorito de televisión?

Una de las medidas de corrección más eficaz es quitarle el privilegio de jugar con sus amigos. Lamentablemente, esto constituye un castigo para sus amigos también, pero si las acciones de nuestros hijos merecen una penalización firme, utilicémosla. Resulta una manera eficiente de enseñarles que nuestro pecado no sólo nos afecta a nosotros, sino que también se extiende y lastima a otros. Por ejemplo, el mes pasado Tucker perdió su derecho a jugar con su amigo Josías después de la escuela porque se rebeló contra la niñera que lo cuidaba cuando lo mandó a su cuarto. Esto le molestó a Josías tremendamente, porque había estado esperanto toda la semana a que llegara ese día. Tucker tuvo que llamar a Josías y pedirle perdón por la desilusión que le había causado su pecado.

Cuando tenemos que determinar el castigo a aplicar, seamos cuidadosos con los sentimientos de nuestros hijos. Existe el peligro de romper el delicado equilibrio que hay entre llegar al corazón del niño y lastimarlo. Yo lo descubrí por el camino difícil. Una noche mis chicos trataban de demorar el momento de irse a la cama, así que les anuncié: "Si ustedes no están en la cama en diez minutos, no voy a ayudarles". Se apresuraron, pero Tucker y Haven no lograron llegar a tiempo porque se estaban divirtiendo en grande en el baño.

Tucker se enojó mucho, pero se limitó a pasar su casete de *Adventures in Odyssey*, apagó su lámpara, y se acostó. Por el otro lado, Haven se mostró extrañamente silenciosa. Diez minutos después, me sentí compelida a ir a verla. Estaba en la cama llorando. Cuando me arrodillé junto a ella, dijo entre sollozos: "No puedo dormirme a menos que digamos juntas una oración. Me siento segura cuando oras conmigo por la noche".

No tenía idea de lo importante que resultaba para Haven que yo la acostara por las noches. Al tratar de movilizar su corazón, me había excedido, lastimándola. Me propuse ser más sensible la próxima vez.

LA IMPORTANCIA DE DIVERTIRNOS

Afortunadamente, la corrección no siempre implica lágrimas. Créase o no, podemos divertirnos al enseñar a los niños los principios de la corrección. Mis chicos y yo solemos pasar momentos entretenidos "practicando" la obediencia. Por ejemplo, cuando eran pequeños, los enviaba a tres lugares de la casa con uno o dos juguetes. Después de unos minutos, llamaba a aquel que había sido enviado: "Clancy, ven aquí".

"Sí, señora", respondía y de inmediato llegaba corriendo.

Entonces yo decía: "Haven, es tiempo de que recojas tus juguetes para volver a casa". Con rapidez ella colocaba sus cosas en el cajón de juguetes y venía a encontrarse conmigo en la puerta.

Con Tucker practicábamos el "discutir" con respeto. "Tucker, necesito que vengas", lo llamaba. "Por favor, ¿puedo terminar de jugar esta partida primero?", me preguntaba. "No, hijo", era mi respuesta. "Tenemos que ir a recoger a papá a su oficina." "Bueno, mamá. Voy enseguida", exclamaba mientras guardaba su juego.

La práctica de la corrección les resultaba divertida, y los preparaba para los momentos en los que la voz de la tentación se volviera más audible que el llamado de mamá.

Cuando crecieron, cambiamos la localización de nuestro juego y lo situamos en el centro comercial. Lo llamamos "La locura del centro comercial". Mientras caminamos juntos, realizando las compras, de repente les doy órdenes locas que deben obedecer sin discutir como: "Caminen hacia atrás", o "Deténganse y tóquense los dedos del pie", o "Denme un beso". A veces les dirijo una orden real, como "No toquen eso", o "No, no pueden comprar un helado". Mi gracia favorita consiste en decirles que no a algún pedido razonable como: "¿Puedo ir al baño?"

Aun dentro de este ambiente divertido, les estoy enseñando que, a medida que crezcan, habrá ocasiones en que deberán obedecer órdenes nuestras que no tendrán sentido para ellos o que aún pueden parecerles irrazonables. Pero serán bendecidos si confían en nosotros y obedecen.

Enseñarles acerca de las bendiciones que vienen por la obediencia resulta el aspecto más divertido de jugar a "La locura del centro comercial". Lo hago diciendo con una voz lo más autoritaria posible cosas como: "¡Ve a probarte ese vestido, y si te queda bien, te lo compraré!", o "Tienes 60 segundos para tomar todas las figuras en las que vean acción en este estante. ¡A ver si logras obedecerme!"

La paternidad puede resultar divertida. Les aseguro que administrar la corrección en forma real (o sea castigar a un niño cuando desobedece) necesariamente tiene que dolerle algo para que resulte eficaz, pero no significa que sea aburrida. Como lo mencioné en el primer capítulo, me he obligado a mí misma a desarrollar una variedad de maneras en las que transmitir lo que deseo que aprendan. Muchas de ellas las he inventado, otras las he tomado de mis amigas, y otras me llegaron a través del sitio web de Enfoque a la Familia. Tengo el agrado de transmitirles ahora estos ejemplos de corrección creativa a ustedes.

Corrección Creativa

Caja de herramientas

Áreas en las que suceden los problemas

El dormitorio

- Si repetidamente al abrir la puerta del cuarto de nuestro hijo lo encontramos realizando un acto de desobediencia, saquemos la puerta de su dormitorio y dejémoslo sin puerta. Suena como algo más duro de lo que es en realidad. ¡Y opera milagros!

- Aquí sugiero una solución para un dormitorio que siempre encontramos desordenado. Expliquémosle algo así a nuestro hijo: "Ya no puedo soportar la vista de este cuarto; está demasiado desordenado. Voy a cortar la luz para no tener que verlo más. Cuando esté lo bastante limpio como para que resulte tolerable mirarlo, avísame y conectaré la luz otra vez."

- ¿Tenemos una hija a la que le encanta cambiarse de ropa dos o tres veces por día? Esto agrega minutos al trabajo de limpiar el cuarto y lavar la ropa. Enseñémosle cómo se dobla la ropa, y luego pidámosle que saque toda la ropa de sus cajones, que la vuelva a doblar, y que la regrese a su lugar. Expliquémosle que se nos duplica el trabajo cuando se cambia de ropa más de una vez al día sin permiso.

- A menudo acomodamos la hora de ir a la cama de acuerdo con la conducta de nuestros niños ese día. Por cada infracción que cometen, la adelantamos cinco minutos, pero si se comportan súper bien, pueden ganarse el derecho a quedarse levantados cinco minutos más tarde.

- ¿Se presentan conflictos a la hora de ir a la cama? Probemos esto: La próxima vez que tengamos que lidiar con las acostumbradas incursiones al baño, pedidos de vasos de agua, risitas tontas, e interminables charlas, cancelemos la hora de ir a dormir. Declaremos: "¡Nadie tiene que ir a la cama esta noche!"

Informémosles que pueden quedarse levantados todo el tiempo que quieran; las palabras clave son quedarse levantados. Entonces hagamos que cada uno de los chicos se quede parado y quieto en medio de un cuarto distinto de la casa. Sus camas, cálidas y confortables, les parecerán tremendamente atractivas luego de unos minutos de estar parados solos allí.

• Una hora antes de que los niños se vayan a dormir, hagamos un llamado a "ordenar la casa". Entonces cronometremos entre 10 y 15 minutos. Durante ese tiempo, cada uno deberá guardar las cosas que encuentre fuera de lugar. Cuando el cronómetro suene marcando el fin del tiempo, controlaremos el estado de la casa. Alargaremos el tiempo de ordenar cinco minutos más por cada cosa que encontremos tirada por ahí.

• A causa de que necesito desesperadamente pasar algún tiempo con mi marido por las noches, he sido conocida por mandar a la cama a los niños muy temprano, en comparación con la hora en que se van a dormir sus amigos. Por ejemplo, puede ser que mande a Haven a su habitación a las ocho, pero le permito quedarse levantada y leer hasta las nueve. Ella ha adquirido la fama de que siempre deja su ropa en el piso, así que decidí implementar una idea que me mandaron a través del sitio web: Por cada prenda de ropa que encontrara tirada en el suelo cuando fuera a decirle que se acostara, le reduciría el tiempo de lectura en diez minutos. Esto dio resultados. Después de su baño vespertino, corrió por el cuarto como un pequeño ratón, ordenando y limpiando todo antes de que yo llegara a arroparla.

• Si tenemos problemas para hacer respetar en casa la regla de "apagar las luces", hagamos las cosas más simples. Si al acostar a los chicos, cuando salimos de su cuarto y caminamos por el pasillo ya vemos su luz brillar por debajo de la puerta, simplemente desenrosquemos la lamparita del techo, o quitemos el velador, hasta que los niños sean capaces de apreciar el privilegio de ser responsables.

El automóvil

- Cada vez que descubramos que alguien no usa su cinturón de seguridad, apliquemos una multa de 25 centavos. El que descubra al culpable recibirá los 25 centavos. ¡Los niños también pueden acusar a sus papás!

- Un correctivo algo fuerte, pero eficaz, para los adolescentes que se olvidan de usar sus cinturones de seguridad consiste en hacer que rindan su examen de conducción un día después de su cumpleaños número 16, en lugar del mismo día. Subraya lo importante que es hacerlo.

El comedor

- ¿Alguno de los niños tiende a portarse mal durante la cena? Enviémoslo con su plato de comida a otro cuarto a comer solo en otra mesa hasta que se tranquilice.

- Haven parece creer que las sillas del comedor han sido diseñadas para pararlas en una o dos patas cuando mucho. Esto se ha convertido en un hábito inconsciente, pero tratamos de ayudarla a quebrarlo (antes de que ella se quiebre las piernas o las de las sillas). Ahora cada vez que reclina hacia atrás en su silla, le solicitamos que la retire de al lado de la mesa y termine de comer o de realizar su tarea escolar de pie.

- Si tenemos alguno que se retrasa demasiado, probemos lo siguiente: El último en llegar a la mesa será el que sirva durante la cena. Pero aquí también podemos probar un truco. Aun el que llega primero debe tener las manos limpias, o terminará sirviendo la comida, la bebida y alcanzando los condimentos (después de lavarse las manos,¡por supuesto!).

- En nuestra casa comemos en la sala sólo en ocasiones especiales. Invariablemente, los niños intentan convertir esta excepción en regla. Para frenar este impulso, le hemos puesto un precio a ese privilegio. Pueden comer frente al televisor si luego de acabar pasan la aspiradora al piso. Esto les ayuda a valorar el privilegio, y evita que quieran contar con él todas las noches.

- He oído acerca de un padre que criaba solo a sus hijos y les sirvió cinco repollitos de Bruselas hervidos a sus quisquillosos comensales. Les dio 10 minutos para comerlos; de lo contrario recibirían los ocho que quedaban en la olla. Les causó tal impacto, que el padre luego sólo necesitaba hacer mención al castigo de los "repollitos de Bruselas" cada vez que los niños se sentían tentados a quejarse otra vez por la comida.

- Cuando nuestros niños no quieren comer lo que he cocinado para la cena, Steve y yo no hacemos de eso un problema. No tienen que comerlo siempre que prueben por lo menos un bocado. Sin embargo, si se niegan a hacer siquiera eso, simplemente se quedan con hambre. Me rehúso a convertirme en una cocinera a la entera disposición de ellos. (No se van a morir de hambre hasta la siguiente comida, aunque ellos sientan que están "muertos de hambre".) Aunque si comen todos sus vegetales y proteínas, se les permite comer el pan y el postre.

- El hijo de un vecino se quejó una vez cuando su madre le quemó las tostadas, así que ella decidió que él podría arreglárselas sin que ella le cocinara durante el resto del día. Al finalizar la jornada, el niño estaba harto de cereales y sándwiches de manteca de maní y mermelada.

La escuela

- Si nuestros niños se comportan mal en la escuela, hagámosles realizar un escrito de cien palabras sobre el tema: "Por qué no debería (elegir el tema)…"
- Los maestros de otras épocas sabían lo que hacían cuando obligaban a sus alumnos a escribir cien veces una determinada frase.
- El Dr. James Dobson cierta vez mencionó en la emisora que transmite Enfoque a la familia que su madre lo había amenazado con ir a la escuela y sentarse al lado de él si continuaba causando problemas. ¡Es una muy buena idea! (Pero no olvidemos que debemos llevar las cosas hasta sus últimas consecuencias.)
- Si nuestros niños constantemente entregan tareas escolares mal hechas, consigamos algunas fotocopias de páginas con ejercitación de caligrafía en letras cursivas y letras de imprenta. (Podemos conseguirlas en cualquier negocio de suministros para maestros.) Entonces preguntémosles: "¿Qué lleva más tiempo, un trabajo realizado con prolijidad en 15 minutos u otro que se confecciona a toda velocidad en 10 minutos y que hay que rehacer, más el agregado de una página de práctica de caligrafía?"
- Cualquier tipo de juguetes, programas televisivos, o juegos de vídeo que ocasionen que nuestros niños se distraigan y demoren la finalización de las tareas escolares debe ser descartado hasta una próxima oportunidad en la que sean capaces de realizar los deberes sin demoras, interrupciones, quejas o regaños.

Rasgos problemáticos

Control de la lengua

- Seguro que han oído esta reprimenda en alguna ocasión: "¡Controla tu lengua!" Hagamos que nuestros niños la cumplan al pie de la letra. Que saquen la lengua y se la sostengan con dos dedos. Este castigo resulta muy eficaz cuando han tenido un estallido verbal en público.

- A nuestros hijos con frecuencia los privamos del privilegio de hablar. Yo les explico que el poder expresarse debe ser considerado un regalo. Si ellos abusan de ese privilegio, ya sea por herir los sentimientos de alguien, por hablar cosas inapropiadas, o a causa de que sólo están produciendo un ruido interminable, no pueden hablar por una cantidad de tiempo que les determino de antemano. Esto les resulta bastante doloroso en los momentos en que tienen algo importante que decir. Y subraya el privilegio que significa poder hablar; los lleva a pensar con más cuidado sus palabras.

- Mi amiga Becki ha probado una variación de esta idea al andar en el automóvil. Si el ambiente se vuelve demasiado estridente o comienza a haber mucho alboroto entre los hermanos, ella ordena: "¡Narices sobre las rodillas!" Sus niños entonces deben tocar inmediatamente sus rodillas con la nariz hasta que ella decida que han aprendido la lección.

- La Biblia nos enseña que nuestra lengua debe producir vida en el otro. Un día, Tucker andaba con un estado de ánimo un poco ácido y lo volcaba sobre nosotros. Así que le hice beber un vaso de jugo saludable pero de sabor amargo que tenía guardado en el refrigerador, y le dije que su boca debía hablar cosas más dulces a quienes estaban alrededor de él. Guardé el resto de la bebida en la heladera durante un tiempo para asegurarme de que funcionara como un recordatorio constante: de su boca sólo debía brotar vida.

- Si alguno de los niños mayores discute un castigo porque lo considera injusto, estemos dispuestos a reconsiderarlo. Pero expliquémosle: "Voy a cancelar esta corrección si puedes mostrarme con la Biblia que lo que he demandado de ti está fuera de lugar". Esto en general acaba con cualquier argumentación posterior, y lo que es mejor, produce el beneficio de que el niño realice un poco de estudio bíblico.

- ¡Gracias al cielo por la posibilidad de "rehacer" las cosas! Si alguien anda malhumorado, se le permite "rehacer" su actuación. Puede respirar profundo, salir del lugar, y volver a entrar, intentar la escena otra vez, repreguntar o responder de manera distinta, y nosotros haremos de cuenta que lo anterior nunca sucedió.

- ¿Alguna vez los niños nos han llamado desde otra habitación e intentado sostener una conversación a través de las paredes? Los míos lo hacen. Al final aprendí que debo dejar de responderles. No sólo eso, sino que cada vez que gritan desde el otro cuarto, cuento las veces que gritan antes de notar que nos les estoy respondiendo y de decidir venir y llevar adelante una conversación cara a cara en un tono de voz normal. Entonces, por cada grito con el que me hayan llamado les corresponde una espera de cinco minutos antes de poder efectuar la pregunta que tan ansiosamente deseaban hacerme desde el otro cuarto.

- Compremos uno de esos baldes plásticos para basura que miden unos 30 centímetros de alto, y coloquémoslo en la mesada de la cocina. Llenémoslo con trozos de papel en los que habremos escrito las tareas más sucias que podamos pensar, como sacar la basura, limpiar los tachos, pasarle la aspiradora al automóvil, asear el baño y limpiar el refrigerador por dentro. Luego, cada vez que alguno de los niños comience a hablar palabras desagradables, alguno de los hermanos, o nosotros como padres, lo enviaremos al balde a sacar uno de los papeles que indica el trabajo desagradable que le tocará hacer.

- En el último tiempo a Haven se le dio por empezar con eso de los grititos y chillidos. Estoy segura de que lo hace para lograr un efecto dramático al señalar algo errado que Tucker ha hecho. Pero Steve un día llegó al límite de su tolerancia de esos maullidos. Afortunadamente yo acababa de recibir un correo electrónico de una mamá que estaba pasando por un problema similar con su hijita. Y había encontrado una forma ingeniosa de enseñarle la importancia de ser considerada con los oídos de otras personas: la obligó a usar tapones para los oídos durante su programa favorito de televisión. ¡Creo que yo también lo voy a implementar!

- Nuestros niños necesitan libertad para expresar sus sentimientos, pero existe una delgada línea que separa la comunicación abierta de la falta de respeto. A medida que los niños van creciendo y percibimos que tienen la necesidad de hacernos saber cómo se sienten, démosle la oportunidad de que lo hagan con respeto, mientras escuchamos sin interrumpirlos. Si están demasiado enojados o frustrados como para hablar con respeto, entonces pidámosles que nos escriban una carta diciéndonos lo que tienen en su corazón. El único requisito es que vuelvan a leer su carta antes de entregárnosla. La mayoría de las veces este ejercicio los ayuda a desahogarse, pero acaban no entregando la carta porque sus sentimientos ya no son tan violentos.

- He oído de padres que prescriben una "medicina fuerte" para los niños respondones. Les dan una cucharadita de vinagre de manzana para sanarlos de esa enfermedad.

Olvidos

- A medida que nuestros niños crecen, resulta muy importante que aprendan a ser responsables. Después de todo, la meta de la disciplina es la autodisciplina. La vida les puede enseñar esta lección sin nuestra ayuda. Si se olvidan el almuerzo, o la mochila, o la tarea escolar de ese día, o el dinero para el almuerzo, no corramos hasta la escuela para llevárselos cada vez. Permitir que sufran la falta de esos elementos resultará mucho menos costoso que el nunca aprender esta importante lección.

- Las consecuencias lógicas de sus acciones, como la descripta más arriba, les proveen las mejores oportunidades para corregirse. Pero también podemos establecer algunas consecuencias artificiales lógicas que actúen a modo de correctivos. Si dejan su bicicleta en el sendero de salida del automóvil, existe la probabilidad de que le pasemos por encima y la estropeemos. Así que por ese descuido podemos sacarles la bicicleta y dejarla guardada por dos semanas sin que la puedan utilizar. ¿Dejaron el guante de béisbol afuera y lo mojó la lluvia? Usemos el mismo principio.

- Si tenemos un niño que todo el tiempo se olvida de apagar las luces, hagámoslo pasar un día sin que pueda utilizar ningún aparato eléctrico. Muy pronto adquirirá el buen hábito.

- Tucker siempre se olvidaba de colocar las bandas elásticas en sus aparatos de ortodoncia luego de las comidas. Le explicamos que papá pagaba cada mes para que él usara esos aparatos. Y que si él tuviera que usarlos un mes más allá del plazo fijado, por la negligencia de no volver a colocar las bandas elásticas, eso nos costaría unos 100 dólares. Le dijimos que tendría que pagarnos tres dólares por cada día en que se olvidara de usar las bandas. Sólo tuvo que pagar esta cifra una vez.

- ¿Alguno de los de la casa se olvida de lavarse los dientes? Coloquemos un cronómetro en el baño y marquemos dos minutos mientras ese niño se lava los dientes. Si hay que volver a recordárselo en otra ocasión, esa vez cronometremos *cuatro* minutos, durante los cuales deberá seguir lavándose los dientes.

- El siguiente método correctivo da resultados con aquellos niños que suelen dejar la chaqueta, la mochila, u otra pertenencia personal en cualquier lado. Hagámoslo cargar y cuidar ese objeto permanentemente durante tres días. Debe llevarlo a la escuela, tenerlo cerca de él durante la comida, el tiempo de juegos, el momento del baño y cuando se vaya a dormir. Si lo encontramos en cualquier momento sin ese objeto, se agregará un día extra al castigo original de tres días.

- Durante toda la semana, cada vez que tengamos que decirle dos veces a alguno de los niños que realice alguna tarea, agreguemos 10 minutos al programa de tareas del sábado. Al final de la semana, antes de permitirle disfrutar de su tiempo libre, hagamos cumplir "la sentencia" adjudicándole "trabajos pesados".

- Si tenemos un niño que "se olvida" de practicar sus lecciones de piano o de cualquier otro instrumento, agreguémosle tiempo a la sesión de práctica cada día que se lo tengamos que recordar.

Mentiras

- Por mentir o realizar otro tipo de ofensas con la boca, "castigo" la lengua de mis niños. Coloco una gotita de salsa picante en uno de mis dedos y toco suavemente la punta de su lengua. Les pica durante un rato, pero luego amaina. (¡El recuerdo es el que permanece!) He sabido que algunos padres utilizan en vez de esto jugo de limón o vinagre de manzana.

- Realicemos un contrato con los niños. Luego de llegar al acuerdo, por ejemplo, de que la mentira merece castigo, establezcamos un castigo razonable y pongámoslo por escrito. Entonces nosotros y los niños firmemos el documento y coloquémosle fecha. Luego, cada vez que se presente una situación que invite a mentir, con amabilidad recordémosles el contrato. El saber que ejecutaremos la pena que corresponda puede funcionar como incentivo extra para que los niños escojan decir la verdad.

- La semana pasada debimos enfrentar algunas cuestiones "del corazón" con Haven. Todo se supo cuando la descubrimos mintiendo. La disciplina que le aplicamos fue escuchar lecturas grabadas del Nuevo Testamento. Ella acostumbra escuchar una cinta de *Adventures in Odyssey*, pero durante las próximas 20 noches tendrá que llenar su corazón con la verdad.

- Si encontramos a nuestro niño substrayendo algo en una tienda, discretamente alertemos a uno de los empleados del negocio para que llame al gerente, o, lo que es mejor, a alguna persona de seguridad para que le dé un pequeño sermón. El impacto que le producirá (mucho mayor que el escuchar un discurso de parte de mamá) puede cortar de raíz un problema que de otro modo crecería con el correr del tiempo.

Desorden

- Ordenar la casa puede resultar una tarea de tiempo completo cuando tenemos niños pequeños. Parte de la lista de quehaceres domésticos de mis niños por la mañana consiste en "recoger los objetos personales". Y ellos saben que me pongo firme al respecto: si queda algo por allí después del desayuno, coloco ese objeto en una caja grande o en una bolsa. Luego, al final de la semana, los chicos tienen la opción de comprar por 25 centavos cada objeto o de dejarlo allí para que yo lo lleve a algún negocio de ventas benéficas, o lo destine a algún ministerio de la iglesia o a la guardería infantil. Si nos resulta difícil donar un juguete que sabemos que cuesta mucho dinero, tratemos de recordar que probablemente le será dado a un niño que lo apreciará lo suficiente como para guardarlo cuando se lo ordenen.

- La próxima vez que alguno de nuestros hijos "olvide" guardar algo, como los juegos de vídeo o algún equipo deportivo, guardémoslo nosotros. Cuando pregunte por ese objeto, digámosle que tiene que buscarlo. Créase o no, ellos descubrirán que es mucho más complicado encontrar algo que mamá ha escondido que guardarlo cuando debían.

- Si tenemos niños pequeños muy desordenados, probemos esto: coloquemos sus juguetes en una caja de objetos "para los días de lluvia", que sacaremos a relucir un tiempo después. Esto también presenta la ventaja de hacer que un viejo juguete parezca nuevo otra vez. O coloquemos el objeto lejos de su alcance, pero a la vista, durante varios días. Lograremos aumentar el impacto de la corrección al mantener fresco en su mente el recuerdo del juguete prohibido.

- La próxima vez que le pidamos a uno de los niños que arregle algún desorden y él salga diciendo: "Pero, ¡eso no es mío!", o "Yo no lo hice", respondamos: "Bien, entonces durante el resto del día sólo lavaré los platos que yo use y las ropas que yo me saque, y prepararé únicamente la comida que yo voy a comer".

- ¿Podemos pensar en un peor castigo para un chico más grande que elegirle la ropa que llevará a la escuela? Después de advertirle con claridad, la próxima vez que encontremos su ropa en el piso en lugar de en el cesto de lavado o colgada en el ropero, digámosle que nosotros elegiremos la ropa que se va a poner al día siguiente. No intentaremos avergonzarlo, pero esto nos dará ocasión de hacerle usar aquel adorable vestido que le envió la tía Myrtle para su cumpleaños y que aún no ha estrenado.

- La próxima sugerencia es una idea brillante, y casi no puedo esperar a usarla con mis hijos. Por cada prenda de vestir que quede en el piso y no en el cesto de la ropa, hagamos que quien la dejó realice cinco viajes desde el lugar donde quedó la ropa hasta la lavadora, o hasta el cesto de ropas, o hasta el lavadero. El niño debe recoger la ropa, bajar la escalera, colocarla en el cesto, luego volver a retirarla de allí y llevarla de nuevo al lugar de origen, colocarla en el piso, levantarla de nuevo y repetir el ciclo las veces que sumen las prendas. El par de medias se cuenta doble, ¡lo que significa diez viajes!

- Si los objetos de la casa comienzan a no estar a mano cuando se los necesita, declaremos un día de "aprender a actuar como adultos". Es probable que les resulte divertido a los chicos, pero también les proveerá la oportunidad de aprender a llevar su parte de la carga. Pasarán el día entero con nosotros, como nuestras sombras, mientras les enseñamos cómo hacer todo lo que nosotros realizamos cada día. Tomémonos el tiempo para explicarles en

163

detalle cómo limpiar la mesada de la cocina, cómo cargar la lavadora de vajilla de manera que rinda más el espacio, cómo agregar el líquido suavizante al lavarropas durante el ciclo de enjuagado, cómo lavar minuciosamente las verduras, y otras cosas. Si lo hacemos con bastante frecuencia, es probable que podamos evitar el tener que realizar nosotros mismos algunas tareas, o al menos algunos pocos quehaceres menores.

Ruidos molestos

- He oído hablar de una mamá que, cansada de los ruidos y efectos de sonido que producían sus tres hijos, decidió hacer algo creativo. Si los muchachos no se iban "con la música a otra parte", la madre los hacía sentarse a escuchar un casete con el tema de "Barney" durante 10 minutos. ¡Esto resultaba una tortura para los varones adolescentes!

- Si alguno de los pequeñitos se vuelve demasiado hiperactivo, busquemos una palabra que funcione como código para recordarle que debe parar un poco, sin ponerlo en evidencia. En cuanto Tucker comenzaba a volverse demasiado bullanguero en medio de un grupo, yo le decía en voz fuerte: "Hola, Batman". Él sabía que tenía que calmarse antes de que yo tomara medidas más drásticas.

- Los ejercicios físicos, como correr haciendo un circuito alrededor de la casa, o hacer flexiones de brazos, o saltos rana (aun en el supermercado) puede resultar un castigo productivo. Cumplen un doble propósito en los chicos que padecen DHDA (desorden hiperactivo y deficiencias en la atención), que son muy inquietos. Este tipo de disciplina no sólo les resulta bastante desagradable, sino que drena parte de la energía contenida, que probablemente sea la que genera el mal comportamiento en primer lugar. También resulta una forma correctiva apropiada para la holgazanería.

- Cuando los niños suben y bajan corriendo las escaleras y ya les hemos dicho muchas veces que no lo hagan, podemos hacerlos subir y bajar sentados. Usemos el mismo principio para cuando corren por toda la casa, pero en ese caso hagámoslos gatear para llegar a dónde querían ir tan de prisa.

- Los chicos saben por intuición que somos remisos a corregirlos en público. Desenmascarémoslos. La próxima vez que uno de nuestros niños comience a portarse mal en un restaurán o en un negocio, advirtámosle que si no para, lo enviaremos al rincón en público. Si no nos cree y continúa con el mal comportamiento, señalemos un rincón cercano del restaurán o negocio y ordenémosle colocarse allí, con la cara hacia la pared, durante cinco minutos.

Presunción

- Por un tiempo mi hermano Casey se mostraba un poco arrogante. Tenía la falsa idea de que la función primordial de mi madre en la vida era ser su esclava personal. Para lograr que él le tuviera un poco más de consideración, mamá lo hizo pasar un día "sin madre". Tuvo que irse solo a la escuela, prepararse el almuerzo y la cena, arreglárselas por su cuenta para hacer su tarea escolar, y algunas otras cosas. Muy rápido cayó en la cuenta de lo valiosa que era su mamá.

- Sorprendamos a nuestros niños haciendo algo inesperado. Si alguno está actuando con demasiada arrogancia y no presta atención a nuestras instrucciones o palabras sabias, paremos en el medio de la frase y no la acabemos. Probablemente nos pida que continuemos, pero no lo hagamos. Después de todo, él es quien ha rehusado escuchar el consejo.

- Cuando estaba en quinto grado, mi maestra pasó por los bancos una tarjeta para que la firmáramos y la pudiéramos enviar a un alumno que estaba en el hospital. Usé toda la parte de abajo para firmar "La gran Lisa". Mi madre no sólo me obligó a comprar una nueva tarjeta, sino que me hizo escribir una carta pidiendo perdón a la clase y luego en forma personal a mi maestra por estropear la primera tarjeta. Me resultó violento, pero con toda certeza me causó un gran impacto. Aunque no recuerdo mucho de mi infancia, nunca olvidaré esa corrección que me aplicó mi madre. Pedir perdón resulta muy eficaz para doblegar el orgullo.

El hábito de tocar todo

- Haven parece no poder evitar el tocar todo lo que ve. Un día, antes de ir a casa de su abuelita, le expliqué: "No puedo andar todo el día detrás de ti recordándote que no toques las cosas que no son de tu propiedad. Cada vez que te descubras tocando algo, golpéate en la mano de mi parte." Le pareció tan divertido que continuó haciéndolo aun cuando regresó a casa.

Pataletas

- ¿Alguno de los niños golpea la puerta cuando se enoja? Podemos decirle: "Resulta obvio que no sabes cerrar la puerta de una manera adecuada. Para aprender, abrirás y cerrarás completamente esta puerta, con calma, cien veces."
- Si a uno de nuestros niños le gusta zapatear enojado por tener que irse a su cuarto, o zapatea cuando algo no le gusta, envié-

moslo afuera, a la entrada del garaje y hagámoslo zapatear allí durante un minuto. Va a estar listo para detenerse en 15 segundos, pero no se lo permitamos, sino ordenémosle seguir zapa-teando con fuerza.

- Lo mismo vale para aquellos que hacen escenas. Enviémoslos al cuarto a continuar allí. No pueden salir de allí, y deben seguir llorando y gritando durante diez minutos. Puede resultar un tiempo interminable, y además no resulta divertido que nuestros padres nos digan que gritemos y lloremos.

- Otra manera de manejar las pataletas y el mal genio es simple-mente decirles: "Lo que estás haciendo es demasiado perturba-dor para esta casa. Puedes continuar con tu escena en el patio. Cuando acabes, puedes entrar y serás bienvenido." Cuando no se cuenta con una audiencia, la emoción de dar rienda suelta a una pataleta se apaga también.

- Si alguno de nuestros niños nos pide algo y luego discute o hace una escena cuando se lo negamos, podemos decirle que sin importar qué sea lo que pida, desde ese momento nuestra res-puesta será un no hasta que aprenda a aceptar con respeto las negativas que le demos.

- Me han contado acerca de una abuela que fue a comprar zapatos para su nieto de diez años. Él armó un escándalo cuando se dio cuenta de que no le iba a comprar el par más caro. Entonces ella se inclinó hacia él y le susurró al oído: "Si sigues avergonzándo-me, voy a llenarte la cara de besos aquí mismo en la tienda." Inmediatamente él se detuvo.

Gimoteos y quejidos
- En nuestra casa no permitimos gimoteos ni súplicas. Nuestros

niños saben que si agregan "¡Por favor, por favor, por favor!" cuando nos piden algo, nuestra respuesta automática será "¡No, no, no!"

- La profesora de piano de nuestros chicos me contó que cuando era pequeña y comenzaba a gimotear y a quejarse por algo, su madre se quedaba parada mirándola con cara de confundida, como si ella estuviera hablándole en un idioma extranjero. Entonces le decía: "Lo lamento, pero no entiendo el 'gimo'. Por favor, ¿podrías hablarme en inglés?"

Los quehaceres domésticos

- Si alguno de los niños no realiza una tarea con diligencia, hagámosle practicarla. Se volverá más minucioso si le hacemos limpiar el piso tres o cuatro veces debido a que sus primeros intentos no resultaron buenos.

- Si los chicos gimotean o discuten cuando distribuimos las tareas, agreguemos un trabajo más a la lista de cada uno. Cuando tengan que realizar su tarea extra número tres, tomarán conciencia de cómo es la cosa y dejarán de quejarse cuando se les pida que colaboren.

- ¿Tenemos que recordarle continuamente a uno de nuestros hijos que alimente a su mascota? Coloquemos una pequeña caja sobre la casita o la jaula de la mascota, y pongamos allí el dinero que le damos para el almuerzo, o la bolsa de comida que debe llevar para el mediodía. Si quiere comer ese día, deberá asegurarse de que su mascota reciba su almuerzo primero.

- Cada vez que mi hermano Casey se olvida de sacar la basura la noche antes de que pase el camión de basura, mi madre se escabulle en su cuarto y programa el reloj despertador para que suene a las 5.30 de la mañana. Esto le da tiempo para despertarse y sacar el tacho hasta el cordón de la vereda. (Este tipo de corrección da resultados en todos los casos en los que se supone que la tarea se realice antes de irse a dormir.)

- ¿Alguna vez hemos considerado la posibilidad de cobrarle a nuestro hijo 10 centavos como recordatorio cuando se olvida de realizar alguno de los quehaceres? Debemos enfrentarnos con la realidad: un niño al que se le ha pedido desde que nació que ponga la mesa, realmente no "se olvida" de hacerlo. Yo hago que mis chicos tengan un par de dólares en monedas pequeñas en un frasco. De esta manera me resulta más simple recolectar estos punitivos a sus "olvidos".

- Cuando uno de los niños actúa de manera irrespetuosa, desobediente o desafiante, lo envío a sacar uno de los papeles que indican los distintos quehaceres que hemos colocado en el balde de tareas. Estos trabajos incluyen el aseo del baño, ordenar las ollas y cacerolas, correr los muebles para pasar la aspiradora, desmalezar el jardín, armar los pares a partir de medias sueltas, descongelar el refrigerador, y limpiar los armarios, el garaje o los espacios debajo de la cama. Y éstas son apenas algunas de las posibilidades. Podemos agregar el planchado, aspirar la serpentina de la heladera, frotar el interior de los pequeños recipientes para la basura, pulir los objetos de plata, limpiar los antepechos de las ventanas, cepillar a la mascota, limpiar la chimenea, sacudir las alfombras de la cocina, aspirar el tapizado de los sofás, colocar los frascos de las especias en orden alfabético, y limpiar las sillas de madera de la sala con lustre para muebles. Este balde de tareas no sólo me ayuda a mantener la casa limpia, sino que también evita que mis pequeñuelos se quejen por estar aburridos. Saben que en el balde de tareas de mamá siempre hay un antídoto para el aburrimiento.

- ¿Es tarea de alguno de nuestros niños sacar la basura o separar los elementos reciclables? ¿El basurero está desbordando? Si es así, simplemente saquemos nosotros la basura… pero dejémosle el tacho en medio de su dormitorio. Puede ser que adquiera mejor disposición a sacar la basura a medida que el hedor crezca.

- Si es responsabilidad de uno de nuestros niños cargar la lavadora de vajilla, y las tareas previas al lavado nunca se realizan con minuciosidad, expliquémosle lo siguiente: "Si los platos no quedan bien limpios, deberás lavarlos de nuevo, pero esta vez a mano".

- El hijo de una amiga mía tenía como tarea matinal recoger con una pala los "regalitos" del perro esparcidos por el patio. El muchacho no realizaba esta tarea con demasiada diligencia, así que su padre pergeñó una solución creativa: ¡Luego de completar su tarea, debía correr por el jardín descalzo! De allí en adelante, el césped de la casa se mantuvo perfectamente limpio.

- Podemos hacer que nuestros niños presten más atención ordenándoles realizar quehaceres sin sentido, como trasladar una pila de leña de un lado al otro del jardín, o cavar un gran hoyo para luego volver a llenarlo.

- Tucker es el único muchacho en nuestra casa. Por lo tanto, siempre que encuentro aguas amarillentas en el inodoro, sin que haya papel higiénico flotando alrededor, sé que él es el culpable de no hacer correr el agua. Lo mismo cuando el asiento queda levantado. Cada vez que encuentro el artefacto con muestras de insensibilidad masculina, tomo el cepillo para limpiar inodoros y salgo a buscar al ofensor. Le pido entonces que limpie el inodoro.

- La próxima vez que uno de los chicos no realice bien la tarea de lavar su plato de la cena, quitando los restos de hojas de espinaca, o no limpie bien su lugar de la mesa, insistamos en que vaya de nuevo al fregadero y lave los platos de los demás y limpie sus lugares en la mesa. Y esta tarea tan poco espectacular que se le asigna resultará suficiente para que aprenda.

- Me gustó un método de corrección creativa que recibí de una madre de tres varones. Un sábado por la mañana les entregó una lista con los quehaceres de debían realizar antes del mediodía. A las once de la mañana, todavía andaban por ahí en pijamas, mirando dibujos animados, y ni siquiera habían comenzado con sus tareas. No los regañó; sólo esperó a que dieran las doce. Entonces llamó a un vecino que tenía niños de la misma edad que los de ella y ofreció pagarles si venían a realizar esas tareas. Los chicos del vecino saltaron de alegría, vinieron enseguida y con prontitud realizaron todo lo que estaba en la lista. Cuando hubieron acabado, se les permitió entrar en el cuarto de los muchachos y elegir cualquier juguete que desearan como pago. Otra posibilidad hubiera sido pagarles con el dinero que los niños recibían cada semana.

- Si nuestros niños tienen tareas asignadas, cuando ellos solicitan algo especial, simplemente respondámosles con otra pregunta: "¿Has lavado los platos?", "¿Has hecho tu cama?", o cualquier otro quehacer que deberían haber completado a esa altura del día. Cuando respondan "sí" o "no", agreguemos: "Bueno, esa también es mi respuesta a tu pedido". Pronto comprenderán el mensaje: no pedir cosas especiales a menos que hayan cumplido con todas sus tareas.

Sugerencias en cuanto a una corrección creativa

Asignar tareas escolares

- Dos veranos atrás viajamos con nuestros hijos, mi madre y mi abuela en una casa rodante desde California hasta Texas. Mi abuela, a quien apodamos "la abuelita" me pidió que no castigara físicamente a los niños durante el viaje porque eso la ponía muy mal. Los chicos quedaron extasiados con este asunto. Cada vez que hacían algo que merecía corrección, me recordaban: "No queremos que a 'a abuelita' le dé un ataque al corazón". Pero no era mi intención que les resultara tan fácil evadirme. Nos detuvimos en una librería que encontramos junto al camino y compré tres cuadernillos de tareas apropiados para el nivel de cada uno. Cada vez que hacían algo impropio, les indicaba que completaran una cierta cantidad de páginas del cuadernillo. (¡Créanme que las tareas escolares durante el verano constituyen un castigo terrible!) Desde ese entonces he fotocopiado páginas de ejercicios de matemáticas para llevar cuando salimos de viaje. Los niños han memorizado sus tablas de sumar, restar, multiplicar y dividir en hoteles de todo Estados Unidos.

- Podemos utilizar ese método para corregir toda una variedad de problemas. Mi hermano Casey permanentemente deja las puertas del armario abiertas cada vez que saca una pieza de vajilla. Y cada vez que mi madre encuentra las puertas abiertas de para en par, envía a Casey a ejercitarse en la máquina de escribir copiando una página o dos de un libro.

- Particularmente eficaz resulta el tratar de combinar los hábitos que se deben abandonar con las habilidades que tienen que desarrollarse más. Por ejemplo: *no hacer la cama* implica *tener que practicar las lecciones de música; dejar los zapatos tirados en medio de la habitación* implica *tener que leer cinco capítulos de un libro; olvidarse los juguetes o la bicicleta en la entrada del garaje o en el patio* implica *tener que copiar los nombres de los estados y sus capitales.* Cada uno sabe qué es lo que hace falta trabajar en su propia casa.

- Si en casa contamos con el servicio de Internet y de algún software de protección para los niños, como CyberSitter, probemos este método: Hacer que el niño investigue en Internet (con la ayuda del otro padre) sobre algún tema que resulte apropiado para la corrección que le queremos aplicar. Por ejemplo, por una cuestión de ingratitud, indiquémosle que investigue acerca de los niños desnutridos de África; por una cuestión de robo, correccionales de menores; por actitudes de holgazanería, buscar información sobre la hormiga. Seamos creativos. Luego pidámosle que dé un informe oral sobre el tema en la mesa durante la cena. También se puede implementar esta idea a través del uso de una enciclopedia. Incluyo también una sugerencia parecida: entreguémosle a nuestro hijo una lista de palabras relacionadas con la lección que queremos que aprenda y pidámosle que busque y copie las definiciones que de ellas da el diccionario.

Aplicar penitencias

- La vieja penitencia de "mandar al rincón" al trasgresor todavía funciona. Pero hagámosla un poco más dura. Pidámosle al niño que se pare cara a la pared sin mirar a su alrededor. Programemos con un cronómetro, y si él nos pregunta "¿Ya puedo salir?", reprogramémoslo, añadiendo tiempo extra. (Tuve que comprar un cronómetro que sonara fuerte porque quedo tan atrapada en mis cosas durante estos momentos de silencio que me olvido que he puesto a alguien en el rincón.) También podemos agregar un minuto por cada palabra que argumente o por cualquier "explicación" que quiera dar mientras va rumbo al rincón.

- Podemos elegir rincones específicos para determinados propósitos. En uno de los cuartos podemos ubicar el rincón para "castigos" corrientes. En otro, podemos determinar que haya un rincón "para calmarse", en el que nuestro hijo pueda tranquilizarse o repensar su actitud. También podemos tener otro al que llamemos el rincón "para pensar", donde pueda recapacitar acerca de los motivos por los que sus acciones resultan inadecuadas y prepararse para informarnos sobre ellos luego. Y hasta podemos crear un rincón "de oración", en el que el niño pueda arrepentirse y pedirle ayuda a Dios.

  ¿Qué pasa cuando no tenemos un rincón a mano? Le indicamos al niño que se cubra los ojos con una mano y que mantenga la otra delante de su nariz hasta que se cumpla el tiempo.

- Si las penitencias no funcionan, intentemos una actividad. Se puede llevar a cabo enviando al niño a un lugar determinado de la casa en el tenga que realizar una tarea que comience y acabe de un modo definido. Podría ser armar un pequeño rompecabezas, enhebrar 50 cuentas en un trozo de hilo, o escribir el alfabeto. Una actividad así canaliza su energía y lo lleva a concentrarse en algo positivo.

- ¿Quién dijo que las penitencias deben ser breves? A medida que mis hijos han ido creciendo, sus penitencias se han vuelto considerablemente más largas. No resulta infrecuente para ellos ser "confinados" a un sillón de lectura durante 45 minutos o más. A mí me proporciona un poco de silencio y paz, y la extensión del período molesta lo bastante como para volverse muy eficaz.

Utilizar las Escrituras

- Hacer que los niños practiquen caligrafía (sea cursiva o de imprenta), o mecanografía a través de la trascripción reiterada de un versículo (relacionado con la infracción cometida).
- Si a alguno de los niños le gusta dibujar, podemos hacerlo ilustrar el versículo luego de escribirlo.
- Leerles a los niños un versículo que queremos que aprendan. Luego pedirle a cada uno de ellos que nos diga en sus propias palabras lo que cree que significa.
- Si tenemos niños mayores, hagámosles escribir un versículo bíblico en un cuaderno, junto con una paráfrasis propia. Podemos instruirlos para que lleven un registro de sus infracciones, acompañadas por las escrituras más apropiadas para el caso, la lección que aprendieron, y una oración.
- A los niños más grandes podemos darles una referencia bíblica para que la busquen ellos mismos. Que entonces nos la lean, o que la escriban. Podemos enseñarles a utilizar la concordancia para encontrar versículos que se apliquen a los distintos temas, a fin de que se vuelvan hábiles en el estudio de la Biblia.

Miscelánea

- Con frecuencia, el susurrar resulta más eficaz que el gritar. Intentémoslo la próxima vez que nos veamos tentados a gritar. Es probable que en realidad así nuestros niños nos puedan escuchar con mayor nitidez.
- Los cronómetros nos ayudan a establecer límites bien definidos. Por ejemplo, al contar con un cronómetro, podemos decirles:

"Estoy programando el cronómetro. Quiero que acabes de limpiar tu cuarto (o los zapatos, o de guardar la vajilla) en 15 minutos. Si no has acabado entonces, tu disciplina será…" Este método no sólo funciona como una espuela sobre los niños que se distraen fácilmente, sino que no da espacio para la discusión con respecto a una tarea que no se completó y si es que se específico el castigo correspondiente.

- Si alguna vez encontramos a uno de los niños jugando con fuego o con fósforos, quitémosle algunas cosas que él considere importantes, como un par de sus figuritas de béisbol o alguno de los vestidos de una muñeca Barbie, y quemémoslos en algún lugar donde no resulte peligroso. Recordémosle que si esas cosas eran importantes para él, la familia lo es mucho más. Si accidentalmente la casa se prende fuego, no solamente resultarán quemadas sus cosas sino probablemente toda la familia.

- Si nuestros niños se divierten tanto en la bañadera que no quieren salir cuando les mandamos hacerlo, abramos el grifo del agua fría. Nos sorprenderá ver lo rápido que obedecen.

- Armemos una lata con el título "Correcciones" y llenémoslas con tiritas o trozos de papel en los que hayamos escrito diferentes consecuencias por faltas cometidas. Entonces, en lugar de mandar al niño al rincón, enviémoslo hasta la lata a sacar una tira. Algunas sugerencias: no ver televisión o no usar la computadora por una noche, irse a dormir más temprano o tener que realizar una tarea extra. Podemos colocar también en la lata trozos de papel en blanco, como "bonos de misericordia". Esto nos proveerá la oportunidad de hablar acerca de cómo Dios nos extiende su misericordia aun cuando merecemos un castigo.

- Si el mal comportamiento se debe a una chiquilinada, a veces les permito a mis hijos realizar dos dibujos, uno que refleje lo que ellos han hecho mal, y el otro mostrando lo que deberían haber hecho.

- Una reunión de la iglesia puede resultar insoportablemente larga para los niños, sobre todo durante el sermón. Tal vez hayamos intentado darles papel y crayones o libros, pero estos objetos terminan en el piso de forma inevitable, mientras los pequeñitos se arrastran debajo del banco para recuperarlos. En lugar de esto, podemos probar un juego bastante entretenido. En cuanto el predicador se coloque ante el púlpito, tomémonos de las manos, y cada vez que el predicador mencione el nombre "Jesús" apretemos la mano del otro. Veamos quién lo hace primero.

- Muchos chicos pierden el ómnibus escolar porque se demoran. Si están lo bastante crecidos, obliguémoslos a caminar hasta la escuela al siguiente día. Y si la escuela está distante, penalicémoslos cobrándoles una tarifa para llevarlos en el "ómnibus de mamá" (pueden ser unos 25 centavos, o más, según la edad).

- Consigamos un monedero viejo y llamémoslo el "monedero de los enojos de mamá". Advirtámosles a nuestros hijos que de ese momento en adelante, en lugar de enojarnos, vamos a pedir una compensación. Cada vez que nos presionen mucho, les diremos: "Muy bien, me están haciendo enojar. Tienen que darme una moneda de 25 centavos para mi monedero." En poco tiempo tendremos lo suficiente como para irnos a tomar un café, que nos ofrecerá el esparcimiento que necesitamos para no estallar.

- Como mencioné en un capítulo anterior, cuando mis niños eran pequeños, cada vez que sonaba el teléfono ellos recordaban repentinamente que necesitaban que yo les prestara atención. Para quebrar ese hábito que tenían de interrumpirme cada vez que contestaba el teléfono, les indiqué que apenas escucharan sonar la campanilla fueran a su cuarto y se sentaran en silencio hasta que yo terminara la conversación. Esto tiene que llegar a convertirse en una respuesta automática para que no se sientan tentados a interrumpir. Lo haremos sólo hasta que aprendan a no interrumpir, y más adelante si recaen en la costumbre. Pongámonos de acuerdo con una amiga para que nos llame en distintos momentos durante el primer día para poder practicar con los chicos.

- Cada tanto pidámosles a los chicos que ellos determinen el castigo que consideran apropiado. Nos vamos a sorprender.

- ¿Alguna vez hemos probado darles una cucharadita de jugo de limón concentrado como antídoto a una actitud ácida?

- Cuando los niños toman conciencia de su error y corrigen su mal comportamiento antes de que lo hagamos nosotros, la disciplina no resulta necesaria.

- Cuando vayamos de compras con los niños, establezcamos como regla que si piden algo, la respuesta automática será un no. En lugar de decir: "yo quiero…", "necesito…", "tengo que comprar…" se les permitirá decir: "sería muy divertido jugar con eso", o "me gusta ese vestido". Ocasionalmente podemos sorprenderlos comprándoselos, pero no con demasiada frecuencia. Nos va a quitar la presión de encima y hacer compras resultará mucho más placentero.

- La próxima vez que alguno de nuestros hijos comience con un comportamiento que necesite castigo, detengámoslo en medio de la acción y preguntémosle: "¿Qué es lo que estás haciendo mal en este preciso instante?" Esperemos hasta que él pueda identificar su pecado, y luego preguntémosle con sinceridad:

"¿Qué podemos hacer para ayudarte a corregir este comportamiento?" Si su idea resulta de algún modo aceptable, oremos con él e implementemos el cambio que nos ha sugerido. Esto no sólo lo hace ver que puede controlar su comportamiento, sino que también le enseña a arrepentirse y a confesar sus pecados, que en realidad son palabras más elegantes para admitir que uno ha hecho mal y que debe cambiar de rumbo.

- Una manera de evitar que los cuartos de nuestros niños desborden de cosas después de la Navidad o de sus cumpleaños es hacer que ellos intercambien un nuevo juguete por otro viejo. Luego, junto con los niños, podemos llevar los juguetes viejos a una escuela dominical, orfanato, centro de día o de caridad cercano a nuestra casa. Enseñémosles las palabras de Jesús en Hechos 20.35: "Hay más dicha en dar que en recibir".

- Cada vez que sintamos que les hemos estado diciendo a nuestros niños la misma cosa una y otra vez, y la posibilidad de volver a repetirla nos frustra en sobremanera, intentemos escribirles una carta. Digámosles todo lo que nos gustaría expresarles, y la próxima vez que hagan lo mismo, en lugar de cansarnos hablando, pidámosles que busquen la carta y la lean para ellos mismos en voz alta tres veces en su cuarto. También nos evitará decir algo en nuestro enojo que lamentemos después.

- "¡Si fuera un perro, te hubiera mordido!" ¿Recordamos que nuestros padres nos decían esto cuando nos mandaban a buscar algo y nosotros volvíamos dos minutos después diciendo: "No puedo encontrarlo"? Por supuesto, ellos entonces iban directamente al lugar dónde nos habían dicho que buscáramos y lo encontraban. Resulta asombroso lo poco que cambian algunas cosas de generación en generación. Mis niños siguen siendo tan

ciegos y susceptibles a la mordedura de los perros como nosotros. Pero yo he logrado una especie de solución a este problema. Si mis hijos regresan diciendo que no pueden encontrar algo
y yo estoy segura de que en realidad no han buscado bien,
entonces les digo que elijan: pueden intentarlo de nuevo, o
puedo ir yo a buscarlo. Pero si lo encuentro, entonces voy a su
cuarto, elijo el juguete que quiero y entonces sí de verdad se los
escondo. No podrán volver a jugar con él hasta que lo busquen
con diligencia y lo encuentren.

- Después de que se ha aquietado el caos de un cumpleaños o de
la Navidad, tomémonos una mañana para que los chicos traigan
a la sala todos los regalos que les han hecho. Por cada regalo que
haya recibido un miembro de la familia, debe pensar en la persona que se lo dio y luego agradecer al Señor por ella y bendecirla.

- Sé que el egoísmo puede ser desenfrenado en cada uno de nosotros, pero resulta duro ver crecer su desagradable cabeza en una
dimensión tan importante en nuestros propios hijos. Cuando el
hedor del egoísmo comience a pernear nuestra casa, sugiero
tomar medidas drásticas. Saquemos un par de grandes valijas del
garaje, vayamos al cuarto del niño que ha sido tomado por el
egoísmo y llenémoslas con todas esas muchas bendiciones que
ellos consideran propias y no enajenables. Entonces enviemos
todas esas cosas "de viaje" por una semana o más. Cuando regresen, probablemente nuestro hijo se muestre un poco más agradecido y menos deseoso de tener más, más y más.

- Quitar las malezas del jardín es uno de mis correctivos favoritos,
y uno de los más odiados de Tucker.

Sugerencias de Proverbios en cuanto a la disciplina

- Proverbios 13.18: "El que desprecia a la disciplina sufre pobreza y deshonra; el que atiende a la corrección recibe grandes honores."

- Proverbios 10.31: "La boca del justo profiere sabiduría, pero la lengua perversa será cercenada."

  El suave pinchazo de un alfiler en la lengua es capaz de desalentar el lenguaje grosero.

- Proverbios 12.24: "El de manos diligentes gobernará; pero el perezoso será subyugado."

  Si alguno de los niños se muestra perezoso en cuanto a sus quehaceres, podemos obligarlo a que realice también las tareas asignadas a sus hermanos.

- Proverbios 13.4: "El perezoso ambiciona, y nada consigue; el diligente ve cumplidos sus deseos."

  Si no finalizan sus tareas dentro del plazo estipulado, los niños pierden su próxima comida.

- Proverbios 21.25-26: "La codicia del perezoso lo lleva a la muerte, porque sus manos se niegan a trabajar; todo el día se lo pasa codiciando, pero el justo da con generosidad."

  Si la pereza representa un problema para alguno de nuestros hijos, alimentémoslo durante todo un día con la mitad de la porción. No se va a morir de hambre, pero durante todo el día va a estar deseando recibir más.

- Proverbios 14.23: "Todo esfuerzo tiene su recompensa, pero quedarse sólo en palabras lleva a la pobreza."

  A Tucker le encanta conversar, en especial cuando debería estar trabajando. Lo hacemos pagar cuando habla sin parar mientras realiza una tarea.

- Proverbios 19.22b: "Más vale ser pobre que mentiroso."

    Si encontramos a nuestro hijo mintiendo, saquémosle todo el dinero que tenga en su alcancía. (Actuemos discrecionalmente. Para Tucker, eso podría llegar a la cifra -cuando mucho- de 4 dólares. Para Clancy podría significar más de 35.

- Proverbios 30.17: "Al que mira con desdén a su padre, y rehúsa obedecer a su madre, que los cuervos del valle le saquen los ojos y que se lo coman vivo los buitres."

    Conocemos esa mirada. La mirada que indica falta de respeto está agazapada en el corazón del niño. Y la muestra cuando revolea los ojos. Si alguno de nuestros hijos lo hace, vendémosle los ojos durante media hora. Eso le enseñará una buena lección en cuanto a lo grave que es la falta de respeto.

- Proverbios 25.16: "Si encuentras miel, no te empalagues; la mucha miel provoca náuseas."

    Una buena lección sobre la codicia es sorprender a nuestros niños comprando un frasco de miel y luego entregarles una cuchara para que coman todo lo que quieren. Probablemente se sientan asqueados muy pronto.

Capítulo 6

Hablemos de educar a los niños

Varios años atrás, Steve y yo asistimos a un seminario de cinco días en Chicago. Antes de partir, dejamos encomendados nuestros niños (de dos, tres y cuatro años) en casas de distintas amigas. Cada uno de los niños lo pasó fantástico con sus amiguitos, pero los tres se alegraron por el regreso de su papá y su mamá. Sin embargo, nuestro reencuentro familiar resultó de corta duración: Steve y yo debíamos asistir a una reunión de la iglesia la misma noche en que habíamos llegado.

Me di cuenta de que probablemente los niños se habían quedado con una sensación de "nadie se va a enterar de lo que pasa" mientras estuvimos afuera, y ahora se sentían frustrados porque nos íbamos otra vez. En especial me preocupaba la niñera que se tenía que hacer cargo de ellos. ¿Podría manejarlos?

En un esfuerzo por mantener "el control de daños", le advertí a Tucker: "Quiero que te esfuerces por obedecer a la niñera esta noche".

"Mira, mamá, no sé si lograré hacerlo", admitió.

Yo arquee las cejas. "¿Por qué?"

Con su rostro muy serio, Tucker me respondió: "Tengo tanta tontería acumulada en mi corazón, que no creo que haya lugar para la bondad y la sabiduría".

"Entonces tal vez necesitemos hacer una visita al baño para erradicar toda esa tontería de ti", sugerí.

Tucker abrió muy grande los ojos. "¡Espera un momento!", farfullo. "¡Creo que toda mi tontería se está yendo sola, y que la bondad me está entrando en este mismo momento!".

No sabía si reír o llorar.

SÍ O NO AL CASTIGO FÍSICO

Es probable que ya lo hayan adivinado: Quiero analizar el asunto de la crianza de los niños, incluyendo el tratamiento en la parte baja de su espalda. "Zurrar o no zurrar", he ahí el dilema, esa es la cuestión; y se trata de una de las cuestiones más difíciles que los padres deben enfrentar. No intentaré responder esta pregunta controversial en lugar de ustedes, ni trataré de convencer a nadie. En vez de eso, daré mi opinión y dejaré espacio para que cada uno desarrolle su propio criterio. Todos sabemos lo que es mejor para nuestra familia. Me imagino que algunos padres (tanto los que están a favor del castigo físico como los que están en contra) quizás no concuerden conmigo. Está bien. Pero no podía escribir un libro en el que tocara el tema de la disciplina sin considerar la cuestión del castigo físico.

A riesgo de parecerme a un político, debo confesar que veo argumentos valiosos en ambas posturas. Por un lado, debo admitir que he conocido niños excelentes a los que no se les ha aplicado castigo físico ni siquiera una vez en la vida. Resulta difícil argumentar con aquellos padres fuera de lo común que son capaces de criar hijos extraordinarios sin nunca tener que pegarles. Pero por otro lado, yo he recibido bastantes zurras mientras crecía, pero nunca me sentí inclinada a volverme violenta a causa de ello. Las recibí como lo que eran: una disciplina.

Para ser franca, por mi experiencia entiendo que los dos puntos de vista resultan aceptables; aun lo he constatado en mi propia familia. Como dije antes, mi madre es muy exigente con mi hermano Casey. Pero no siempre fue tan firme. Durante los primeros cuatro años de la vida de Casey, la disciplina era esporádica, porque estábamos demasiado ocupados disfrutando de ese adorable bebé que había llegado en un momento tardío de la vida de todos. En consecuencia, algunos de sus comportamientos, que nos resultaban simpáticos al principio, terminaron volviéndose insoportables cuando creció un poco más. Le costaba mucho hacer amigos y luego mantenerlos. Mi mamá y mi padrastro se dieron cuenta de que si algo no cambiaba, el jardín de infantes se iba a convertir en una pesadilla. Así que asumieron el compromiso de disciplinar a Casey, lo que incluía el castigo físico. Les llevó casi un año lograr que la disciplina diera resultados, pero al poco tiempo Casey se había convertido en un deleite para todos, y no sólo para su familia que lo adoraba. ¡Afortunadamente, el poder de las zurras le cambió la vida! Creo que necesitaba que alguien le pusiera límites y luego le diera buenas razones para no cruzarlos.

El caso de Tucker fue distinto. Como lo di a entender en el primer capítulo, el gran catalizador para que este libro hiciera su aparición (al mostrarme la necesidad de ser creativa en cuanto a la disciplina) se presentó cuando mi hijo tenía alrededor de seis o siete años. En ese tiempo, de pronto, el castigo físico, que había sido tan eficaz en el pasado, dejó de producir resultados. Por el contrario, empeoraba las cosas. Aun cuando lo administrara con calma y amor, el castigo llevaba a Tucker a salirse más de control, y ambos acabábamos llorando.

El desenlace se produjo una mañana cuando Steve llamó desde su trabajo. Desde el momento en que dije "hola", supo que algo andaba mal.

"Ya le he pegado a Tucker dos veces, y ni siquiera son las 9.30 de la mañana", dije lloriqueando.

Steve se quedó en silencio por unos momentos. Entonces me respondió: Por qué no se van los dos a su cuarto y se calman... Ya salgo para allá.

No era ésta la primera vez que Tucker y yo necesitábamos que nos rescataran. Cuando Steve llegó a casa, él y yo decidimos que algo tenía que cambiar. No podíamos continuar así. De modo que dejamos de lado el castigo físico por un tiempo y nos concentramos en encontrar formas de ayudar a Tucker a aprender a recuperar el autocontrol, que parecía perder cada vez que algo se cruzaba con su voluntad. Para empezar, nos negamos a entrar en una acalorada batalla con él. Le pedimos a Tucker que se sentara en su cama hasta que fuera capaz de unirse a nosotros para debatir las cosas con calma. Una vez que cambiamos nuestro enfoque, hicimos un descubrimiento alentador: Tucker generalmente realizaba elecciones correctas después de calmarse. Por supuesto, todavía teníamos una batalla por delante para amansar a nuestro hijo, pero por lo menos ya no hacíamos que se inflamara su mal temperamento.

Ocasionalmente todavía elijo castigar físicamente a mis hijos, pero ya no es mi primera o mi única opción disciplinaria, en especial ahora que son más grandes. Y en tanto que estoy agradecida por el don de la disciplina física, la considero sólo otra opción, o una herramienta más entre las que me ayudan a ejercer la paternidad. De hecho, he colocado a propósito este capítulo a continuación del capítulo cinco, en el que describo toda una variedad de maneras de administrar disciplina, para enfatizar mi punto.

EL FACTOR DE LA EDAD

Que el castigo físico dé resultados o sea el mejor acercamiento al asunto no sólo depende del niño y de las circunstancias, sino de la edad que tenga. Cuando mis hijos eran pequeños, en ocasiones yo sentía que resultaba más eficaz administrarles disciplina física que tratar de razonar con ellos. Recuerdo una vez en que le di una charla alentadora y desapasionada sobre autocontrol a Tucker, cuando tenía cuatro años. Mi intención era lograr que en el corazón de mi hijo se produjera un cambio importante, y la conversación había resultado profunda y significativa…, por lo menos así lo creía yo.

Apenas terminé de hablar, mi hijo exclamó: "Mami, de todo lo que has dicho, sólo una palabra tiene sentido".

"¿Ah, sí? ¿Y cuál fue esa palabra?", le pregunté con curiosidad.

Frunció el entrecejo. "Lo olvidé."

Una zurra podría haberle resultado más amable que mi largísimo discurso, ¡y sin dudar las cosas se le hubieran grabado más!

Gracias a Dios, a medida que mis chicos maduraron, mis "charlas" y otras modalidades de corrección les fueron causando impacto. Pero en sus primeros años, aplicar disciplina constituía un verdadero desafío para mí. Por ejemplo, cuando mis niños recién estaban aprendiendo a caminar y todo el tiempo se metían en problemas, me parecía que la única alternativa disciplinaria (además de pegarles) era distraerlos o confinarlos a su corralito de juegos. Estas dos opciones ayudaban hasta cierto punto, pero resultaban algo limitadas. Yo podía reestructurar la casa para que fuera a prueba de niñitos hasta cierto punto, porque había determinados objetos, como teléfonos y vídeograbadoras que tenían que resultar accesibles. Distraer la atención de los niños permanentemente de las cosas que debían estar fuera de sus límites resultaba en realidad una solución superficial. Sólo posponía la necesidad de enseñarles que no siempre podemos tener las cosas que deseamos. ¡Además, me tenía bailando a su ritmo! Y la otra alternativa (confinarlos a su corralito de juegos durante la mitad del día) me parecía aún más cruel que darles una palmada en la mano.

Así que elegí darles una palmada. Y durante muchos años esto dio resultado, aun con Tucker. La utilización del castigo corporal mientas nuestros niños fueron pequeñitos realmente le dio a la familia más libertad a la larga, porque me ayudó a establecer los límites y les recordaba a los niños quién estaba al mando; luego me proveyó la libertad de intentar otros tipos de corrección más creativos a medida que iban creciendo.

¿QUÉ DICE LA BIBLIA AL RESPECTO?

Como mencioné en el capítulo previo, la palabra de Dios con frecuencia enfoca el tema de la crianza de los niños. El castigo corporal no está exento. Por ejemplo, Proverbios 13.24 dice: "No corregir al hijo es no quererlo; amarlo es disciplinarlo". Yo adhiero por completo a esta afirmación, y estoy segura de que ustedes también. Si amamos a nuestros niños, debemos corregirlos.

Creo que los niños también lo comprenden (¡aunque no lo admitan!). De alguna manera, saben intuitivamente que esas palmadas les hacen bien, y las reciben no sólo porque las merecen, sino también porque sus padres los aman. Veamos si puedo convencerlos.

Una tardecita, cuando Haven tenía sólo dos años y medio, Steve y yo dejamos a los niños a cargo de una niñera. Nuestras instrucciones fueron claras: Las niñas debían acostarse a las 7 y Tucker a las 8. Cuando llegamos a las 8.30, los niños estaban acostados, pero ya desde la sala de estar podíamos percibir que Haven no se había dormido. De su habitación partía cierto griterío. Estaba en el medio de una pataleta en la que desbordaba el mal temperamento, y la niñera, Shawna, dijo que había actuado de este modo toda esa noche.

Cuando fui a hablar con Haven, esperaba encontrarme con más gritos y llantos. Pero en lugar de eso, ella me dijo: "Pégame".

"¿Te ha castigado Shawna?", le pregunté confusa.

"No. Pégame", me instó otra vez.

Seguí preguntando y ella me respondió varias veces hasta que finalmente caí en la cuenta de que Haven no hablaba de la niñera. "¿Quieres que mamá te de unas palmadas?", le pregunté mientras quedaba boquiabierta por el asombro.

"¡Sí!", dijo Haven, y saltó de la cama para recibir su corrección. Después de recibirla, colocó sus bracitos alrededor de mí, y me abrazó.

Como lo revela esta historia, el castigo físico puede tocar el corazón de un niño. ¡Y debe hacerlo! Y resulta más eficaz cuando nuestros niños saben lo que Dios dice con respecto a la disciplina. Les ayuda a entender por qué son castigados.

Por esta razón, les he repetido Proverbios 22.15 a mis niños más de cien veces. Dice: "La necedad es parte del corazón juvenil, pero la vara de la disciplina la corrige". Proverbios 29.15 avanza en el mismo sentido: "La vara de la disciplina imparte sabiduría, pero el hijo malcriado avergüenza a su madre". A partir de estos versículos mis hijos han aprendido que el castigo no sólo saca la necedad de ellos, sino que les produce beneficios, como el desarrollar sabiduría. Esto nos ayuda a enfocarnos en el bien que tiene como resultado una situación que sino podría parecernos dolorosa.

CÓMO PONER ESTOS PRINCIPIOS EN PRÁCTICA

Lamentablemente, el saber y el hacer muchas veces no van de la mano. Según la historia que les narré, Haven puede haber mostrado que comprende el significado de la corrección y lo necesaria que es, pero eso no la ha librado de desobedecer de cuando en cuando. Hace poco mi hija mayor ignoró una orden de su abuela de guardar de nuevo el helado de agua que había tomado del congelador hasta después de la cena. Dejé lo que estaba haciendo y la llamé.

"¡Haven, quiero que vayas al baño!"

Unos minutos después me reuní con ella allí.

"Ahora, Haven", comencé, "¿sabes por qué vas a ser corregida?"

Con la cabeza baja, susurró: "Porque no hice caso y me comí el helado, aunque la abuela me había dicho que no lo hiciera".

"¿Y por qué piensas que estuvo mal hecho?", insistí.

"Porque abuelita es autoridad sobre mí y yo debo obedecerla."

Continué interrogándola. "¿Por qué crees que ella te dijo que no comieras ese helado?"

Haven fijó la mirada en el piso. "Porque pronto vamos a cenar y podría quitarme el apetito."

"Haven", le dije, "Tengo que castigarte porque Proverbios 23.13-14 dice: 'No dejes de disciplinar al joven, que de unos cuantos azotes no se morirá. Dale unos buenos azotes, y así lo librarás del sepulcro'. Puede llegar un día en el que la abuela te indique que no comas algo que puede enfermarte. Tienes que adquirir el hábito de obedecerla. ¿Lo entiendes?"

"Sí, señora", dijo suavemente.

La llamé para que se acercara a donde yo estaba, sentada sobre la tapa del inodoro. "Ahora, recuéstate sobre mi falta."

Después de darle algunas palmadas (ocho, según su edad), le pedí que se sentara en mi regazo. Acunándola en mis brazos, le dije: "Haven, te amo y te perdono, pero tienes que pedirle a Jesús que te perdone por no haberlo obedecido. Recuerda que él es la autoridad mayor sobre tu vida."

Haven asintió, y siguiendo mi indicación, inclinó su cabeza. "Querido Jesús", dijo, "por favor, perdóname por desobedecer a la abuela. Gracias por perdonar mis pecados. Por favor, lléname de tu sabiduría y ayúdame a obedecer. Amén."

Luego de su oración, nos abrazamos y besamos, y seguimos adelante.

UNA PALABRA DE ADVERTENCIA

Si decidimos utilizar el castigo físico con nuestros niños, debemos ser cuidadosos. Podemos ser objetados al respecto porque algunos padres abusan de este beneficio de dar algunas palmadas a sus hijos.

Esto me recuerda lo que sucedió una mañana con una médica homeopática cuando llevé a Tucker buscando una solución a sus alergias. Nos sentó a los dos en un sillón delante de una cámara portátil, y luego me preguntó si podía filmar a Tucker durante el curso de la entrevista. Nos explicó que sacaba una cantidad de conclusiones a partir de la observación del lenguaje gestual del niño, y quería volver a mirar la cinta después para ver si descubría algo más. Yo no tenía objeciones, así que consentí en que lo hiciera.

Todo se desarrolló sin inconvenientes durante más o menos una hora de entrevista, hasta que la doctora dijo: "Tucker, no has mencionado aún a tu padre. Cuéntame acerca de él."

El rostro de Tucker se le iluminó. "Cuando mi papá me pega", comenzó, gesticulando con sus manos, "¡es como un jugador de las grandes ligas de béisbol intentando darle a la pelota para arrojarla fuera del campo de juego!"

Sentada junto a él en el sofá, sentí que las palmas de mis manos comenzaban a sudar. *Yo sé que a él le encanta exagerar,* pensé, *¡pero la doctora no lo sabe!* Y no había nada que yo pudiera hacer. Si lo interrumpía para aclarar las cosas, parecería que estaba tratando de encubrir algo. Así que me quedé sentada quieta, orando que él no dijera ninguna otra cosa de este tipo.

Debí suponerlo. Tucker recién comenzaba.

"Cuando no me pega, me grita", continuó diciendo mi hijo.

Los ojos de la doctora se abrieron aún más.

Mientras tanto, yo permanecía sentada ahí, indefensa. Como si se tratara de un mal vídeo familiar, una cadena de terribles escenas se desarrollaba en mi mente: Nos llevaría alrededor de una hora llegar de regreso a Los Ángeles. Para entonces, la doctora ya debería haber llamado a los Servicios de Protección a la Infancia, y ellos estarían esperándonos delante de la puerta. Traté de quitarme esa imagen de la mente.

Afortunadamente, la entrevista acabó sin ningún otro incidente; sin embargo, yo oré todo el camino de regreso a la casa. Cuando doblamos en la esquina y ví la entrada de coches vacía, una oleada de alivio me invadió. ¡Aleluya! ¡No había oficiales del Servicio de Protección a la Infancia allí!

Más tarde esa noche, luego de recuperarme, le pregunté a Tucker: "¿Por qué inventaste esa historia sobre papá?"

Se encogió de hombros. "No lo sé. Me estaba divirtiendo delante de la cámara."

Pueden tener la certeza de que Tucker y yo tuvimos una conversación muy seria con respecto a la exageración en general y en cuanto a la disciplina de su padre en particular. También le dije que algunas cosas, como los castigos, debían hablarse sólo con la familia y los amigos cercanos, y no hacerlos un asunto público.

Vivimos en un mundo muy triste en el que resulta necesario contar con organizaciones como la de los Servicios de Protección a la Infancia. En la mayoría de los casos, estos servicios le salvan la vida a

194

muchos chicos. Sin embargo, si la doctora hubiera creído las declaraciones de Tucker, nos habría perturbado mucho que esta institución quisiera hacernos una visita en casa. Estoy segura de que ellos habrían descubierto que el nuestro es un medio ambiente sano y amoroso y se hubieran retirado. Pero su informe hubiera permanecido en mi foja de antecedentes durante dos años o más, según el criterio de los que investigaran.

Teniendo esto en mente, creo que es importante que los padres conozcan las leyes relacionadas con el castigo físico, en especial ahora que los derechos de la paternidad se ven muy disminuidos. La ley en California dice que uno puede legalmente castigar a un niño en las nalgas, con la mano abierta, pero jamás al punto de dejarle marcas o contusiones. Esto último se considera como abuso infantil, y si un maestro o médico llega a notar contusiones en un niño, debe informar acerca de ello.

Permítanme transmitirles algunas palabras de advertencia: asegurémonos de no usar el castigo físico como último recurso o porque ya le hayamos dicho las cosas cinco veces a nuestro hijo. Resulta muy tentador utilizar el castigo para liberarnos del enojo y la frustración en lugar de usarlo como un acto correctivo. Para evitar esto, envío a mis hijos a un lugar determinado para recibir su castigo físico. Esto nos permite calmarnos a los dos (y me provee un minuto de tiempo para terminar con lo que estaba haciendo). Si sentimos que podemos perder el control, o si tenemos una propensión hacia la violencia, nunca apliquemos disciplina corporal. Existen muchas otras opciones eficaces.

Durante la última semana hablé con una encantadora mamá cristiana de Oklahoma que me dijo que nunca podría "golpear" a uno de sus hijos, que eso la destruiría. Resistí el impulso de responderle que yo tampoco "golpeo" a mis hijos. No había necesidad de entrar en una discusión. Ella ha elegido lo que cree que es mejor para su familia. Si siente que pegar es una forma sutil de abuso infantil, no hay razón por la que deba someterse a semejante agonía y estado de culpa.

Imagino que muchos de nosotros nos parecemos a la mamá que acabo de describir. Cuando pensamos en el castigo corporal, nos imaginamos a un padre iracundo golpeando a su hijo con un cinturón. Bueno, a mí también me molesta esa imagen. No transmite para nada el tipo de disciplina positiva y amorosa que yo he encontrado en la corrección física. En un sentido, pienso que el escribir este capítulo me coloca en riesgo. No quisiera que nadie que leyera mis consejos los interpretara como una licencia para dañar a un niño. Si elegimos administrar a nuestros hijos castigo físico, por favor, seamos cuidadosos. Debe tener su motivación en el amor y no en otra cosa.

¿Puedo concluir la consideración de este tema con otra ilustración? Es la imagen que me viene de mi hijo de tres años y medio, sentado en mi regazo después de haber recibido algunas nalgadas, abrazándome y haciendo esta oración voluntaria: "Querido Jesús, gracias por limpiarme de mis pecados. Gracias porque estas palmadas me quitan la necedad que tengo. Por favor, ayúdame a no hacer el mal de nuevo. Amén." Luego de ofrecerle esa dulce oración al Señor, se volvió hacia mí, me dio un fuerte abrazo, y me agradeció por castigarlo.

Yo creo que cuando se maneja correctamente, la disciplina física puede convertirse en un don de Dios, y esa imagen me provee toda la evidencia que necesito.

Hablemos de educar a los niños

Caja de herramientas

A continuación incluyo una lista de pautas acerca de cómo administrar el castigo físico. Mi intención es proveer algunas claves que nos ayuden, no brindar un conjunto de reglas fijas. Sé con toda seguridad que cada familia es diferente.

Pautas para la administración de castigos físicos

1. Cuando estemos airados, nunca apliquemos castigos físicos.
2. Es bueno enviar a los niños a un lugar determinado para aplicar la corrección. Esto no sólo nos proporciona tiempo a los dos para calmarnos, sino que de inmediato da comienzo a la disciplina, aunque tengamos que sacar primero algo del horno, finalizar una llamada telefónica, o encontrar el modo de suspender lo que estamos haciendo.
3. Como primera medida, hablemos con el niño acerca de lo que ha hecho mal. Preguntémosle por qué debe recibir corrección. Esto nos quita el peso de encima a nosotros y le recuerda a él que no es porque papá o mamá sean malos, sino que va a ser castigado simplemente por su desobediencia.
4. Habrá ocasiones en que, luego de escuchar el punto de vista de nuestro hijo sobre la historia, nos daremos cuenta de que su ofensa no merece un castigo físico. Es adecuado entonces cambiar de idea y buscar otra corrección más apropiada. Esto le dará al niño la seguridad de que es escuchado.
5. Al aplicar el castigo, pidámosle al niño que se incline, que se pare, o que se acueste, según consideremos más apropiado. El propósito principal de esto es no entrar en un forcejeo con nuestro hijo. Él debe someterse voluntariamente al castigo. Por ejemplo, en nuestro caso, Clancy prefiere quedarse

parada con ambas manos apoyadas en la pared, mientras que Haven prefiere inclinarse sobre mi falda.

6. En qué lugar administrar el castigo: Steve y yo le damos unas palmadas en sus nalgas (nunca en las nalgas desnudas) por ser el lugar más mullido. En ocasiones, cuando han ofendido usando las manos (han golpeado a alguien, o lo han pellizcado, o han arrojado piedras, o realizado cosas semejantes), los castigamos en las palmas de sus manos.

7. Cuando los niños crecen, resulta más prudente que los papás administren el castigo a los varones y las mamás a las niñas.

8. Cantidad de palmadas: Nosotros les aplicamos el número correspondiente a los años que tiene el niño. Esto hace que el cumplir años se transforme en algo agridulce, pero nos resulta.

9. La mayor parte del castigo corporal debería ser administrada antes de los cinco años y gradualmente ir disminuyendo hasta la edad de 10. Tendría que ser algo extremadamente ocasional a partir de entonces.

10. Siempre deberíamos abrazar a nuestros niños cuando acabamos de corregirlos.

11. Llevemos a nuestros niños a pedir perdón a Dios a través de la oración. Esto les ayudará a grabar el concepto de que Dios es la persona ante quien somos responsables en última instancia. A veces yo también oro cuando siento que necesito solucionar la cuestión.

12. Finalmente, olvidemos el asunto. Dios ha perdonado a nuestros hijos, así que pasemos a otra cosa.

Cómo administrar disciplina en circunstancias específicas

1. No aconsejo administrar castigos físicos a los niños en público. Si tenemos que hacerlo, vayamos a un baño público y esperemos a que se vacíe de gente o, lo que es mejor, dirijámonos al automóvil. Una vez en la que no podía encontrar un lugar, me subí al ascensor y esperé a que bajaran todos. Entonces le propiné a Haven unas rápidas palmadas entre piso y piso.

2. Steve y yo también somos reacios a castigar a nuestros niños cuando tenemos invitados o hay gente de servicio en la casa. Uno nunca sabe lo que ellos piensan sobre el castigo corporal, o si consideran su deber informar a las autoridades. Tal vez podemos llevar una "tarjeta de faltas", si es necesario, y corregir a nuestros niños una vez que las personas ajenas se hayan retirado.

3. Si no tenemos tiempo como para detenernos para tomar medidas en el momento, tengamos la libertad de decir: "Bien, hablaremos de esto más tarde". ¡A veces el preocuparse un poco suaviza el corazón de los jovencitos!

4. Cuando conducimos, tal vez necesitemos detenernos al costado del camino un par de veces para que nuestros niños se den cuenta de que hablamos en serio cuando les damos instrucciones. (Esto resulta mucho más seguro que el tradicional "guantazo" disparado desde el asiento de adelante y que los que fueron niños durante mi generación deben recordar muy bien.)

Como lo mencioné en la primera parte de este capítulo, el castigo físico puede constituir una herramienta muy valiosa, pero no tiene que ser nuestra única manera de disciplinar. Existen incontables maneras de moldear y formar a nuestros hijos, y esos correctivos muchas veces actúan con mayor eficacia que el castigo físico. A veces una palmada en las nalgas constituye la mejor opción para un padre, y en ocasiones, la única. Pero muchas veces la situación requiere, en cambio, un estilo de corrección más creativo.

Capítulo 7

La Tercera Guerra Mundial: conflicto entre hermanos

Unos pocos años atrás, el pastor Jack Hayford creó un programa llamado *La iglesia del domingo*. Este programa de cable de una hora de duración, producido por nuestra iglesia, se exhibía los domingos por la mañana con una finalidad evangelizadora. Me pidieron que me hiciera cargo de la sección infantil. En una ocasión mi madre se ofreció a cuidar los niños mientras yo filmara mis escenas, pero unos pocos días antes de la filmación me llamó para avisarme que no podría. Había olvidado que estaba registrada para tomar una clase sobre fabricación de acolchados a la misma hora. Sin perturbarme, le aseguré que no habría problemas; llevaría a los niños conmigo. Después de todo, yo asumiría el papel de una "maestra" que les leía historias de la Biblia a los niños. Mis hijos harían el papel de alumnos. ¡Podría resultar divertido!

De todos modos, quería asegurarme de que mis niñitos entendieran que ese no sería un tiempo de juegos. En camino hacia la grabación, les expliqué: "Quiero que respeten las instrucciones que el director les dé. Esto es algo importante: tenemos una buena oportunidad de llegar a la gente que no suele concurrir a la iglesia los domingos y contarle acerca del amor de Jesús."

Lamentablemente Tucker no captó el mensaje. Me sonrío por el espejo retrovisor. "Veamos si entendí bien", señaló desde el asiento de atrás. "Éste es un programa que va a aparecer por televisión. Yo voy a participar de él. ¡Eso significa que seré una estrella!"

"Sí, Tucker, más o menos de trata de eso", dije, haciendo una mueca. "Vas a alcanzar la fama." Hice una breve oración a Dios pidiéndole ayuda y misericordia.

Algunos minutos después llegamos a la iglesia, nos maquillaron y nos colocamos en posición como para comenzar. Me senté en una silla, y fui rodeada por una docena de niños, incluyendo mis tres amados pequeñuelos. Cuando el director indicó "¡Acción!", comencé con la presentación del programa.

"¡Hola, niños y niñas!", dije sonriendo. "Hoy vamos a leer una de mis historias bíblicas favoritas…"

Apenas había abierto la Biblia cuando una niñita rubia gritó desde atrás: "Mami, ¡Haven está sentada sobre mi pie y no quiere correrse!" Era Clancy.

El director sacudió la cabeza e indicó "¡Corten!"

Intenté calmarme, y les seguí sonriendo a los niños. El director nuevamente dio la orden: "¡Acción!" Yo pregunté: "Niños, conocen la historia de…"

"Córrete un poco, Clancy", me interceptó Haven. "¡No puedo ver los dibujos!"

"¡Corten!", indicó otra vez el director, rascándose la cabeza.

Le eché a cada uno de mis ángeles la mirada más cargada de advertencias que una mamá puede dar, y luego de la señal del director, comencé con la historia: "En la ciudad de Galilea vivía…"

"¡Tucker, detente!", interrumpió una voz desde el fondo. "¡Me estás empujando!"

El director revoleó los ojos y luego me miró. "¡Corten!"

Deseé poder desaparecer junto con ellos. Y tomé la determinación de que cuando regresáramos a casa algunos de los privilegios de mis hijos también iban a desaparecer. La filmación ese día tomó mucho más tiempo de lo que hubiera sido necesario, y todo porque mis hijos se peleaban y reñían.

Creo que la rivalidad entre los hermanos constituye uno de los argumentos más convincentes para el control de la natalidad (y bromeo sólo en parte). Nunca conocí un par de hermanos que no se pelearan al menos de vez en cuando. ¡Probablemente cada uno de nosotros pueda agregar alguna colorida historia de sus propios hijos también! Me encanta esta:

Un maestro de escuela dominical estaba analizando los Diez Mandamientos con sus alumnos de cinco y seis años. Después de explicar el mandamiento "honra a tu padre y a tu madre", preguntó: "¿Existe algún mandamiento que nos enseñe cómo tratar a nuestros hermanos y hermanas?"

Con todo desparpajo, un muchachito respondió: "No matarás."

El conflicto entre hermanos y hermanas tiene sus raíces en la primera relación fraterna, la de Abel y su hermano Caín, cuya filosofía de fondo era (¡literalmente!) "elimina al competidor" (ver Génesis 4.8). Desearía que el problema hubiese concluido con Caín y Abel, pero a causa de que los seres humanos somos pecadores, la rivalidad entre los hermanos siempre será una cuestión.

Steve y yo también hemos tenido que lidiar con una buena cantidad de peleas entre hermanos. Clancy, que sólo tiene trece meses menos que Haven, recibió el sobrenombre de "Mí-Mí", porque de pequeñita se mostraba extremadamente celosa de su hermana mayor. Cada vez que alguien saludaba a Haven, Clancy se golpeaba con la manito en el pecho y demandaba: "¡A mí, a mí!"

Si el abuelo le decía a Haven: "¡Qué bonito vestido tienes!", Clancy chillaba y tiraba de su vestido, protestando: "¡A mí, a mí!" Si la abuela Cauble saludaba a Haven diciéndole: "¡Qué lindo moño llevas puesto!", Clancy, que apenas tenía algo de pelo y resultaba imposible colocarle un moño, sin embargo insistía: "¡A mí, a mí!"

Luego, con el correr del tiempo, las cosas se dieron vuelta. Hoy es Haven la que grita (sin decirlo): "¡A mí, a mí!" Creo saber cuándo cambiaron las cosas. Cuando a Clancy le creció el cabello finalmente. Resultó rubio y enrulado. Haven, que tiene cabello castaño y lacio, lo notó de inmediato. Y es muy probable que yo no haya ayudado en el asunto. No tengo el cabello naturalmente rizado ni rubio, y por esa razón le di mucha importancia a los rulitos dorados de Clancy.

Una mañana, mientras Haven miraba, yo me divertía armando los rulitos de Clancy con gel. Cuando levanté la mirada ví a Haven mirándose al espejo y tirándose del pelo. Más tarde, ese mismo día, se hizo un "corte" de pelo por su cuenta. Me identifiqué con mi hija mayor, así que cuando llevé a Haven a la peluquería para solucionar el daño, le pedí al estilista que también le cortara el cabello a Clancy, al estilo hada traviesa. Sabía que a Clancy no le importaba, y me imaginé que si Haven no podía tener rizos, al menos podría ser la que llevara el cabello más largo.

Lamentablemente, eso no resolvió el problema. Tal vez la cuestión en un comienzo tuvo que ver con el cabello, o quizá se trate del "síndrome del hijo del medio"; lo que fuere, el conflicto no ha sido superado.

EN EL FRENTE DE BATALLA

Como padres caminamos en la cuerda floja cuando tratamos de edificar a uno de nuestros niños sin destruir sin darnos cuenta al otro. Pero aunque seamos muy cuidadosos e intentemos evitar comparaciones odiosas, nuestros niños siempre encontrarán la manera de competir entre ellos. Para tratar de suavizar los efectos de la competencia entre hermanos, Steve y yo alentamos a cada uno de nuestros hijos a descubrir su propio "nicho", o sea aquellas aptitudes en las que se destaca y dentro de las cuales puede estar entre los mejores. Los animamos a desarrollar sus habilidades, un hobby, o alguna actividad. Cuando a los niños se los reconoce por algo positivo que hacen, resulta menos probable que anden tratando de llamar la atención a través de acciones negativas. En nuestra familia lo llamamos un "conflicto de carbón y brasas", basándonos en Proverbios 26.21. Steve y yo siempre nos damos cuenta cuando Haven se siente insegura. Comienza a agraviar a su hermano y a su hermana. Cuando tengo el tiempo, las energías, y la capacidad de meditarlo con anticipación, la llevo a un costado y le brindo apoyo.

Por supuesto, la culpa no está sólo del lado de Haven. A mis tres hijos parece encantarles agraviarse unos a los otros. Imagino que se trata de una cuestión que afecta a todos los niños. Los chicos deben experimentar alguna sensación de placer o de poder simplemente por molestar al otro. A pesar de que no lo puedo entender, sé que no tengo por qué soportarlo. En algún punto, como padres, tenemos que demarcar con claridad dónde está la línea de batalla, y luego tomar distancia de ella. Siempre trato de no elogiar a uno de los niños sin señalar algo bueno del otro; asimismo, intento "llenar" a cada uno de ellos de amor cuando su "tanque" está vacío. Pero no voy a llevar sobre mis hombros la responsabilidad de realizar las negociaciones de paz en medio de una zona de guerra.

Éstas son las reglas básicas que hemos establecido en nuestra casa: No se puede golpear, morder, patear, tironear del pelo, o llevar a cabo cualquier otra forma de agresión física en venganza o represalia. No se pondrán sobrenombres, ni humillará al otro, ni se permitirá el uso de sarcasmos o de expresiones verbales que lastimen a otra persona. No se podrán hurtar, destruir o tomar prestados sin permiso los objetos de propiedad privada de los demás. El quebrantar estas reglas traerá como resultado castigos, penitencias, interrogatorios o encierro solitario (¡a veces es literal!).

Lamentablemente, como lo he visto en las películas de John Wayne, descubro que aunque se produzca un cese del fuego temporal y todo esté calmo en el frente de batalla, la guerra puede seguir bullendo dentro del corazón de cada niño. Hace poco, Haven y Clancy durmieron en casa de su abuelita, y toda la noche estuvieron empeñadas en una lucha silenciosa. Cuando hablé por teléfono con las niñas a la mañana siguiente, Clancy me informó que su hermana había estado colocando a propósito la parte de los pies de su bolsa de dormir sobre la almohada de Clancy.

"¿Por qué lo hiciese?", le pregunté a Haven cuando se puso al teléfono.

"No lo sé, mami", admitió Haven en un susurro. "Siempre quiero hacer lo bueno, pero termino haciendo lo malo."

El apóstol Pablo se expresó en los mismos términos, y él era un adulto (ver Romanos 7.18). En su carta a la iglesia de Roma, señaló que había una lucha en su interior. Quería obedecer a Dios pero no podía. Pablo no tenía la fortaleza como para ganar esta batalla y, a causa de que somos pecadores, tampoco nosotros. ¡Pero Jesús sí! Él peleó y ganó la batalla en lugar de nuestros hijos cuando murió en la cruz y perdonó sus pecados, y luego les dio a nuestros niños el Espíritu Santo para que puedan alcanzar la victoria al enfrentar sus propios desafíos… aun el desafío de amar a sus molestos hermanos.

La paz resulta posible

Si sentimos que nuestros niños nunca llegarán a estar en paz unos con otros, no desesperemos: con la ayuda de Dios es posible. Como lo explica Pablo en Romanos 8.6: "La mentalidad pecaminosa es muerte, mientras que la mentalidad que proviene del Espíritu es vida y *paz*" (itálicas agregadas). El mismo Espíritu que levantó a Jesús de los muertos está disponible para ayudar a nuestros niños a tener victoria sobre los problemas de su vida.

Debemos enseñarles a nuestros hijos que pueden recurrir a Jesús, en especial cuando se sienten débiles. Cuando Haven siente que está peleando una batalla perdida, hace una breve oración. Aun antes de que sus labios pronuncien las palabras "Jesús, ayúdame", él ya está allí para darle la fortaleza y el poder que la lleva a sobreponerse en su debilidad. Y cuando tropieza, sabe que él estará allí para ayudarla a levantarse.

Una noche, alrededor de un mes antes del cumpleaños número seis de Haven, yo la acompañé a acostarse más temprano; había hostilizado a su hermana todo el día.

Los labios de Haven temblaron. "Mami", dijo sollozando, "siento que siempre voy a los tropiezos".

Le alisé las arrugas de la frente y le dije: "Querida, yo sé que uno tiende a sentirse así. Pero la verdad es que tú andas mucho más en el Espíritu, siguiendo a Dios y guardando sus mandamientos, de lo que sueles tropezar."

Se alivió un poco. "¿Quieres decir que yo ando en el Espíritu el 80 por ciento del tiempo y en la carne sólo el 20 por ciento?"

Arqueé las cejas mientras asentía: "¿Cómo lo descubriste?"

"¡Es fácil!", dijo Haven. "Ocho más dos suman diez. Y ochenta más veinte suman cien."

Pienso que ella alcanzará el cien por ciento en el cielo, y que un 80 por ciento se puede considerar como bastante bueno. ¡Pero deberemos seguir trabajando en el 20 por ciento que resta!

EL PODER DE LA AMISTAD

Como lo mencioné antes, como padres podemos prevenir los conflictos entre hermanos. Tres formas concretas serían: primero, concentrarnos en los aspectos positivos de cada uno de nuestros niños; segundo, no compararlos; y tercero, ayudarlos a desarrollar habilidades en las que puedan estar "entre los mejores". Pero todavía habrá momentos (ese "20 por ciento") en los que los niños sentirán que el olor de una buena pelea resulta demasiado embriagador como para evitarlo. Es dentro de ese escenario donde nosotros tenemos que actuar como árbitros. Puede ser que sólo necesitemos separarlos y enviarlos a distintos rincones. Pero ¿cómo podemos conseguir mantenerlos *fuera* del cuadrilátero?

Dado que resulta mucho más satisfactorio darle una trompada a un enemigo que a un amigo, procuremos fortalecer la amistad entre nuestros hijos. A veces nosotros, en la mesa de la cena, decimos por turno algo positivo sobre cada miembro de la familia: tal vez algo que notamos como particularmente atractivo en esa persona, o tal vez señalamos uno de sus puntos fuertes o algún don que manifiesta tener. La idea es tomar un tiempo para edificarnos unos a otros en amor.

También podemos enseñarles a nuestros niños a demostrar el amor hacia sus hermanos orando por ellos. Cuando acompaño a Clancy a acostarse y Tucker ha actuado con ella como un hermano molesto durante todo el día, yo le digo: "¿Por qué no oras por Tucker esta noche? Realmente ha tenido un día difícil." La oración nos ayuda a ver las cosas en perspectiva y provoca amor por la otra persona.

También podemos buscar o crear oportunidades en las que nuestros niños puedan servirse los unos a los otros. Por ejemplo, cuando estoy ocupada y noto que uno de mis hijos está luchando por realizar algo o me llama para que lo ayude, le sugiero a otro que lo ayude. "¿Haven, puedes ir a ayudar a tu hermanita?" Después le muestro mi aprobación y apoyo, diciéndole que ha sido muy dulce con su hermana.

También podemos fomentar las relaciones de amor entre los chicos cuando los ayudamos a centrarse en las cosas a largo plazo. Contémosles a nuestros niños acerca de los mejores amigos que tuvimos cuando éramos niños, y relatémosles las cosas divertidas que hacíamos juntos. Digámosles entonces que ha pasado un largo tiempo desde que vimos a ese amigo por última vez, o desde que hablamos por teléfono con él. Es bueno explicarles que los amigos son algo fabuloso, pero que la familia dura para siempre. Luego preguntémosles a los niños: "¿Invertirías todo tu esfuerzo en regar y atender una flor que, aunque sea muy bella, dura sólo una temporada? ¿O preferirías dedicar tu tiempo a cultivar un árbol que seguirá creciendo durante toda tu vida, y que te brindará alegría durante la infancia y sombra cuando ya seas viejo?"

A menudo les expreso a mis niñas lo mucho que me gustaría tener una hermana. Les recuerdo que los hermanos y las hermanas son un regalo de Dios, y que debemos recibir con alegría esos regalos. Por supuesto, nuestros niños no aprenden automáticamente a agradecer un regalo costoso; nosotros como padres tenemos que enseñarles. Ésta es una muestra de cómo manejé el asunto cierta vez:

Cuando Tucker comenzó cuarto grado, él y Haven empezaron a pelear como dos gatos callejeros. Intenté todas las tácticas usuales para ayudarlos a llevarse bien, pero nada resultó. Una mañana la situación se salió de madre de manera notable. Me llevé a Tucker (el principal culpable) al piso superior y le expresé mi preocupación.

"Tucker", le dije, "Me preocupa mucho que tú y Haven discutan tanto. Me temo que si los dos no luchan contra esto, sus peleas puedan crear divisiones y causar un daño permanente."

Los ojos de Tucker se abrieron muy grandes. "¿Y cómo hago para detenerme?"

"Bueno", le dije, "Santiago 4.7 dice: '…Sométanse a Dios. Resistan al diablo, y él huirá de ustedes'. Así que la primera cosa que debes hacer es orar y pedirle al Señor que te perdone por dejarte llevar por el impulso de pelear y olvidarte de ser un pacificador."

Una vez que Tucker hubo orado pidiendo el perdón de Dios, yo concluí: "Ahora necesitas orar para que Dios te ayude a resistir el espíritu de división".

"¡Ese es el tipo de oración que me gusta!", señaló animadamente Tucker. "¿Después puedo resistir al espíritu de multiplicación?"

¡Mi hijo el comediante!

A veces me cuesta enseñarles a mis niños el valor de los otros; en otras ocasiones me sorprende descubrir los profundos lazos de amor y amistad que los unen. El mes pasado, Haven y Clancy fueron a una fiesta de cumpleaños con piscina incluida en casa de una amiga. Se trataba de un acontecimiento en el que abundaron los juegos, las competencias y los premios. El año anterior, Haven había ganado la carrera de natación, y quería salir primera otra vez este año. Lo hizo, y yo me quedé extasiada por su proeza.

Clancy, por el otro lado, fue una de las pocas niñas que no participaron de la competencia. "¿Por qué no participaste hoy, querida?", le pregunté al acompañarla a la cama esa noche.

Se encogió de hombros. "No quería hacerlo."

"Pero, ¿por qué?", insistí. "Tú también eres una buena nadadora."

Bajando la voz me confesó: "Tal vez hubiera ganado, y no quería desanimar a Haven."

Emocionada, la rodeé con mis brazos. "Creo que mis dos hijas son la ganadoras", le dije.

Por supuesto, esa clase de compasión y amor no se dan siempre en nuestra casa, y antes de que Tucker y Haven lean esto y me ahorquen o me cuelguen de los pies, déjenme decir que Clancy también ha arrojado sus granadas de vez en cuando. Ha habido ocasiones en que nuestra casa se parece a un campo de batalla de la Tercera Guerra Mundial, y estoy segura de que todos, como padres, nos identificamos con este sentir. Pero no será necesario esperar a que suceda un milagro (o sea una multiplicación de esos momentos que nos parecen escasos y esporádicos) si nuestros niños deciden amarse los unos a los otros.

En la próxima sección de Caja de herramientas presento varias estrategias para promover relaciones sanas y felices entre los hermanos. Si trabajamos con nuestros niños, evitaremos que el conflicto entre hermanos haga una escalada y se convierta en una guerra nuclear; y mantendremos la paz dentro del horizonte familiar.

La Tercera Guerra Mundial:
conflicto entre hermanos

Caja de herramientas

Estrategias para aminorar los conflictos entre hermanos

- He descubierto un par de pequeños "papás" y "mamás" dando vuelta por la casa. Aparecen el tiempo suficiente como para reprender a los otros sobre algún comportamiento que no está permitido. Pero suelen hablar en tonos cortantes. A veces le he dicho a uno de estos padres en miniatura: "¿Acaso eres la mamá de Haven? Parecería por el tono que usas. Así que te pediré que por favor prepares su almuerzo hoy". (Por supuesto, en lugar de esta tarea, podemos incluir aquí cualquier otra que realicemos como padres.)

- Tucker ha aprendido de su padre el arte de delegar. Ésta es una habilidad muy útil que Steve utiliza en la oficina, pero Haven y Clancy no la interpretan de esta manera cuando es su hermano quien la quiere poner en práctica. La denominan tal como ellas la perciben: ser un mandón. "...El que quiera hacerse grande entre ustedes deberá ser su servidor" (Marcos 10.43). Éste es un buen versículo para citar antes de requerirle a este jefe autoproclamado que sirva a su "empleado". Podemos pedirle al que se está haciendo el jefe que le pregunte a sus hermanos. "¿Qué quieren que haga?" ¡Y entonces obliguémoslo a hacerlo!

- Cuando nuestros niños eran pequeños y Tucker tomaba uno de los juguetes de Haven sin pedírselo, yo le permitía a ella ir al cuarto de su hermano y tomar cualquier juguete que quisiera para jugar durante el día.

- Un muchachito llamado Kyle fue a la escuela el primer día de clases llevando una caja de crayones nueva. Otro niño de su clase le sacó la caja y rompió los crayones por la mitad. Esa tarde Kyle volvió a su casa furioso. Su madre lo consoló. Le dijo: "La gente que está quebrantada por dentro, rompe cosas. ¿Por qué no oras por ese niñito?" Podemos hacer esto también entre los hermanos.

Muchas veces les rompemos el corazón a aquellos que más amamos, y los niños deberían aprender a orar por aquellos que aman, en especial cuando alguno de ellos los ha herido.

- Cuando una de mis niñas rompe un juguete de la otra, a ésta se le permite escoger cualquiera de los juguetes de su hermana para reemplazar al que se ha roto.

- Si uno de nuestros hijos tiene un juguete especial, o uno nuevo que no quiere compartir, no forcemos la situación. Pero expliquémosle que puede jugar con ese juguete sólo durante la "hora de silencio", cuando está solo en su cuarto. Si quiere jugar con él durante cualquier otro momento del día, debe tener la disposición a compartirlo. De otro modo, no sería justo para los demás niños tener que sentarse a mirar mientras él juega con algo tan "bueno".

- En cierta ocasión, las cosas se descontrolaron tanto en nuestra casa con esta cuestión de las peleas que yo obligué a los chicos a pasar todo el día sin poder disfrutar del beneficio de la compañía de los demás. A la mañana siguiente, desde el mismo momento en que se levantaron les prohibí hablar, comer o jugar con los otros, y hasta recibieron sus lecciones en distintos cuartos. Al tercer día estaban tan desesperados por volver a estar juntos que pidieron una tregua.

- Una técnica divertida y eficaz para manejar los conflictos entre hermanos consiste en hacer que los niños rían y se diviertan con sus hermanos, aun en medio de sus peleas. Existen muchas formas creativas de lograrlo. Por ejemplo, cuando los niños están peleando o discutiendo, pongamos a los dos uno de cada lado del vidrio de una puerta corrediza con un frasco de limpiador de vidrios y toallas de papel. Lancémosles el desafío de limpiar ese vidrio mientras tratan de hacer reír al otro chico. El que logre mantener una cara seria gana la discusión.

Les sugiero algunas otras ideas: Pidamos a los dos hermanos que se paren "pie contra pie". Que cada uno esté frente al otro, con sus pies tocándose; y que permanezcan así hasta que se les pase el enojo. Y sino enviémoslos a un cuarto y no les permitamos salir hasta que hayan compuesto una canción o una broma con respecto a sus discusiones. También se les puede obligar a que se tomen de las manos (esto resulta muy eficaz cuando se realiza en un lugar público). Finalmente, podemos requerir de los hermanos que se están peleando que paren y canten con una voz de opera: "Te amo, mi hermano (o hermana)". ¡Resulta mucho más divertido reírnos que pelear.

- Usemos un par de esposas de juguete para unir a dos hermanos que no parecen poder llevarse bien. Resulta bastante divertido verlos tratar de comer su cena en esa condición, o de leer un libro, o de sacar la basura, tareas que normalmente les asignamos. Se verán obligados a encontrar una manera de operar en conjunto para poder ser liberados.

- Cuando nuestros niños se traban en una discusión donde los decibeles van subiendo, transfiramos la situación al patio de atrás. Pidámosles a los chicos que se paren en las dos puntas del patio, enfrentados. Luego ordenémosles que se griten el uno al otro "¡Te amo!" durante veinte minutos. Esto liberará una buena parte de la ira reprimida, y es mucho mejor que gritar esas otras palabras que se pueden sentir tentados a lanzarse. Después de eso, permitámosles continuar con la discusión, si así lo desean, pero sin gritar más. Nueve de cada diez veces, toda la energía ya se les ha agotado y se olvidan de los desacuerdos.

- Los abrazos, aun forzados, resultan buenos para hacer que las barreras caigan.

- Cuando el nivel de tensión llega a una meseta de estancamiento, lo mejor es fortalecer las relaciones de amistad. A lo largo del día, cada vez que un hermano se encuentra con el otro, sea que se crucen en el pasillo, o saliendo del baño, o realizando sus tareas, requirámosles que se saluden unos a otros con las palabras "Te amo", y "tú eres mi mejor amigo". Esto suena un poco forzado y generalmente no sale del corazón, pero de alguna manera se produce una diferencia y las peleas se disipan por un rato.

- ¿No resulta sorprendente que dos chicos nos puedan contar historias completamente diferentes sobre un mismo suceso? Cuando esto sucede con los míos, los confino a un mismo cuarto hasta que puedan ponerse de acuerdo dando una misma versión. Esto los obliga a pensar sobre los acontecimientos que en realidad sucedieron, y además cada chico se siente motivado a confesar sus "pecados" para poder salir de una vez de la sala de deliberaciones.

- Las palabras hirientes en general resultan más fáciles de recordar que los elogios. Cuando los hijos de mi amiga Terri se hablan en forma descomedida uno al otro, ella les pide que confeccionen una lista de siete cosas amables que puedan decir de sus hermanos antes de volver a jugar juntos.

- Los viajes en automóvil pueden resultar una tortura cuando se lleva varios chicos. Antes solíamos dibujar una línea imaginaria para separar por la mitad el asiento de atrás, sólo para tener que escuchar: "Él está mirando por mi ventanilla". Así que por la salud mental de Steve y por la mía propia, decidimos comprar un aparato de televisión combinado con una videocasetera que se puede colocar entre las filas de asientos de nuestra camioneta.

Cada uno de los niños tiene un juego de audífonos para sí, de modo que el ambiente se vuelve apacible, y nos permite a Steve y a mí mantener una conversación sin interrupciones.

- Cuando nuestros niños eran pequeños (y antes de instalar en el automóvil el televisor con videocasetera), solíamos escuchar casetes de historias y canciones tomadas de la Biblia cada vez que subíamos al auto. Esto nos ayudaba a todos a desarrollar pensamientos positivos.

- Después de años de resistirnos a ello, les permití a los padres de Steve regalarle a cada uno de los niños un juego Game Boy para Navidad. Sólo pueden jugar con ellos cuando viajamos en automóvil, en el consultorio del médico o en los restaurantes, pero han resultado una diversión tan eficaz que me pregunto por qué no los acepté antes.

- Cuando las acciones de Tucker no reflejaban amor hacia sus hermanas, yo imprimía cinco diferentes versiones de 1 Corintios 13 (el capítulo sobre el amor) y se las hacía leer en voz alta. Por supuesto, a mitad de su lectura todos estábamos histéricos a causa de que leía cada traducción con una voz diferente. Sin embargo, instalaba la verdad en su corazón. (¡Si tan sólo se transfiriese a sus acciones!)

  Otra manera de fomentar el amor de un niño por sus hermanos es hacerle leer 1 Corintios 13 en voz alta, insertando su nombre en todos los lugares en que aparece la palabra "amor". (Por ejemplo, "Tucker" es paciente, "Tucker" es benigno, y así en los demás casos.)

- Cuando escuchamos a nuestros hijos discutir, acerquémonos lo suficiente como para que sepan que los estamos oyendo. Digámosles que les daremos algunos minutos más para que solucionen las cosas por ellos mismos. Pero si no consiguen hacerlo, nosotros las solucionaremos, y no resultará divertido para ninguno de los dos niños.

- Cuando los niños pelean, digamos en voz lo suficientemente alta como para que nos escuchen: "Espero que lo que oigo no sean riñas y lloriqueos". Esto debería detenerlos de inmediato, dado que conocen nuestra teoría: Los chicos alborotan porque no tienen suficientes actividades que realizar; ¡los niños que pelean deben ser puestos a trabajar!

- Yo les pongo una multa de un dólar a los hermanos mayores que molestan o juegan con demasiada brusquedad con los menores. Lo que les causa más dolor es que los hago pagarle la multa al más pequeño y no a mí.

- A los muchachos les encanta luchar. Sé que esto es normal, pero a veces se sale de cauce. Cuando suceda, enviémoslos a un "lugar de penitencia". Puede tratarse de un banco en el que tengan que permanecer sentados por actuar con una rudeza innecesaria, o simplemente un lugar donde se calmen luego de que han ignorado nuestra sugerencia de dejar que las cosas se "enfríen".

- Si tenemos un hijo que insiste en dirimir las disputas con los puños, comprémosle un par de guantes de boxeo. La próxima vez que parezca querer "arreglar las cosas a los puñetazos", saquemos los guantes y pongámoselos. Y no le permitamos sacárselos durante el resto del día. Esto hará que tareas simples como comer su cena, lavarse los dientes y ponerse un pijama resulten bastante difíciles. Inclusive podemos tostar palomitas de maíz para comer luego de la cena. (Eso sí, ¡asegurémonos de encender la vídeocámara!)

- Una regla que tenemos en nuestra casa es que no pueden jugar con sus amigos si los tratan mejor que a la propia familia. Si uno de los niños invita a un amigo, no necesariamente tiene que incluir a sus hermanos en todo lo que hagan, pero sí deben tratarlos con amabilidad. Si no los tratan con cortesía, el amigo tiene que irse a su casa.

- Si mis hijas consiguen llevarse bien y son "bondadosas y compasivas una con otra" (ver Efesios 4.32) durante siete días seguidos, pueden invitar a una amiga a dormir en casa. Cuando discuten, se pellizcan, o se tratan con impertinencia, el reloj vuelve al día uno.

- Considero mi responsabilidad crear un medio ambiente apacible para mi familia; no me gustan los conflictos en la casa. Cuando mis niños riñen, les explico esto: si no son capaces de relacionarse cooperando el uno con el otro, entonces deben jugar en el patio exterior, aunque la temperatura sea de 1 grado o de 40. Por supuesto, en días con esas temperaturas ellos logran ponerse de acuerdo con mayor celeridad.

- Muchos conflictos entre hermanos se pueden evitar antes de que comiencen si establecemos quién es "el niño del día". (Esto se debe determinar por anticipado, tal vez escogiendo las fechas correspondientes dentro de cada mes.) Los privilegios especiales que se le concedan pueden incluir el sentarse adelante en el automóvil, ser el que opere el control remoto durante los programas de dibujos animados, y también el que responda el teléfono durante todo el día.

- Muchas veces cuando uno de mis hijos lastima a un hermano accidentalmente, a propósito, o "sin querer queriendo" (accidentalmente a propósito), el agresor está tan preocupado por correr hacia adentro de la casa y explicar por qué no debió haberse metido en problemas, que el herido queda tirado en el polvo. Yo he tenido que llevar a mis hijos a través de los pasos de la compasión.

Primero debe volver hasta dónde está el niño lastimado y preguntarle: "¿Estás bien? ¿Quieres que te traiga algo?" A continuación, le proveerá una bolsita tipo Ziploc con hielo para colocar
en el lugar que le duele, o le frotará suavemente el área golpeada.
Una oración sería lo más adecuado para redondear las cosas,
pero yo me conformo con un pedido de perdón sincero, aunque
en verdad se haya tratado de un accidente.

- Somos conscientes de lo mucho que nos desgastan las riñas.
  Resulta muy estresante escuchar peleas todo el día. La próxima
  vez que nuestros niños no logren llevarse bien y estemos al límite
  de nuestra tolerancia, llamémoslos para realizar algo de control
  de daños. Asignemos a uno de ellos al cuello y hombros, otro a
  los pies y otro a las manos. Su tarea consistirá en hacernos masajes para distender la tensión que sus disputas hayan transmitido
  a nuestros músculos ya desgastados. Esto los pondrá a trabajar
  juntos por el bien de mamá y producirá una unidad temporal
  donde sólo había división. (En realidad, se trata de una racional-
  ización semiespiritual para conseguir que nos hagan masajes.)

- ¡Píldoras de disculpas! Cuando se acerque el día de San Valentín,
  compremos un par de bolsas extra de caramelos en forma de
  corazón. Guardémoslos en uno de los cajones de la cocina, y
  cuando uno de nuestros niños necesite agitar la bandera blanca
  del perdón, puede dejar un corazoncito sobre la cómoda o en la
  mesita de luz del cuarto de su hermano. Puede tratarse de un
  pedido de disculpas velado, y no hecho cara a cara o de rodillas,
  pero constituye la forma más fácil de lograr que los chicos
  adquieran el hábito de dar el primer paso en una iniciativa
  humilde de pedir perdón.

- Cuando salimos con los niños en un viaje largo, démosle a cada uno una cantidad de monedas de 25 centavos (en total unos diez dólares) en una bolsa de plástico transparente tipo Ziploc. Cada vez que se peleen uno con otro, deberán pagarnos 25 centavos. Una vez que lleguemos a destino, el dinero que les quede en la bolsa será suyo para comprar presentes.

- ¡Qué poder tiene la alabanza! ¿No nos pasa muchas veces que sentimos que estamos regañando a los niños todo el tiempo por sus disputas? ¿No nos gustaría más cantar sus alabanzas? Intentemos lo siguiente: en lugar de reprender al que está causando el conflicto, elogiemos a aquel que juega sin pelear. A los niños les gusta que se los tome en cuenta cuando muestran un buen comportamiento y que se los destaque por ello. Tal vez la recompensa de recibir las alabanzas de mamá surta el efecto de mantener la paz en el ambiente.

- Me encantó una idea que me pasó una maestra de primer grado. No veo la hora de poder usarla en casa con mis pequeños "locutores". La maestra me explicó que tiene su clase llena de amigos de los locutores de la CNN, a los que les encanta chismear. Han realizado debates sobre la diferencia que hay entre pasar un chisme y dar un informe. (Por ejemplo, alguien chismea cuando otro desobedece y él lo dice, y alguien informa cuando otro se ha lastimado y lo hace saber). En un intento por cortar de raíz la chismografía, les ha solicitado a los chismosos que completen un "informe de chismes". Debe estar escrito a mano por el niño con su mejor caligrafía y contener la menor cantidad de errores ortográficos posible. Luego que la maestra lo lee y corrige los errores, el alumno tiene que volver a copiar el informe. Esta práctica ha reducido considerablemente la cantidad de chismorreos innecesarios.

- Nuestro pastor nos ha enseñado por años que si uno quiere ser líder debe practicar siendo siervo. Éste es un principio excelente para enseñar en casa cuando tenemos más de un niño. "¿Puedo empujar el carrito de los comestibles?" "¡Tú lo empujaste la última vez!" "¡Nooo, es mi turno!" ¿Nos suena conocido? Podríamos elegir a uno de los niños como el *líder del día*. A él le correspondería buscar la correspondencia, abrir la puerta con las llaves de mamá, empujar el carrito de las compras, elegir los cereales a comprar, y todas aquellas otras cosas que ellos consideran un privilegio. El reverso de la situación es que el líder también tendría que lavar los platos de la cena, doblar la ropa lavada, bañarse último, y realizar otras acciones amables que pudieran surgir.

- ¿Cuál será la razón por la que los viajes en automóvil hacen aflorar en nuestros niños sus peores conductas? La próxima vez que los niños comiencen a discutir dentro del auto, busquemos un lugar donde estacionarnos. Entonces hagámoslos bajar del automóvil y solucionar sus diferencias. Tal vez queden totalmente sorprendidos y dejen de lado la discusión al momento; de lo contrario deberán salir y soportar las inclemencias del tiempo, y se darán cuenta de que sea lo que fuere que discuten no es tan importante como el aire acondicionado o la calefacción que disfrutan dentro del auto. Resulta sorprendente la rapidez con la que determinan darse una tregua.

- Una buena manera de acabar con las discusiones acerca de quién recibió el trozo más grande cuando repartimos algo de comer es permitir que uno de los niños divida las porciones y el otro elija el primer pedazo.

- He recibido el siguiente e-mail de un padre muy creativo: "Mi hija mayor tomó un juguete de su hermano sin pedirle permiso y se puso a jugar con él. Cuando él la vio, le pidió de buena manera que se lo regresara. Como ella no dio respuesta a su pedido, la cosa se puso fea. Entonces intervine y le pregunté por qué había tomado el juguete sin pedirlo y ahora no quería devolverlo. Me dijo: 'Porque él no estaba jugando con ese juguete, y la única razón por la que lo quiere ahora es porque yo lo estoy usando'. Le dije que me parecía una regla lógica y que la deberíamos implementar de inmediato. Entonces le pedí a su hermano que por favor fuera al cuarto de ella y tomara cualquier juguete que ella no estuviera usando de momento." ¡Imagino que esa nueva regla no ha sido implementada en demasiadas ocasiones desde entonces!

- Otra mamá sugirió que tal vez sería bueno darles a los niños que están en medio de una disputa la oportunidad de aclarar las cosas por ellos mismos y solucionar su conflicto, a menos que quieran darle un mordisquito a un rábano picante que les sirva para "despejar los aires".

Sugerencias bíblicas que nos ayudan
- Mateo 5.9: "Dichosos los que trabajan por la paz, porque serán llamados hijos de Dios."

   Desde que mis hijos eran pequeños he enfatizado mucho la necesidad de ser pacificadores. Para lograr que a nuestros niños se les grabe este punto, coloquemos un rompecabezas para armar en una mesita en algún rincón. Cada vez que notamos que alguno de los niños actúa como un pacificador, permitámosle colocar una de las piezas del rompecabezas. Luego expliquémosles que Jesús quiere que estemos unidos, tal como quedará el rompecabezas al final, y que vivamos en armonía. Son muchas las piezas del rompecabezas que deberán juntarse antes de que tengamos un cuadro medianamente acabado; del mismo modo, es necesario que todos nosotros trabajemos juntos en paz para llegar a componer todo el cuadro que Dios quiere mostrar a este mundo fragmentado.

- Lucas 17.1-2: "Los tropiezos son inevitables, pero ¡ay de aquel que los ocasiona! Más le valdría ser arrojado al mar con una piedra de molino atada al cuello, que servir de tropiezo a uno solo de estos pequeños."

  ¿Tenemos alguna de esas pesas que se colocan en las muñecas o en los tobillos para hacer ejercicios? Coloquémoselas alrededor del tobillo como castigo a aquel niño que esté siendo un mal ejemplo para sus hermanos menores.

- Mateo 20.28: "El Hijo del hombre no vino para que le sirvan, sino para servir y para dar su vida en rescate por muchos."

  De vez en cuando hagamos que uno de los niños actúe como el siervo de sus hermanos. Presentémoslo como un privilegio. Como la oportunidad de parecerse más a Jesús. El que sea designado siervo preparará y servirá el desayuno, abrirá las puertas del automóvil, recogerá los juguetes de los otros niños, y realizará cualquier otra cosa que pueda para mostrar su amor por la familia. Recordemos a los niños que están siendo servidos que existe diferencia entre un esclavo y un siervo. A los niños no se les permitirá darle órdenes al siervo; él decidirá como servir a la familia. Este ejercicio no sólo crea conciencia en los niños acerca del servicio a los demás, sino que construye la relación entre los hermanos.

- Romanos 12.20-21: "Si tu enemigo tiene hambre, dale de comer; si tiene sed, dale de beber. Actuando así, harás que se avergüence de su conducta. No te dejes vencer por el mal; al contrario, vence el mal con el bien."

Relájense. No voy a sugerir que reúnan un balde de carbones encendidos. Lo que quiero proponer es que la próxima vez que un "chismoso" se cruce con nosotros, lo ayudemos a preparar una bandeja de deliciosos bocadillos para servir a la persona que lo está hostigando. Probablemente no se trate de la venganza que nuestro niño tiene en mente, pero siempre podemos consolarlo asegurándole que lo "está matando con su amabilidad", como solía decir mi abuela.

- Efesios 4.1-3: "… les ruego que vivan… siempre humildes y amables, pacientes, tolerantes unos con otros en amor. Esfuércense por mantener la unidad del Espíritu mediante el vínculo de la paz."

Atémosles los tobillos juntos a dos hermanos que se pelean, como si estuviesen a punto de correr una carrera de "tres pies", y no les permitamos separarse hasta que la cuestión esté resuelta u olvidada.

- Aquí les ofrezco una manera de *torturar* a nuestros niños hasta que decidan llevarse bien. Cada vez que los escuchemos pelear, comencemos a cantar un versículo Bíblico que hable de amarnos los unos a los otros. Mi texto favorito es Efesios 4.32: "Sean bondadosos y compasivos unos con otros, y perdónense mutuamente, así como Dios los perdonó a ustedes en Cristo." Y también me gusta el de Salmos 133.1, que dice: "¡Cuán bueno y cuán agradable es que los hermanos convivan en armonía!"

- Santiago 3.18: "El fruto de la justicia se siembra en paz para los que hacen la paz."

Las semillas de girasol están de última moda en los campos de juego de pelota de las pequeñas ligas. No soporto cuando las comen porque encuentro cáscaras en la camioneta durante cuatro días. En cierta ocasión, compré una bolsa de ellas en un negocio y les dije a mis niños que podrían comer todas las que quisieran cuando llegáramos a casa, pero que tendrían que ganárselas. Las llamé "las semillas de la paz" y les dije que durante el resto del día les entregaría semillas cada vez que notara que uno de ellos actuaba como un pacificador. ¡Fue un domingo glorioso!

- Proverbios 17.1: "Más vale comer pan duro donde hay concordia que hacer banquete donde hay discordia."

  Este versículo obra maravillas solucionando discordias en la mesa de la cena. Simplemente hay que quitar los platos de los que discuten y reemplazarlos por trozos de pan duro sobre una servilleta. Utilicemos nuestro propio criterio para determinar si servirles luego la cena a los que se peleaban.

- Proverbios 18.18: "El echar suertes pone fin a los litigios y decide entre las partes en pugna."

  Mantengamos algunos dados a mano para esas ocasiones en que no tenemos tiempo para ser jueces "justos y cabales". Abreviemos la cuestión diciendo: "De acuerdo. El que saque el número menor gana la discusión. Fin de la historia."

- Al comenzar el día podemos armar una pequeña casa con fichas del LEGO con cada uno de los niños, mientras les enseñamos Marcos 3.25: "Si una familia está dividida contra sí misma, esa familia no puede mantenerse en pie." Entonces, a lo largo del día, cada vez que uno de ellos diga algo que cause división dentro del hogar, ese niño deberá quitar una de las piezas de LEGO con las que se construyó su casita. Y a la inversa, cuando uno de los niños elija ser un pacificador y producir unidad dentro del hogar, se le devolverá una de las piezas que ha perdido. Al finalizar el día, aquel cuya casa tenga la mayor cantidad de piezas recibirá un premio.

Capítulo 8

Las verdades de Dios que parecen estar al revés

Yo estaba muy contenta armando mi álbum de recortes en el comedor, con la mesa tapada por pilas de cosas, seleccionando las fotos a incluir en el álbum de aniversario de los 50 años de casados de mis suegros. Faltaban sólo unos pocos días para la celebración, y todavía tenía que documentar una década. Me sentía agradecida por poder contar con aquellos minutos de paz. Apenas había completado dos paginas cuando Haven hizo irrupción desde el patio.

"Mami", se quejó, "¡Tucker me arrojó su guante y casi me golpea!"

Eso no era algo que yo quería enfrentar al en ese momento. Suspiré y dije: "Está bien". Me levanté de la mesa y empujé la puerta que daba al patio. "Tucker", dije, "por favor, ven aquí."

Tucker, con la cara roja, arremetió contra ella. "¡Fue su culpa!", dijo inmediatamente.

Frunciendo el ceño, Haven sacudió la cabeza. "¡No! ¡No es así!" Me miró. "¡Mamá, no lo escuches!"

Ignorando sus ruegos, señalé hacia el sofá y les dije: "Quiero que los dos vengan y se sienten allí". En condiciones normales hubiera pedido a Haven que me contara su versión de la historia, y luego le hubiera concedido a Tucker un privilegio semejante. Pero hoy no estaba de humor como para escuchar largos alegatos. En lugar de eso, les arrojé la pelota con efecto.

Una vez que se hubieron sentado el uno junto al otro, pregunté: "Haven, ¿cuál fue tu pecado?"

Quedó boquiabierta por la sorpresa. "¡Ninguno!", declaró. "Él trató de golpearme."

"No te pregunté cuál fue su pecado, sino cuál fue el *tuyo*", le recordé.

Cruzó los brazos y susurró: "Arrojé la pelota por encima de la cerca cuando era su turno de batear".

Me volví hacia mi hijo. "Y, Tucker, ¿cuál fue tu pecado?"

"Yo ssólo lancé mi guante hacia ella porque ella…"

"No te pregunté lo que *ella* hizo", lo corté.

"Está bien. Yo le arrojé mi guante." Se hundió hacia atrás en el sofá.

Satisfecha, escruté a mis pequeños y comencé: "En Lucas 6.41, Jesús les preguntó a sus seguidores: "¿Por qué te fijas en la astilla que tiene tu hermano en el ojo y no le das importancia a la viga que tienes en el tuyo?" Los miré fijamente a los ojos antes de continuar. "Yo interpreto esto como que ustedes necesitan echar una mirada al pecado que hay en sus propias vidas antes de venir chismeando acerca de lo que algún otro ha hecho mal", señalé. "Haven, creo que debes pedirle a Tucker que te perdone por la viga que tienes en tu ojo. Y tú, Tucker, necesitas pedirle perdón a Haven por la astilla que tienes en el tuyo."

Aunque reacios, me complacieron. Entonces los envié de nuevo afuera con la advertencia de que no quería escuchar más peleas. Estaba muy deseosa de aprovechar algunos minutos más para trabajar en mi álbum de fotos.

Desde que mis chicos eran pequeños, he intentado enseñarles como manejar los conflictos de manera adecuada. (¡Obviamente, como esta historia lo revela, mis palabras sabias no siempre penetran en su interior!) Hay un principio a tener en cuenta: Cuando sienten que alguien ha pecado contra ellos, tienen la posibilidad de elegir entre tres opciones: 1) Se pueden enojar y pecar contra el otro ellos también; 2) Pueden apelar a una autoridad (papá o mamá) en busca de justicia (pero sólo luego de haber hablado verdad en amor con esa persona, porque si el ofensor se arrepiente, deben perdonarlo y olvidar); 3) Pueden perdonar desinteresadamente al ofensor y "poner la otra mejilla".

Siempre les digo a mis chicos que si eligen la primera opción y pecan ellos también, recibirán castigo junto con el primer ofensor, si es que corresponde. Si eligen la opción número dos (apelar a una 'autoridad' luego de tratar de hacer las paces), recibirán una bendición temporal: que se les haga justicia en la tierra sin tener que recibir corrección. Pero si eligen la tercera opción (que constituye la respuesta a la pregunta "¿Qué hubiera hecho Jesús?"), recibirán recompensa tanto en la tierra como en el cielo. De mi parte y de la de Steve, recibirán abrazos, besos y la primera porción de postre (¡la más grande también); pero de parte de Dios obtendrán las más ricas bendiciones del cielo.

Nuestros niños pueden considerar como una cuestión extraña o contrapuesta elegir la opción menos egoísta y amar a la persona que les ha hecho mal. Es cierto; puede parecer raro ante los ojos del mundo, pero esa es la manera en que opera Dios. El conduce un reino en el que las cosas son al revés. Y si podemos enseñarles a nuestros hijos los principios de Dios (que aparentemente están patas para arriba) mientras son niños, tendrán buenas posibilidades de descubrir que en realidad es el *mundo* el que marcha al revés.

Inculquemos las verdades de Dios que parecen estar "patas para arriba"

A través de todo el Nuevo Testamento, Jesús nos enseña que cuando elegimos "perder" es en realidad cuando "ganamos". O sea, que cuando determinamos sacrificar nuestro orgullo, dinero, juguetes o programas para obedecer los mandamientos de Dios, él multiplica aquello que hemos perdido hasta el infinito. Sus bendiciones en el cielo no se pueden comparar con nada que podamos recibir en la tierra. Estas paradojas de fe aparecen a través de toda la Biblia. Aquí incluyo tres de ellas: "… el que quiera hacerse grande entre ustedes deberá ser su servidor" (Mateo 20.26); "Si alguno de ustedes se cree sabio según las normas de esta época, hágase ignorante para así llegar a ser sabio" (1 Corintios 3.18); "… porque cuando soy débil, entonces soy fuerte" (2 Corintios 12.10b).

Si pensamos que sólo un niño puede tragarse esa clase de lógica, estamos en lo cierto. Jesús también lo creía así. Por eso les dijo a sus discípulos: "… a menos que ustedes cambien y se vuelvan como niños, no entrarán en el reino de los cielos" (Mateo 18.3). Nuestros niños necesitan saber que las palabras de Dios también fueron escritas para ellos, y no sólo para mamá y papá. Y no me refiero simplemente a las historias de la escuela dominical como "Jonás y la ballena" y "Daniel en el foso de los leones". Esas constituyen grandes lecciones, pero es muy probable que ya nuestros niños las conozcan de memoria.

¡Lancémonos a la aventura! No tenemos que confinar toda la enseñanza a la escuela dominical. ¿Cuál ha sido el mensaje principal de nuestro pastor en el último tiempo? Enseñémoselos a nuestros niños durante el almuerzo del domingo. O compremos el casete y hagámoselos escuchar antes de ir a dormir. Créase o no, Tucker ha escuchado los sermones del pastor Jack Hayford desde que tenía cuatro años. El pastor Jack muchas veces desborda mi capacidad de comprensión, pero Tucker lo ama. Nunca desestimemos lo que nuestros niños pueden llegar a captar. ¿Qué nos enseñó el Señor en nuestro tiempo devocional esta mañana? Participémoselos a los niños en el desayuno. Ellos también deben confrontar cuestiones como la ira, la codicia y el temor.

Resulta imperativo que les mostremos la verdad porque nuestros niños crecen en un mundo que los alimenta con mentiras todos los días. La mayor parte de lo que la sociedad enseña está en directa oposición con las verdades de Dios. En el libro de Mateo, Jesús dice que aquellos que están tristes, son humildes, misericordiosos, pobres en espíritu y pacificadores heredarán el reino de Dios. No se parecen en nada a la gente agresiva, popular, poderosa, confiada en sí misma y próspera que el mundo coloca sobre los pedestales.

Nuestros niños necesitan comprender que los verdaderos logros y la verdadera alegría vienen de Dios, y sólo por vivir según sus principios, que aparentemente están patas para arriba. A través de todo este capítulo, quiero subrayar varios conceptos que debemos inculcar en nuestros niños, tales como vivir separados del mundo, dominar la lengua, practicar la regla de oro, y cultivar un espíritu generoso. Al enseñarles a nuestros hijos a abrazar estas verdades bíblicas complejas y medulares, los ayudamos a prepararse mejor para vivir su fe en un mundo loco y arrevesado.

SER SAL Y LUZ IMPLICA SER DIFERENTES

La Biblia señala que los cristianos deben esperar oposición y presiones de parte de sus pares, y aún aceptarlas (Mateo 5.11). Así que preparemos a nuestros niños desde bien pequeños para enfrentar la persecución que seguramente deberán soportar. Advirtámosles que pueden ser burlados por ir a la iglesia; tal vez los llamen "gallinas" por decidir no participar en aquellas cosas que sabemos que son erradas; y quizás los dejen de lado por no mirar ciertos programas de televisión o determinadas películas. Recordémosles a nuestros niños que si son perseguidos por seguir a Dios y separarse de la suciedad del mundo, resultarán ricamente bendecidos después, en el cielo (Mateo 5.12). Ésa es la promesa de Dios para sus hijos, y nuestros niños no quedarán exceptuados de ella.

Aun a esta edad, nuestros pequeñitos influyen sobre su mundo. Sus amigos y vecinos pueden ver que hay algo diferente en ellos. Así que asegurémosles que es bueno ser diferentes. Si ellos han reconocido a Jesús como Señor, han sido "santificados" (o sea, separados) por Dios, según lo dice 1 Corintios 6.11. El Señor del Universo los considera especiales. Enseñemos a nuestros niños esta verdad, no para que se sientan orgullosos, sino para edificarlos antes de que el mundo intente destruirlos.

¿Cómo podemos enseñarles a nuestros niños a vivir separados para Dios? No toleremos nada en la vida de nuestros hijos que pueda dañar su relación con Dios, aun si esto implica prohibir algunas cosas aparentemente "buenas". No tengo nada en contra de la televisión; de hecho, tiene un lugar especial en mi corazón. Pero si la televisión influye sobre nuestros hijos para inclinarlos hacia la codicia, hacia la lujuria, o hacia la impertinencia, es mejor apagarla. El mismo criterio resulta válido con respecto a Internet, los vídeos, los libros, y otros objetos de esparcimiento semejantes. Todas estas cosas pueden ser muy divertidas, pero si tientan a nuestros hijos a pecar, no vale la pena correr el riesgo.

Usemos los mismos principios en cuanto a sus amistades. Por ser sus padres, podemos elegir con cuidado aquellos amigos con los que han de jugar. Es nuestra responsabilidad protegerlos cuando son pequeños. Así que observemos a todos los compañeros de juegos de nuestros niños. ¿Qué clase de lenguaje utilizan? ¿Son amables? ¿Cómo tratan a sus padres? Estas cuestiones resultan importantes porque los amigos ejercen influencia sobre nuestros pequeños, sea para bien o para mal.

Como familia, somos afortunados por contar con un callejón sin salida a la vuelta de la esquina en el que juega una cantidad de niños estupendos; Steve y yo conocemos a cada una de las nueve familias que ellos representan. Asegurémonos de conocer a los niños y a sus familias antes de permitir que nuestros hijos anden trotando por ahí con los lindos niñitos de nuestros vecinos. Uno nunca sabe que clase de cosas pueden suceder en cada casa.

A medida que nuestros niños crecen, entrenémoslos para que aprendan a elegir sus amigos con criterio. Enseñémosles, como Jesús nos enseñó a nosotros, a reconocer a las personas por sus frutos, buenos o malos. Yo me he propuesto hablar abiertamente con mis niños acerca de aquellos niños con los que ellos desean trabar amistad, y como resultado he visto que son muy cuidadosos con respecto a los amigos que escogen. En cierta ocasión, cuando Tucker tenía cinco años, lo llevé en automóvil a la casa de un amigo con quien iba a jugar. Me gustaba el muchachito y también su familia. Pero sabía que eran bastante indulgentes en cuanto a las elecciones que le permitían realizar al niño.

"Tucker", le advertí cuando nos acercábamos a la casa, "no andes en cosas que sabes en tu corazón que no son sabias. Recuerda que Proverbios 13.20 dice: 'El que con sabios anda, sabio se vuelve; el que con necios se junta, saldrá mal parado'".

Asintió. "Lo sé, mami", dijo tratando de tranquilizarme. "A veces Spencer (no es éste su nombre real) dice y hace cosas necias, y yo no debo empezar a hacerlas con él. Así que le diré: 'Mi mamá me dice que puedo venir aquí, pero que no debería ser un necio como tú'".

Hice una mueca. "Bueno…, ¡yo no usaría esas palabras precisamente!"

Tal vez necesitaba dedicarme más a formar esa lengua y a hacerlo practicar la discreción.

ENTRENAR LA LENGUA EN EL HABLAR BIEN

Hablando de dominar la lengua, éste es el próximo principio aparentemente patas para arriba del que quiero hablar. Resulta ineludible que enseñemos a nuestros niños, en especial mientras son pequeños, lo poderosas que son las palabras y por qué resulta tan importante que las usemos para transmitir bien y no mal. Sin embargo, dado que el mundo alienta la mentira, las maldiciones, la murmuración, los insultos y el sarcasmo, este principio puede resultar algo difícil de inculcar.

La Biblia habla mucho acerca de la capacidad que tiene la lengua para producir vida o muerte. A través de todo el Nuevo Testamento Jesús nos manda hablar palabras llenas de bondad, verdad, amor y fe. Tenemos que glorificar a Dios con palabras que edifiquen a los demás. Y Jesús lo dice en serio. A tal punto, que nos advierte: "Cualquiera que diga 'necio' a su hermano, será culpable ante el Concilio; y cualquiera que le diga 'fatuo', quedará expuesto al infierno de fuego." (Mateo 5.22, Reina Valera 1995).

Mis niños tenían la costumbre de ponerse apodos, así que ese versículo en particular captó mi atención. Cuando lo leí por primera vez, pensé: *¿Sólo por llamar a alguien necio mis niños se pueden enfrentar al peligro del fuego del infierno? ¿Jesús no estará exagerando un poco?* Por concederle el beneficio de la duda, estudié este versículo un poco más en profundidad. Después de orar y leer, me di cuenta de que Jesús no estaba diciendo que la pequeña Clancy se iba a ir al infierno si le decía "necio" a su hermano. Más bien nos estaba recordando que en el día del juicio todos tendríamos que dar razón de cada palabra descuidada que hubiéramos pronunciado (Mateo 12.36-37). ¡Yo desciendo de una familia de grandes conversadores, así que esta escritura me hace subir escalofríos por la columna vertebral!

¿Cómo podemos poner en práctica este mandamiento de Dios, que parece estar de cabeza, y llegar a hablar sólo palabras positivas? Proverbios 18.7 declara: "La boca del necio es su perdición; sus labios son para él una trampa mortal". Escuchemos con atención a nuestros niños para detectar aquellas trampas que, inconcientemente ellos mismos, puedan tenderles a sus propias almas cuando hablan palabras descuidadas. El "¡No soy capaz de hacer nada bien!", dicho a partir del desaliento, debe reemplazarse por el "Todo lo puedo en Cristo que me fortalece", de Filipenses 4.13. Las palabras "¡Te odio!" nunca deben quedar suspendidas en el aire con la posibilidad de causar estragos en el futuro. Cuando las cosas se enfríen un poquito, la trampa debe desactivarse con las palabras: "Te amo. ¿Me perdonas?"

Apenas nuestros pequeñitos puedan pronunciar las palabras: "Lo siento", deberíamos instruirlos para que las digan cuando le hacen mal a alguien. Sin embargo, a medida que van creciendo, el "lo siento" no siempre significa mucho. Se vuelven más listos y descubren que resulta fácil decir esas palabras para aplacar a mamá, y no porque en realidad estén arrepentidos.

Un día, cuando Tucker tenía unos cuatro años, accidentalmente le pisó un pie a Haven. Pronto resultó obvio que él no planeaba decir nada, así que lo reprendí. "Tucker, pídele perdón a tu hermana. Le has pisado el pie."

Sin quitar los ojos del vídeo que estaba mirando, dijo: "Lo siento, Haven".

Me puse las manos en la cintura, decepcionada. "Dilo como si en realidad lo sintieras", le ordené. "¿Dónde está el amor dentro de ese corazón?"

Lo pensó por un segundo y luego respondió: "Bueno, lo tengo afuera, a un costado de mi corazón".

¿Se dan cuenta por qué yo espero más que un simple "lo siento"?

Pero vayamos un paso más adelante en el análisis del mandamiento de Jesús. Si en verdad queremos que nuestros niños aprendan a usar sus palabras para bien, debemos enseñarles que tomen la iniciativa en la reconciliación. Y nada puede parecer más sin sentido que instruir a nuestros pequeñitos para que sean rápidos en admitir sus errores y pedir perdón. Enseñémosles a ser específicos en el pedido de disculpas: "Por favor, perdóname por (llenar con lo que corresponda). Yo estuve mal." Esto le muestra con claridad a la otra persona que el ofensor sabe perfectamente que la ha herido. Además, la confesión realmente le hace bien a nuestra alma.

A Haven esta enseñanza se le ha fijado sin darse cuenta. Cada vez que alguien entra por la puerta de atrás para contarme algo, Haven se presenta, e implora: "¡Lo lamento! ¡Lo lamento! ¡Por favor, perdóname!"

La mayor parte de las veces, el que viene a acusarla procura ignorarla porque preferiría ver que le dieran "su merecido". Pero antes de responder al otro niño, yo pregunto: "Haven, ¿querías decirnos algo?"

Si ella pide perdón sinceramente y se corrige, me doy por satisfecha. "Fue fácil, ¿han visto?", les digo. "Ahora vayan y jueguen, y la próxima vez, traten de solucionar las cosas entre ustedes."

CÓMO VIVIR POR LA REGLA DE ORO

¡La regla de oro! No sé si existe una escritura más apropiada para enseñarles a nuestros niños. Y en un mundo competitivo como el nuestro, que se rige por el egoísmo, el principio de poner a los otros antes que a nosotros mismo realmente parece patas para arriba.

Aun cuando nuestros niños eran muy pequeñitos, Steve y yo tratamos de enseñarles a vivir guiándose por la regla de oro. Descubrimos que la forma más fácil y eficaz de hacerlo era cuando se peleaban por un juguete. Una vez Clancy, por ejemplo, le arrebató la muñeca a Haven. No les dijimos: "Bien, ¿quién tenía la muñeca primero?", o "¿A quién le pertenece el juguete en realidad?", ni tampoco les aconsejamos: "Juega con ella cinco minutos y luego permítele a tu hermana jugar cinco minutos". Steve y yo ya les habíamos estado enseñando a los niños el mandamiento de Jesús que señala: "Al que te pida, dale; y al que quiera tomar de ti prestado, no le vuelvas la espalda" (Mateo 5.42), y queríamos experimentar aplicándolo al pie de la letra. Así que les dijimos a nuestras niñitas: "Cuando ustedes juegan con un juguete y otro se los pide, tienen que dárselo". El único requisito era que la otra persona lo pidiera. Si tironeaban las dos, el trato no se podía llevar a cabo.

Aunque este experimento no siempre funcionó, descubrimos que no resultaba más difícil enseñarles a nuestros niños este método que el típico enfoque: "Bueno, todos debemos compartir". Y el primer enfoque es incalculablemente más valioso, porque fomenta en ellos la actitud de considerar las necesidades de los demás en primer lugar.

Yo creo que nuestros esfuerzos por grabar la regla de oro en el corazón de nuestros niños han dado sus réditos con creces. Por ejemplo, unas semanas antes del sexto cumpleaños de Clancy, la llevé a comprar un vestido nuevo. Se enamoró tanto del primero que vio, que insistió en llevarlo por todo el negocio mientras recorríamos para ver si encontrábamos otro que le gustara más. Pero a pesar de ver docenas de otros vestidos, su corazón se había apegado a ese en particular.

Cuando nos acercamos a la caja registradora, noté que el vestido estaba polvoriento y arrugado por haber sido arrastrado a través de todo el piso del departamento de ropa infantil.

"Clancy", le dije, "dame ese vestido y te traeré otro del mismo tamaño. Este tiene polvo en toda la parte de abajo".

Pero Clancy lo sostuvo con fuerza. "No, mamí", me dijo con una expresión firme. "No quiero que ninguna otra niña tenga que llevarse este vestido sucio."

Esa declaración resume la regla de oro.

HACER TESOROS EN EL CIELO

Levanten la mano las que se hayan dejado llevar por la moda Beanie Baby. Yo la levantaría si no estuviera escribiendo en el teclado de la computadora. Esos juguetes constituían una debilidad para mí; pero los he comprado sólo para los niños, y nunca pagué más de un precio justo por ninguno, aunque estuve tentada a hacerlo por "Spangle". Mi dormitorio está decorado en un estilo… (¡Lisa, debes contenerte!) (Dos cachetaditas en la cara.) Bueno, ya me siento mejor.

Me gusta coleccionar cosas. A través de los años he acumulado de todo, desde muñecas antiguas a juegos de té de porcelana. Tal vez piensen que el perder todos estos objetos de colección en un terremoto de 6.8 me pueda haber enseñado una lección. Y sí, ¡me la enseñó!: ¡aprendí que no debo amontonar cosas que se quiebran!

Habiendo confesado todo esto, me doy cuenta de que no he sido un buen ejemplo para mis hijos. Se espera que yo prepare a mi familia para el cielo, ¡y mientras tanto me dedico a empacar cosas que no me puedo llevar! Dios nos ha mandado vivir en libertad y no darle mucha importancia a las cosas del mundo (ver Mateo 6.19-21). Pero, como con todo principio que parece estar al revés, también nosotros, los padres, tenemos que concentrar la atención en los tesoros celestiales más que en las estatuillas que colocamos en las vitrinas de nuestro comedor.

Conozco a una mujer increíble, de nombre Joyce, cuyo marido me contó algo que jamás he olvidado. Me dijo que una vez al año, Joyce va a su ropero a elegir su vestido favorito para regalarlo. Lo ha hecho durante años, y cuando sus dos muchachos crecieron, siguieron el ejemplo de Joyce, regalando sus prendas favoritas también.

Poco tiempo atrás, compartí esta historia con mis hijos y luego les pregunté cuáles eran sus posesiones favoritas. Tucker fue el primero en responder.

"Mi colección de figuritas de béisbol", dijo con orgullo.

"Si Dios te pidiera que se la dieras a él", le pregunté, "¿podrías hacerlo?"

Tucker asintió. "Seguro."

Se me ocurrió una idea. Me incliné hacia él y miré atentamente su rostro. "Recibí un e-mail esta mañana de una amiga cuyos vecinos tenían una casa que se les quemó la semana pasada", le dije. "Estoy juntando materiales escolares para enviarle a la madre. Pero su niño de 12 años perdió todas sus figuritas de béisbol en el incendio. ¿Te gustaría poner algunas de las tuyas en la caja que estoy preparando?"

Tucker titubeó por unos instantes y luego corrió escaleras arriba. Cuando bajó, traía sus dos estampas favoritas: la de Mark McGwire y la de Sammy Sosa.

Abracé a mi amoroso hijo, que estaba dispuesto a regalar sus posesiones más preciadas a un extraño. Luego, mentalmente anoté que no debía olvidarme de agregar mi vestido favorito a esa encomienda.

SIERVOS EN UN MUNDO PATAS PARA ARRIBA

Pocos meses atrás, Steve, los niños y yo salimos en la camioneta para ir a la iglesia. Los chicos peleaban por un libro. Uno de ellos insistía que era de su propiedad personal, así que aproveché la oportunidad para recordarles a los tres lo que Jesús dijo: "Si alguien te pone pleito para quitarte la capa, déjale también la camisa".

Con una risita sarcástica, Haven señaló: "Sí, pero eso sería indecente".

Teniendo esto en mente, permítanme agregar una palabra de advertencia: Resulta vital que enseñemos a nuestros niños a respetar los santos principios que parecen estar patas para arriba; pero al hacerlo, debemos tener cuidado de que no se vuelvan críticos con los demás ni se sientan mejores que ellos, engreídos por su conocimiento (ver 1Corintios 8.1). Yo hago tanto énfasis en que realicen las elecciones correctas que mis niños se han vuelto rápidos en evaluar las decisiones de otros. "¡Mira, mamá, esa niña está vestida indecentemente!", puede decir Haven. O Clancy es capaz de señalar: "¡Mamá, ese hombre está fumando!"

Cuando esto sucede, aprovecho la oportunidad para enseñarles a combatir la tentación de juzgar a otros. Les digo, por ejemplo: "Es verdad, Clancy. Debemos orar por ese hombre." Y cuando resulta apropiado, oramos por la persona en ese mismo momento y lugar. Lo hacemos susurrando: "Amado Jesús, por favor, ayuda a ese hombre a no enfermarse y dale la fuerza de voluntad necesaria para romper con el hábito de fumar. Amén." Orar nos permite enfrentar las tentaciones mundanas de juzgar a otros y murmurar que nos asaltan y ponerlas patas para arriba. En lugar de criticar, le pedimos a Dios que bendiga esa vida. Hacerlo ha ayudado a mis hijos a mantenerse firmes mientras perciben las necesidades espirituales de otros.

Si nuestros niños van a impactar al mundo, deben comprender la palabra de Dios y descubrir que los mandamientos que parecen estar patas arriba pueden vivirse cada día. Nuestros niños y niñas serán los líderes de la próxima generación. Pero para ser santos y lograrlo, primero deben aprender a ser siervos. En la sección "Caja de herramientas" de este capítulo, he incluido algunas sugerencias prácticas acerca de cómo enseñar a nuestros niños a ser precisamente eso: siervos en un mundo patas arriba.

Las verdades de Dios
que parecen estar al revés

Caja de herramientas

Algunas formas de ser siervos en un mundo patas arriba

Dar

- Lucas 6.38: "Den y se les dará: se les echará en el regazo una medida llena, apretada, sacudida y desbordante. Porque con la medida que midan a otros, se les medirá a ustedes."

  Para ilustrar el principio de que nunca nos excedemos cuando le damos a Dios, puse un buen puñado de M&M's en las manos de mis hijos. Instruí a Haven para que llevara su puñado de grajeas de chocolate a los chicos que jugaban en la calle y lo repartiera entre ellos. Le dije a Tucker que podía comer las suyas, y le pedí a Clancy que cerrara su mano con las grajeas adentro lo más apretadamente que pudiera hasta que regresara su hermana. Cuando Haven volvió, le indiqué que ahuecara sus dos manos y le puse el doble de grajeas en las palmas. Luego le di permiso a Clancy para abrir su mano y comer sus M&M's. No pudo, por supuesto, porque estaban aplastadas y derretidas. (¡No es que ella no sea capaz de chuparse los dedos, pero...!) Luego de que se lavó las manos, le expliqué la lección: Cuando vivimos con las manos abiertas, el Señor puede devolvernos lo que le damos en la misma medida en la que elegimos entregar lo nuestro. Si pensamos sólo en nosotros mismos, recibiremos una bendición limitada. Si acaparamos lo que Dios nos da, perderemos hasta lo poco que hayamos recibido.

Orar por nuestros "enemigos"

- Mateo 5.44: "Amen a sus enemigos y oren por quienes los persiguen".

  Tenemos un culpable dentro de nuestra casa que disfruta bastante de molestar a los otros. No voy a decir su nombre porque confío en que pronto lo supere. Pero Dios obra de maneras misteriosas, y este asunto de padecer sus molestias ha llevado a los otros dos niños a ponerse de rodillas y orar. Les cité la escritura de Mateo 5.44 a los dos hermanos que estaban siendo irritados por el otro. Luego les expliqué: "Si nuestro hermano o nuestra hermana nos irrita, entonces, detengámonos dondequiera que estemos y oremos por él o por ella". Esto no sólo evita que aquel que ha sufrido las molestias se queje y murmure, sino que deja de ser gracioso para el que está molestando. ¡Y quizás esas oraciones ayuden al niño que comete la falta a madurar más rápidamente!

Poner a los otros en primer lugar
- Mateo 20.16: "Así que los últimos serán primeros, y los primeros, últimos."

Quería enseñarles a mis niños esta escritura que parece tener las cosas al revés, y supuse que si quería remontarla con éxito, lo mejor era comenzar a enseñarla cuando aún eran chicos. Así que desde el tiempo en que mis hijos eran muy pequeñitos, les he preguntado con entusiasmo: "Bien, ¿quién quiere ser el último esta vez?" Todos quieren ser los últimos porque saben lo que eso significa en nuestra casa: ¡Ser el último es lo mejor! La última porción de pastel es la más grande, el último cucharón de helado es el más desbordante, y el último de la fila obtiene un turno doble.

Preocuparnos por los menos afortunados
- Lucas 14.12-14: "También dijo Jesús al que lo había invitado: -Cuando des una comida o una cena, no invites a tus amigos, ni a

tus hermanos, ni a tus parientes, ni a tus vecinos ricos; no sea que ellos, a su vez, te inviten y así seas recompensado. Más bien, cuando des un banquete, invita a los pobres, a los inválidos, a los cojos y a los ciegos. Entonces serás dichoso, pues aunque ellos no tienen con qué recompensarte, serás recompensado en la resurrección de los justos."

Para ayudar a nuestros niños a volverse más sensibles hacia aquellos que no son tan afortunados, pidámosles que identifiquen dentro de su clase al niño que más necesitaría tener un amigo. Podría ser un chico nuevo en la escuela, o quizás alguno al que nadie le preste atención. Podría ser el muchacho al que ninguno elige para jugar béisbol, o la niñita que siempre se saca las notas más bajas. Animemos a nuestros hijos a invitar un día a ese niño a jugar a casa después de la escuela. Luego, "preparemos un banquete" para él. Pasemos por la juguetería al regresar de la escuela y elijamos algo con lo que los niños puedan jugar juntos, y luego démoselo al nuevo amiguito para que se lo lleve a su casa. Cocinemos algo especial, con postre incluido, y centremos las conversaciones de la mesa en nuestro huésped de honor.

Diezmar

- Levítico 27.30: "El diezmo de todo producto del campo, ya sea grano de los sembrados o fruto de los árboles, pertenece al SEÑOR, pues le está consagrado."

Dar dinero es mucho más fácil cuando no nos pertenece. Y no hay mejor momento de la vida para enseñar el valor de traer nuestras ofrendas y diezmos que cuando nuestros niños son pequeños y no tienen recursos económicos. Metamos la mano en el bolsillo o cartera y démosles a los niños algo de dinero para poner en la ofrenda durante la escuela dominical. Y luego, cuando reciban su primer dólar como regalo de cumpleaños, démosle una gran importancia y digamos: "¡Qué bueno! Ahora puedes darle a Jesús diez centavos que son tuyos propios".

Ayunar

- Mateo 6.17-18: "Pero tú, cuando ayunes, perfúmate la cabeza y lávate la cara para que no sea evidente ante los demás que estás ayunando, sino sólo ante tu Padre, que está en lo secreto; y tu Padre, que ve lo que se hace en secreto, te recompensará."

Nunca es demasiado pronto para enseñarles a nuestros niños sobre los principios de las disciplinas espirituales. Casi todos los años, antes de la Pascua, Steve y yo ayunamos junto con nuestra congregación. El último año quería que nuestros niños participaran, pero por supuesto no absteniéndose de comer (necesitan una buena nutrición). Así que les expliqué que el ayuno no necesariamente implica no comer. Les presenté algunas ideas de entre las que podían elegir para unirse a nosotros. Les dije: "¿Qué tal hacer un ayuno de dibujos animados, o de golosinas, o de vídeojuegos?"

Todos salieron con ideas propias. Clancy dijo con voz chillona: "¡Me gustaría un ayuno de palizas!" Allí saltó Haven, señalando: "¡A mí me gustaría hacer un ayuno de tareas escolares!" Y, por supuesto, Tucker no iba a perder la oportunidad. Anunció: "¡Me gustaría hacer un ayuno de ropa interior!"

Finalmente, como familia, elegimos hacer ayuno de televisión y en su lugar introducir algunos "recreos de lectura". Descubrimos que durante el día se producían algunos espacios de una extensión justa como para leer un capítulo de un buen libro. Decidimos mantener a mano el libro seleccionado, y cada vez que nos sentíamos tentados a encender el "aparato", leíamos uno o dos capítulos. Escogimos Stuart Little en esta ocasión, y descubrimos, en pequeña escala, un poco más lo que significa privarnos de algo bueno para obtener algo mejor.

Guardar el sábado

- Éxodo 20.8-10: "Acuérdate del sábado para consagrarlo. Trabaja seis días, y haz en ellos todo lo que tengas que hacer, pero el día séptimo será un día de reposo para honrar al SEÑOR tu Dios. No hagas en ese día ningún trabajo, ni tampoco tu hijo, ni tu hija".

Resulta interesante la seriedad con la que tomamos los otros nueve mandamientos, pero la rapidez con que descartamos éste. Por lo general ando ocupada haciendo cosas. A causa de eso, rara vez me tomo el tiempo de sentarme a leer, hacer una siesta, o trabajar en mi libro de recortes sin sentirme culpable. Hace poco comencé a descansar en el Sabbath (día de reposo), ¡y no puedo describir lo gratificante que resulta tomarse un día de descanso! Puede parecer patas arriba en un mundo adicto al trabajo, pero tiene mucho sentido: nuestros cuerpos necesitan un día de descanso.

Podemos enseñarles esto a nuestros niños a través del ejemplo y de algunas otras maneras prácticas. Por ejemplo, guardar el Sabbath implica no tener que completar tareas escolares el domingo, pero también incluye ser más diligentes los otros seis días de la semana. Todos los informes que deban ser presentados el lunes tienen que terminarse el sábado, o entregarse incompletos.

Por supuesto, resulta importante que cada familia decida de qué manera va a guardar el Sabbath. Pero consideremos la necesidad que tenemos como familia de tomarnos un día de descanso y obedecer otro de los principios "al revés" de Dios. Creo que pronto la idea nos va a atrapar.

No hacer promesas

- Mateo 5.34,37: "Pero yo les digo: No juren de ningún modo… Cuando ustedes digan 'sí', que sea realmente sí, y cuando digan 'no', que sea no. Cualquier cosa de más, proviene del maligno."

Puede parecer patas para arriba, pero no permito que el "te prometo" salga de nuestra boca. De hecho, si a mí se me escapa, mis chicos de inmediato me paran. Me dicen: "Que tu 'sí' sea 'sí' y tu 'no' sea 'no'." Cuando usamos una declaración que comienza con "te prometo que", probablemente indique que sentimos que no nos creen o dudan de nuestra palabra. Es importante que un niño sienta que confían en él. Al eliminar las sospechas, creamos una atmósfera en la que sólo esperamos escuchar la verdad.

Protegernos del mal

- Mateo 5.27-28: "Ustedes han oído que se dijo: 'No cometerás adulterio'. Pero yo les digo que cualquiera que mira a una mujer y la codicia ya ha cometido adulterio con ella en el corazón."

El mundo en el que nuestros niños crecen está lleno de imágenes que se pueden alojar muy profundo en sus almas, y luego deslizarse y aparecer en el futuro para entramparlos. Imagino que esta cuestión no es nueva. Más de tres mil años atrás, Job dijo: "Yo había convenido con mis ojos no mirar con lujuria a ninguna mujer" (Job 31.1). Podemos enseñarles a nuestros hijos (tanto a las niñas como a los varones) a colocar "puertas en sus ojos" para protegerse de la impureza.

Recuerdo unas vacaciones familiares que nos tomamos junto con los primos de nuestros niños, hace unos años. Atravesamos la ciudad de Las Vegas, y creo que me pasé el día diciéndole a Tucker "mírate los zapatos". Esto se convirtió luego en una broma familiar. Muy pronto mi cuñada estaba también indicándole a su marido: "Mírate los zapatos". Suena cómico, pero mis advertencias a Tucker eran una cosa seria. No tiene sentido permitir que el espectro de la lujuria se instale en el corazón de nuestros niños sólo para perseguirlos después.

Llevemos una vida llena de pensamientos limpios

- 2 Corintios 10.5: "Destruimos argumentos y toda altivez que se levanta contra el conocimiento de Dios, y llevamos cautivo todo pensamiento para que se someta a Cristo."

Para ayudar a Tucker a mantener su mente limpia y pura, ideamos un plan. Cada vez que algún pensamiento indeseable invadiera su cabeza, él reconocería que no provenía de sí mismo, y lo rechazaría. Más adelante ideamos otra estrategia para pasar a la ofensiva. El plan era éste: cada vez que un pensamiento impuro hiciese irrupción en la mente de Tucker, él inmediatamente se pondría a orar por la salvación de alguna persona.

Olvidé todo esto hasta el día en que le informé que, según se decía, el jugador de los Dallas Cowboys que dirigía las jugadas, Troy Aikman, se iba a casar.

Tucker me respondió: "Sí. He estado orando por él".

Me sorprendió. "¿Así que has orado por él?"

"Sí, por supuesto", dijo. "Cada vez que uno de esos pensamientos sucios me salta a la mente. Voy a seguir orando por él hasta que el Señor lo salve; y luego voy a orar por John Elway."

¡No me sorprendería que el diablo decidiera retroceder un poquito antes de que Tucker orara por la salvación de todo el equipo y los mandara al cielo!

Dominar las emociones

- Jeremías 17.9: "Nada hay tan engañoso como el corazón. No tiene remedio. ¿Quién puede comprenderlo?

  Van a llegar tiempos en la vida de nuestros hijos en los que se verán tentados a seguir la filosofía del mundo: "Si te agrada, hazlo". Y habrá otros momentos en los que tendrán que hacer cosas que no desean hacer. Resulta de gran importancia enseñarles a nuestros niños lo más temprano posible que nuestros sentimientos son un regalo de Dios, pero que no siempre podemos confiar en ellos. Desde la primera vez que gimoteen: "No tengo ganas de hacerlo", recordémosles esto: "¡Deben ser dueños de sus sentimientos!" Esta frase se va a volver aún más trascendente a medida que crezcan.

Confesar los pecados y orar

- Santiago 5.16: "Por eso, confiésense unos a otros sus pecados, y oren unos por otros, para que sean sanados. La oración del justo es poderosa y eficaz."

  Me sorprende lo mucho que debe luchar Tucker, que apenas cuenta con nueve años, contra la lujuria de la carne. Afortunadamente, él no puede mantener las cosas escondidas en su corazón. No tiene descanso hasta que saca las cosas a la luz y le pedimos a Jesús que borre esas imágenes. El último verano, cuando todavía tenía ocho años, lo acompañé a acostarse y cuando salía, él me detuvo en la puerta.

"Mami", me dijo, "tengo algo que confesar."

Volví junto a él. "Seguro, ¿de qué se trata?"

Detalló lo que había sucedido más temprano durante ese día. "Cuando la abuela y yo fuimos a andar en bicicleta hoy", comenzó, "nos detuvimos en un negocio de venta de recuerdos. Yo estuve mirando algunas postales con chicas indecentes. Sabía que no debía hacerlo, pero seguí adelante y las miré de todos modos."

Lo consolé. "Tucker, fue sabio que no mantuvieras esto en secreto. No hay nada malo en que te sientas tentado a mirar chicas bonitas. Dios hizo a las mujeres, ¡y realmente hizo un buen trabajo! Pero tienes que pedirle al Señor que te perdone por desobedecer su voz. Él susurró en tu corazón que no siguieras adelante mirando esas tarjetas. Estaba tratando de protegerte, y tú lo ignoraste."

Entonces oré con él, y luego los dos nos sentimos mejor.

Dejar pasar las cosas

- Mateo 5.21-22: "Ustedes han oído que se dijo a sus antepasados: 'No mates, y todo el que mate quedará sujeto al juicio del tribunal'. Pero yo les digo que todo el que se enoje con su hermano quedará sujeto al juicio del tribunal."

Una frase que solemos decir con frecuencia en nuestra casa es "¡Déjalo pasar!" A menudo nos enojamos cuando no obtenemos lo que deseamos o lo que merecemos. En el fragor del momento, creemos necesario pelear por lo que por derecho nos corresponde. Pero, en rigor de verdad, en general aquello por lo que disputamos no vale para nada la pena. Ahí es cuando nos viene bien tener a mamá cerca para que nos sugiera: "¡Déjalo pasar!" Si a la sugerencia alguien le sale al paso con un "Pero, ¡no es justo! ¡Yo lo tenía primero!", yo le ofrezco una alternativa: "¿Prefieres tener la razón o ser una persona recta?" Esto les recuerda que es bueno tener la razón, pero que ser recto es más santo.

Capítulo 9

Entre la gracia
y el fracaso

urante más de veinte años (y prácticamente todos los días) el programa *The Facts of Life* se proyectó por televisión en todo el mundo. Esto para mí fue a la vez una bendición y una maldición. Las bendiciones financieras residuales se han acabado hace ya mucho tiempo. Pero ese programa continuamente me ha permitido entablar nuevas amistades, y hace que millones de personas sonrían cada día. *The Facts of Life* me ha provisto una amplia plataforma para transmitir el amor de Dios a distintas generaciones de chicas. A veces me sorprende todo lo que Dios ha podido moldearme (y también a otros) a través de él.

Sin embargo todo no ha sido color de rosa. ¿A quién de ustedes le gustaría que los difíciles años de su adolescencia quedaran registrados y fueran exhibidos por todo el mundo? Todavía se me acercan chicas en los centros comerciales y me dicen: "Blair, ¡te ves más delgada de lo que apareces por televisión!" ¿Esperarán que yo responda: "Gracias"? En realidad, no hace falta decir nada. Esas chicas no procuran lastimarme; sólo dicen las cosas como las ven. Cualquiera que haya seguido el programa, aun por un corto período, me habrá visto inflarme de golpe como un globo. La adolescencia para mí fue un cruel "hecho de la vida". Por desgracia, alguien olvidó informarme que a una estrella de la televisión no se le permite pasar por la pubertad. O, si lo hace, debe esconderlo, en especial si se le ha asignado un papel en el que tiene que aparecer perennemente como una chica ingenua, hermosa, rica y delgada.

Comencé a "florecer" (esto es, a aumentar de peso) hacia finales de la segunda temporada. En retrospectiva, me doy cuenta de que comencé a comer por soledad. Tenía 17 años y toda mi familia y amigos estaban en Texas. Mi madre intentaba criar a mi hermano Cody, que en ese entonces tenía 13 años, y no podía juntar sus cosas y movilizar a todo el mundo en cualquier momento. Así que cada tres semanas, volaba a casa, disfrutaba del lujo de la comida casera de mamá, y pedía que me trajeran pizza para comer con mis amigas. Luego, volvía a mi trabajo en California; y cuando extrañaba mi casa, intentaba llenar el vacío con comida.

La difícil situación por la que pasaba era muy comprensible, pero había millones de dólares en danza que dependían de que el aspecto de mi personaje fuera de una determinada manera, así que quedaba poco espacio para la compasión. Los productores se abalanzaron sobre mí como un enjambre de abejas africanas. Contrataron nutricionistas, terapistas e hipnotizadores. Me enviaron a granjas de dieta para obesos, a practicar gimnasia con entrenadores, y a centros de salud. Y hasta compraron una balanza; me hacían pesarme todas las mañanas, en mitad de la sala de ensayos, mientras todos me rodeaban para ver si había aumentado o bajado de peso.

No los culpo por las medidas que tomaron. Simplemente realizaban su trabajo; yo no estaba cumpliendo con el mío. No cumplía mi parte del contrato. Me habían contratado para representar un rol en particular, y yo lo representaba "con creces". Como es típico de la naturaleza humana, cuanto más me presionaban, más comía. Y cuanto más comía, más sola me sentía. Y cuando estaba sola, tenía que enfrentarme con mi fracaso. Finalmente, cuando estaba en el fondo del pozo, un amigo me hizo una pregunta que cambió mi vida.

"Lisa", me dijo, "cuando te escucho, me doy cuenta de que estás muy mal. ¿Cuánto tiempo pasas con el Señor?"

Arqueé las cejas. "Bueno, oro todos los días", comencé a decir. "Leo la Biblia todas las noches antes de irme a dormir, y voy a la iglesia todos los domingos."

"No te pregunté qué es lo que estás haciendo para el Señor; lo que quiero saber es cuánto tiempo pasas con él, simplemente tratando de conocerlo." Me señaló y se señaló a el mismo. "Tú sabes, como lo hacen los amigos."

Fruncí el entrecejo pensativa, y luego tuve que admitir con una voz débil: "Creo que no mucho".

"¿Por qué no intentas una nueva dieta?", me dijo en tono de aliento. "Puedes comer lo que quieras durante las próximas dos semanas. La única estipulación es que pongas tu despertador temprano cada mañana y dediques un tiempo a estar con Dios antes de ir a trabajar."

Asentí, deseosa de probar. Era la mejor dieta de la que había oído hablar, ¡y me parecía que ya las había probado todas! Durante los siguientes 14 días, comencé a levantarme temprano cada mañana. Me dirigía al baño (vivía en un apartamento de un ambiente con mi abuela, y ese era el único cuarto donde podía encender la luz sin despertarla), cerraba la puerta, tomaba mi Biblia y me sentaba sobre el inodoro, ¡con la tapa baja! Algunos días, al leer la palabra de Dios, sentía como si él me estuviera hablando directamente. En otras ocasiones me aburría tanto que apenas podía mantener los ojos abiertos. Pero sabía que el tiempo que pasaba con Dios alimentaba mi alma.

También dedicaba tiempo a la oración, mientras visualizaba a Jesús sentado junto a mí, en el borde de la bañera. A menudo comenzaba mis conversaciones con Dios diciéndole: "Te amo". Entonces volcaba todo lo que tenía adentro: lo mucho que extrañaba a mi familia y cuánto deseaba poder irme a casa, cómo deseaba encontrar alguna amiga en California, y lo que lamentaba haberle fallado a la gente. A medida que oraba, comenzaban a ceder las punzadas interiores que me provocaban la soledad y mis necesidades, porque descubría que las promesas de Jesús eran verdaderas, como aquella: "Yo soy el pan de vida... El que a mí viene nunca pasará hambre" (Juan 6.35).

Mi parte favorita de la "dieta" eran los momentos que pasaba sentada en silencio, sólo estando con Jesús. Yo no decía nada, y la mayor parte del tiempo él tampoco. Algunas veces me quedaba dormida. Pero sabía que él estaba allí. Podía sentir su presencia, y esa presencia llenaba el vacío de mi alma.

Mi vida cambió completamente en esas dos semanas, y ya nunca volvió a ser la misma. Aunque desearía poder decir que de repente bajé diez kilos y nunca tuve que cuidarme contando las calorías, la verdad es que físicamente me mantuve igual; sin embargo era diferente por dentro. Con el tiempo, mis hormonas se nivelaron, y perdí la grasa infantil. Pero, lo que es más importante, perdí ese vacío que había estado tratando de llenar con comida.

Nunca podré volver atrás y borrar las filmaciones de *The Facts of Life* que captaron y guardaron para la posterioridad mi parte trasera. No creo que quisiera hacerlo, de todos modos, aunque pudiera. Si no me hubiera sentido tan inmensamente sola, es probable que nunca hubiese conocido esa amistad profunda con Jesús. Si no hubiera estado tan desesperada y hambrienta, probablemente no me hubiera saciado con el Pan de Vida. Si no hubiera fracasado al intentar llevar adelante una docena de dietas, nunca hubiera seguido el consejo de Salmos 34.8: "Prueben y vean que el SEÑOR es bueno".

Aprender de los fracasos

Al enfrentar el fracaso es cuando vemos la redención en el rostro de Dios. Y esto resulta tan real para un niño de siete años como para un anciano de setenta. Dios nos recoge a nosotros, sus hijos, cuando caemos, seamos jóvenes o viejos. Pero antes de ponernos de pie nuevamente, nos enseña una lección.

Un padre sabio debe permitir que su hijo tropiece y caiga. Mi madre, de buena gana, se hubiera subido al primer avión que salía para California (y estuvo tentada a hacerlo más de una vez), pero sabía que yo debía aprender a manejar mi sufrimiento, y que no lo lograría si cada vez que me sentía sola ella venía en mi rescate. Estaba segura de que yo aprendería mucho cuando decidiera inclinar mi rostro delante del Señor. Y resultó así. He descubierto que también pasa lo mismo con mis niños, ¡literalmente!

Una semana después de que le sacaran a Tucker sus aparatos de ortodoncia, al entrar a la casa los encontré a él y a su padre sosteniendo una bolsa de hielo sobre lo que quedaba de uno de sus dientes de adelante.

Antes de que siquiera pudiera preguntarle, Tucker dijo gimoteando: "Mami, sé por qué sucedió esto. Papá me dijo que no me colgara del aro de básquet, pero yo lo hice igual. Y entonces me deslicé y me caí de boca. Yo sé que te va a costar mucho dinero hacer que me arreglen el diente, pero valdrá la pena, porque me llevó a aprender que es muy importante obedecer a mis padres."

A veces es necesario dejar que nuestros niños se caigan. Y, como yo lo he descubierto, veremos que ellos aprender de su tropezón. Admito que no me resulta fácil ver a mis niños luchar contra las dificultades. Si hubiera podido evitarles el sufrimiento, lo hubiera hecho. (¡El Señor sabe cuánto lo he intentado!) Pero ahora me alegro de haber fallado en el intento. Esos sufrimientos los acercaron a Dios.

En la escuela sólo fallamos en los exámenes cuando no sabemos las respuestas. ¿Y cómo encontramos las respuestas? ¡Buscándolas! Cuando nuestros niños experimentan algún fracaso, podemos enseñarles a buscar mirando hacia arriba, a Dios, para hallar esas respuestas. Mi amiga Myrene una vez me dijo: "Recuerda que debes enseñarles a tus hijos a orar durante cualquier conflicto, sea grande o pequeño. Esto les recordará que, en última instancia, es Dios quien nos conforma a su imagen y no el hecho de que nosotros procuremos ser buenos. Cuanto más lugar le demos a Dios en la vida de nuestros niños (cuando se lastiman las rodillas, o pierden un zapato, o tienen que dar un examen de ciencias) tanto más ellos se volverán a él y desarrollarán una relación propia con el Señor."

Nos sorprenderá descubrir la cantidad de veces al día en las que podemos darle lugar a Dios en la vida de nuestros niños. Por ejemplo, ¿nuestro hijo se metió en problemas en la escuela? Eso, ciertamente, puede ser un motivo para que reciba corrección, pero, lo que es más importante, nos provee la oportunidad de enseñarle respeto por la autoridad, o diligencia en cuanto a la realización de su tarea escolar, o las razones por las que debe obedecer las reglas. ¿De pronto, luego de jugar con el niño recién llegado a nuestra cuadra, nuestro hijo comienza a repetir palabras subidas de tono? Enseñémosle acerca de lo malo que es usar un lenguaje vulgar o tomar el nombre del Señor en vano, recordándole que podemos usar las palabras para bien o para mal.

Cuando los momentos difíciles golpean a nuestra puerta nosotros, como padres, deberíamos dar la bienvenida a conflictos, luchas y fracasos. Como lo he dicho en capítulos anteriores, prefiero que estas cosas se presenten mientras nuestros hijos aún viven en casa y podemos guiarlos y ayudarlos, y no más tarde, cuando ya no estemos cerca para auxiliarlos señalándoles la dirección correcta.

Cómo enfrentar el fracaso

Podemos ayudar a nuestros niños preparándolos para enfrentar las elecciones difíciles que seguramente se les presentarán en la vida. ¿Qué lecciones importantes aprendimos mientras crecíamos? Contémosles historias de nuestros propios fracasos (usando discreción, por supuesto). Haven tenía la costumbre de pedirles a todos los invitados que teníamos a cenar: "Cuénteme algo malo que haya hecho cuando era pequeño". De alguna manera le hacía sentir mejor escuchar acerca de otras personas que habían tenido fracasos y habían vivido para contarlo. De este modo aprendió muchas lecciones a través del ejemplo de otros.

Expliquemos a nuestros niños que cada uno tiene puntos fuertes y puntos débiles. Señalémosles sus puntos fuertes y enseñémosles a dar gracias por ellos, y por otro lado, a pedirle al Señor que los ayude a fortalecerse en sus áreas débiles. Que puedan aprender a compensar sus debilidades y aspectos vulnerables.

Desde que comenzó a hablar, Haven se ha sentido tentada a repetir palabras que no se le permiten usar. Una tarde, Clancy entró a la casa corriendo.

"Mami", dijo, "¡Haven dijo *trasero*!

Llamé a Haven, que tenía cuatro años en esa época, y le pregunté "¿Qué está sucediendo?".

"Yo sólo dije *tras-vero-sero*" dijo Haven inocentemente.

Crucé los brazos. "¿Y qué significa *tras-vero-sero*?"

"Es una nueva palabra que significa '¡Gloria a Dios!'"

"¿Y dónde escuchaste esa palabra, Haven?", le pregunté.

Ni titubeó. "Abuelita me la enseñó para que yo ame al Señor."

Me acerqué un poco más a mi imaginativa hija. "¿De verdad?"

Haven recibió dos castigos ese día: uno por usar una palabra que no se le permitía usar, y otra por decir una mentira. Entonces se nos ocurrió un plan. Cada vez que ella escuchara a alguien usar un lenguaje inapropiado, o se sintiera tentada a emplearlo, en lugar de eso se pondría a alabar al Señor. Funcionó. ¡Después de todo, la que me dio la idea fue la misma Haven!

Nuestros niños deberán enfrentar muchos fracasos. No debemos esperar que sean cristianos maduros en cuerpos pequeños. La Biblia describe así a Jesús en su infancia: "Jesús siguió creciendo en sabiduría y estatura, y cada vez más gozaba del favor de Dios y de toda la gente" (Lucas 2.52). Aún Jesús tenía que crecer intelectual, física, espiritual, y socialmente; también nuestros niños.

Las inclinaciones infantiles son naturales. Al intentar edificar en nuestros chicos una espiritualidad, debemos ser cuidadosos de no hacerlos sentir mal con ellos mismos por el simple hecho de ser niños. Con frecuencia se menciona que "lo bueno es enemigo de lo mejor". Y eso es verdad. ¡Pero, por favor, no nos olvidemos de señalar todo lo que está bien y de recompensarlos! Entonces, y sólo entonces, podemos luchar por conseguir lo mejor. Al alentarlos a la santidad, suelo decirles a mis hijos: "Es natural que te sientas como te sientes. Pero con la ayuda de Dios puedes volverte más parecido a Jesús". Y luego repito nuestro slogan: "¿Prefieres ser natural o sobrenatural?"

A nuestros niños les lleva tiempo madurar. Si continuamos proveyéndoles la comida adecuada, crecerán hasta convertirse en adultos espiritualmente fuertes y moralmente sanos.

SUBLIME GRACIA

No nos desalentemos durante el proceso de crecimiento. La buena noticia es que nuestros chicos se vuelven más receptivos a experimentar la gracia de Dios cuando sienten el dolor de los propios fracasos. La Biblia dice: "Si confesamos nuestros pecados, Dios, que es fiel y justo, nos los perdonará y nos limpiará de toda maldad" (1 Juan 1.9). ¿Qué mayor razón que ésta para regocijarnos en nuestros fracasos? Podemos decirles a nuestros hijos durante todo el día lo mucho que Dios los ama, pero llegan a comprender mejor su amor cuando hacen cosas erradas y él los perdona, y borra sus equivocaciones para siempre.

La gracia es el perdón y la promesa de salvación de Dios. La ausencia de castigo es su misericordia. Para hacer que estos conceptos se vuelvan reales, debemos mostrar la gracia y la misericordia de Dios en nuestro hogar. Nuestros niños necesitan vernos pedir perdón y perdonar por completo a nuestros cónyuges. Y también precisan vernos pedirles perdón a ellos, con humildad, cuando les fallamos de alguna manera. Es necesario mostrarles que cuando confiesan sus pecados, en lugar de esperar a ver si es que los descubrimos, resulta mucho más probable que seamos misericordiosos y benévolos con ellos (esto es, que nos los castiguemos). El don de la misericordia no tiene precio. Cuando ellos la reciben de nosotros, es mucho más probable que sean capaces de extendérsela a otros, y que al crecer se conviertan en adultos compasivos.

Por supuesto, no podemos obligar a nuestros niños a vivir llenos de gracia, compasión y misericordia. Sólo pueden aprender estas verdades por ellos mismos. Como padres, podemos llegar hasta cierto punto; el resto debemos dejárselo a Dios. Pero lejos de asustarnos, tenemos que considerar eso como parte de la belleza del cristianismo: a través del Espíritu Santo, Cristo nos puede llevar a parecernos a él, algo que nunca podríamos hacer por nosotros mismos (ver 2 Corintios 5.21). Realmente no se trata de una cuestión de esforzarnos por ser mejores padres. Tampoco se trata de que sean nuestros niños los que se esfuercen. Debemos enseñarles a orar de esta manera: "Señor, no puedo hacer lo que tu Palabra me manda. Necesito tu gracia; por favor, lléname de gracia. Ayúdame a sobreponerme a mis pecados para llegar a ser todo aquello que tenías en mente cuando me creaste."

Nuestra tarea como padres debería comenzar y continuar con la oración. Podemos enseñarles a nuestros niños a orar cuando son pequeños; y luego rogar a Dios por ellos para que continúen orando cuando ya son más grandes. En la sección "Caja de herramientas" de este capítulo, he escrito algunas oraciones como ejemplo, las que tal vez puedan resultarnos útiles para repetir junto con nuestros niños cuando se encuentran necesitados de gracia y poder en medio de algún fracaso

Entre la gracia y el fracaso

Caja de herramientas

Oraciones para cuando pecan

Cuando cometen agravios

A los chicos parece encantarles agraviarse los unos a los otros, ¡y en especial entre hermanos! Por lo tanto tenemos que ayudarlos a vencer esta tentación.

Amado Dios:

Te confieso que sólo he estado promoviendo conflictos. Gracias por perdonarme cuando admito mis pecados. Gracias también por ayudarme cuando no puedo hacer las cosas por mí mismo. Necesito tu ayuda ahora, Señor. Quiero dejar de agraviar a los demás, pero continúo haciéndolo. Puedo dar muchas explicaciones al respecto, pero sé que a veces simplemente causo problemas sin tener ninguna buena razón. Así que cuento con que me ayudes a parar y dejar de hacerlo. Tú dijiste que todo lo que necesito es pedirte ayuda. Gracias por esa ayuda. Te amo. Amén.

Cuando los domina la ira

La ira es fácil de reconocer cuando se expresa a través de represalias físicas o de palabras ofensivas. Pero también es preciso confrontarla cuando se muestra en formas más pasivas, como poner mala cara o echar "miradas que matan".

Amado Dios:

Estoy enojado porque_____.
Por favor, ayúdame a sólo "dejarlo pasar". Elijo bendecir a mi enemigo, y confío en que tú te encargues de la venganza. Por favor, perdóname por mi pecado. Señor, cuando las

cosas no salen como yo quiero, ayúdame a recordar que todo lo que tengo que hacer es pedirte lo que quiero o necesito. Y si es algo que tú deseas para mí, me lo darás. Gracias Señor porque no tengo que pelear por lo que quiero. Recuérdame que mi tarea debe ser concentrarme en servir a otros y en obedecer a mis padres, y tú hazte cargo de lo demás. Amén.

Cuando discuten

Nuestros niños necesitan desarrollar el hábito de obedecer sin discutir. Lamentablemente, el establecer buenos hábitos a veces puede resultar tan difícil como erradicar los malos. Por eso es tan importante comenzar en una etapa temprana y ser consecuentes. Pocas cosas producen tanto resultado.

Amado Señor:

Por favor, perdóname por pensar que soy más inteligente que mis padres. Me has dado una buena capacidad mental, y sé que tengo muchas razones para querer que las cosas se hagan a mi manera, pero también quiero alcanzar la sabiduría que se logra a través de confiar en mis padres y de obedecerles. Ayúdame a ser más lento en hablar, y estar más dispuesto a escuchar, y aún más a obedecer sin discutir. Amén.

Cuando usan malas palabras o lenguaje perverso

A nosotros, como padres, con frecuencia nos resulta difícil discernir cuando nuestros hijos simplemente están actuando "como niños" y cuando han cruzado la barrera de la grosería, o su boca es lo que yo llamo "una letrina". Resulta muy fácil para los varones, que suelen desarrollar un humor infantil centrado en las "funciones corporales", pasar a ser adultos de "labios impuros". Así que en nuestra casa hemos adoptado un enfoque interesante. Proverbios 18.20 dice: "Del fruto de la boca del hombre se llena su vientre; se sacia del producto de sus labios" (Reina-Valera 1995). Por lo tanto, nuestra regla práctica para este tipo de conversaciones "de varones" es: "No menciones nada que no puedas comer". (¡Ajjj!).

> Querido Señor:
> Por favor, limpia mi boca. Haz que mis palabras sean íntegras y puras como el agua fresca de un arroyo. Por favor, perdóname por contaminar la vida que me has dado con palabras sucias. Yo quiero que mis labios te glorifiquen, de modo que pueda contarles a otros sobre ti y tu limpia agua de vida. Amén.

Cuando hacen trampas, engañan o roban

Estos tres pecados brotan del deseo de conseguir algo por el camino fácil. Pero, como les digo a mis hijos, el engaño no vale la pena, porque "pueden estar seguros de que no escaparán de su pecado" (Números 32.23).

> Amado Señor:
> Me doy cuenta de que tú ves todo y que no puedo engañarte y salirme con la mía. Por favor, perdóname por el solo hecho de intentarlo. Entiendo que merezco castigo. Ayúdame a recibir tu corrección a través de las manos de mis padres. Yo sé que me corriges porque me amas. "Alcánzame" con tu luz si alguna otra vez trato de ocultar mi pecado. Amén.

Cuando se quejan

Dios odia las quejas. También yo, ¡y supongo que todos las odiamos! No hay nada peor que un niño que se queja, cuando está molesto, diciendo que su vida no es como quisiera. Los hijos de Israel se hicieron famosos por sus quejas. Contaban con la presencia de Dios y disponían de todos los recursos que él tenía, pero, sin embargo, siempre encontraban algo de que quejarse. Protejamos a nuestros niños de este mal.

Amado Dios:

No quiero ser como los hijos de Israel, que tuvieron que vagar por el desierto durante cuarenta años, quejándose acerca de lo mala que era su vida, a pesar de que habían recibido muchas bendiciones. Ayúdame a focalizar mi mirada en lo que tengo en lugar de concentrarme en aquello que no tengo. Y ayúdame a ser agradecido por tenerte a ti. Lamento que mi actitud haya sido tan mala. Ayúdame a estar contento y ser paciente en todas las situaciones y a regocijarme en todo lo que suceda. Amén.

Cuando desobedecen

He dejado un espacio en blanco para que esta oración pueda aplicarse a cualquier persona a la que el niño desobedezca.

Querido Dios:

Por favor, perdóname por desobedecer a _____.
Me doy cuenta de que él (o ella) ha sido colocado como autoridad sobre mí para protegerme. Ahora decido someterme a él (o a ella) para obedecerlo. Por favor, ayúdame a obedecer tus mandamientos porque te amo. Quiero amar tus

reglas porque sé que cuando las sigo me siento muy feliz y muy bendecido. Gracias por tu perdón. Amén.

Cuando faltan al respeto

Proverbios 9.10 dice: "El comienzo de la sabiduría es el temor del SEÑOR; conocer al Santo es tener discernimiento". Resulta importante que enseñemos a nuestros niños a respetar al Señor. El nivel de respeto que sientan por su Padre celestial estará determinado mayormente por la perspectiva que tengan de sus padres terrenales. Con esto en mente, no permitamos que nuestros niños muestren una actitud irrespetuosa con respecto a nuestra autoridad.

Amado Señor:

Lamento haber sido irrespetuoso. ¿Podrías, por favor, perdonarme? Quiero honrar a mis padres, sobre todo porque tú dices que es importante, pero también porque deseo tener una vida larga y buena, bendecido por ti. Por favor, ayúdame a confiar en la sabiduría de mis padres y a mostrarme ser respetuoso hacia con ellos aun cuando no esté de acuerdo con lo que me digan. Ayúdame a recordar que ellos me aman, y que, al igual que tú, sólo desean lo mejor para mí. Amén.

Cuando se muestran impacientes

Los niños creen que el mundo entero gira en torno a ellos. Así que cuando se les pide que esperen por algo que desean, no comprenden por qué no paramos todo y nos ocupamos de cumplir con su petición. Debemos enseñarles desde pequeñitos a ser pacientes; el que puedan comprender que la vida no siempre se desarrolla de la manera en que nos gustaría, ayuda a aplacar las tormentas.

Amado Señor:

¡Yo deseo obtener lo que quiero, cuando lo quiero! Me parece que esto suena un tanto demandante, ¿no? Por favor, perdóname, Señor. Comprendo que cuando me altero, básicamente lo que transmito es: "Lo que yo deseo es más importante que cualquier otra cosa". Por favor, ayúdame a ser más paciente, y ayúdame a ser capaz de esperar con mi boca cerrada. Gracias. Amén.

Cuando manifiestan celos

Las comparaciones resultan odiosas y peligrosas. Y constituyen uno de los trucos engañosos más antiguos que aparecen en las Escrituras. Satanás le dijo a Eva, mientras vivía en el paraíso, que había cosas que se estaba perdiendo en la vida, y la convenció de que comiera del fruto prohibido. ¡Qué lástima que nuestros hijos hayan heredado este mismo deseo de ser o tener lo que Dios no ha determinado para ellos! Ayudémoslos a combatir este deseo desde ahora.

Amado Señor:

Sé que te entristece que yo desee ser diferente de como tú me has hecho. Ayúdame a mirarme a través de tus ojos porque tú me has hecho bien y así lo consideras. Cuando deseo algo que otro tiene, es porque no me conformo con lo que ya me has dado. Por favor, perdóname.

Si tú piensas que necesito algo más de lo que ya tengo, sé que te ocuparás de ello. Señor, tú sabes lo que haces; tienes todo bajo control, y sabes exactamente qué es lo que necesito. Ayúdame a recordarlo. Amén.

Cuando mienten

Todos sabemos que ante la mentira nuestra respuesta es un absoluto "¡no, no!" ¿Pero comprendemos la razón por la cual la consideramos algo tan importante? Una de las razones es porque las mentiras se originan en Satanás, a quien Jesús llamó "el padre de la mentira". Debemos tomar medidas rápidas y seguras para prevenir que nuestros hijos caigan en la trampa del engaño.

> Querido Señor,
> Lamento haber mentido. Por favor, perdóname. Soy tu hijo y quiero obedecer tus mandamientos en mi vida. Quiero que las cosas se hagan a tu manera y no a la mía, en especial si tengo que mentir para conseguir lo que deseo o para protegerme. Me doy cuenta de que tú siempre tienes una mirada atenta y que no puedo ocultar nada de ti. Yo sé que odias la lengua mentirosa, así que, por favor, limpia mis labios; por favor, perdóname. Gracias, Jesús. Amén.

Cuando buscan excusas o transfieren la culpa

Es mucho más fácil culpar a otro que decir: "Lo lamento". Pero esto resulta difícil sólo hasta que lo hacemos. Después nos sentimos tan bien de "estar limpios" que nos preguntamos por qué no pedimos perdón antes, en lugar de hacernos tanto problema al respecto.

> Amado Señor:
> Por favor, ayúdame a ser rápido para pedir perdón y disculparme. El tratar de racionalizar las cosas puede ser que me ayude a evitar el castigo, pero no me limpia el corazón de la manera en que lo hace la confesión. Deseo más ser

perdonado que tener la razón. No debería haber hecho (o dicho) lo que hice (o dije). Por favor, perdóname. Me alegro de saber que no tienes problemas con mis errores. Gracias por darme una segunda oportunidad para admitir que lo que había hecho estaba mal. Amén.

Cuando la lengua se les va de control

La lengua es una pequeña parte del cuerpo, pero tiene en sí misma el poder de producir vida o muerte. Proverbios 21.23 señala: "El que refrena su boca y su lengua, se libra de muchas angustias".

Amado Señor:

Dejé mi lengua suelta otra vez. Por favor, ayúdame a tener un mejor control sobre ella. Quiero que mis palabras produzcan vida y no muerte. Tú dices que mis palabras salen del corazón. Por favor, ¿podrías hacer mi corazón más parecido al tuyo? Por favor, perdóname por las cosas que he dicho y que no te agradan. Y si mi lengua ha herido a alguien, por favor, ayúdame a mejorar en eso también. Amén.

Cuando son rebeldes

Me refiero a la rebelión en la que nuestros hijos conscientemente toman la decisión de ir por su propio camino en lugar del que les señala Dios, y no al impulso a desobedecer que a menudo se ve como una de las características de la infancia. Dios dice: "La rebeldía es tan grave como la adivinación" (1 Samuel 15.23). Son palabras muy fuertes, pero indican el peligro que implica decidir caminar alejados de la senda señalada por Dios.

Amado Señor:

Tengo que ser sincero: Hay una parte de mí que ni siquiera desea elevar esta oración. Me gustaría hacer lo que me da la gana, y a veces me resulta difícil abandonar ese deseo. Por favor, dame la intención de obedecerte. Por favor, ablanda mi corazón. Yo elijo, como un acto de mi voluntad, pedirte que me perdones y me cambies. Amén.

Cuando son egoístas

Es el egoísmo el que causa una gran parte de la mala conducta infantil (¡y de los adultos también!). Esto lo convierte en un asunto sobre el que necesitamos enfocar nuestras oraciones.

Amado Señor:

He intentado ser el rey de mi propia vida. Por favor, perdóname. Realmente no quiero que las cosas se hagan a mi modo todo el tiempo, porque sé que tu manera de hacerlas es la mejor para mi vida. Señor, tú eres mi rey y yo te seguiré. Ayúdame a negarme a mí mismo y sacrificar todo lo que quiero por amor a ti y en bien de otros. Yo sé que no necesito preocuparme por mí mismo porque tú te ocupas de mí. Gracias. Amén.

Cuando hay conflictos entre los hermanos

¡Podría escribir un libro sobre el tema, si no fuera por el hecho de que estoy demasiado ocupada tratando de ser árbitro entre mis tres niños! Si pensamos que necesitamos orar, aquí encontramos una razón motivadora.

Querido Señor:

Quiero llevarme bien con_____, pero no puedo mantener mi determinación por mucho tiempo. Realmente hay momentos en los que me resulta muy difícil, y necesito tu ayuda. La próxima vez que me encuentre en medio de una gran discusión, recuérdame que yo puedo ser un pacificador. Puedo perder la batalla, pero ganaré tu sonrisa, y eso para mí es más importante que cualquier otra cosa por la que pudiera querer luchar. Amén.

Cuando se involucran en chismes

A veces los niños parecen tener la necesidad de chismear, y entonces hace falta que alguno de los padres intervenga y evite que las cosas suban en escalada hasta salirse de control. Pero a menudo esta chismografía tiene como finalidad simplemente meter a algún otro en problemas. Cuando es ése el motivo que provoca el chisme, resulta importante que los padres confronten lo que hay en el corazón del chismoso.

Amado Señor:

Por favor, perdóname por tratar de meter en problemas a_____. Yo sé que el emitir juicio te corresponde a ti y no a mí. Quiero dejar las cosas en tus manos de ahora en adelante. Recuérdame que piense sobre mis reacciones y que me asegure de que todo lo que diga y haga te agrade antes de criticar el pecado en los demás. Por favor, enséñame a hablar la verdad en amor para que pueda ayudar a otros a andar en tus caminos. Amén.

Cuando molestan a otros

Con frecuencia les señalo a mis niños que cuando dicen: "¡Sólo estaba bromeando!", en realidad podrían haber dicho "No debería haber hecho (o dicho) eso". A menudo tratamos de encubrir nuestros pecados con risas en lugar de admitir la falta y decir: "Lo lamento. Lo que hice estuvo mal". Enseñémosles a nuestros chicos a ser más sensibles.

> Querido Señor:
> Me dejé llevar y crucé la línea entre lo que es diversión y lo que implica falta de amor. Lo siento; no era mi intención lastimar a nadie. Por favor, ayúdame a recordar que hacer reír a otros no vale la pena si para ello tengo que herir los sentimientos de alguna persona. Yo quiero adquirir dominio propio para no llegar tan lejos la próxima vez. ¿Me ayudarías, por favor? Gracias, Señor. Amén.

Cuando se muestran desagradecidos

Se presenta un dilema para los padres de hoy en día. Queremos darles a nuestros niños todo lo que podemos, pero entonces ellos comienzan a esperar que siempre sea así y se vuelven desagradecidos. En el Antiguo Testamento encontramos que Dios tuvo que tratar este asunto con sus hijos vez tras vez.

> Querido Dios:
> Lamento haber actuado como un malcriado. Recuérdame cada tanto que no debo hacerlo y gracias por las cosas que me das (y que yo asumo que me corresponde recibir). Comenzaré a reconocerlas ahora mismo: Gracias por darme una cama calentita. Gracias por amarme. Gracias

por darme comida y ropa. Gracias por haber hecho una naturaleza tan hermosa para que la podamos disfrutar. Gracias por _____ y por _____. Cuando pienso acerca de lo mucho que me has dado, me doy cuenta de que mi actitud no es agradecida. Por favor, perdóname. Realmente aprecio mi vida. Gracias por todo. Amén.

Cuando les falta amabilidad

Si podemos enseñarles a nuestros hijos a ser amables, habremos recorrido un largo trecho en esta dirección: criar niños que muestren el amor de Jesús. Cada día nuestros hijos tienen la oportunidad de escoger ser amables. Ayudémoslos.

Amado Dios:

Me temo que he lastimado a alguien que tú amas mucho. Lo lamento. Ayúdame a hacerlo mejor la próxima vez. Haz que mi corazón sea tierno como el tuyo para que pueda pensar de antemano cómo van a sentirse otros a causa de mis palabras y acciones. Por favor, lléname de tu amor para que pueda ser amable con aquellos que me rodean. Gracias. Amén.

Oraciones para fortalecer las virtudes

Cuando deciden escoger la salvación

La decisión más importante que nuestros niños tienen que tomar es a quién van a servir. Si no realizan esta elección de una manera consciente, van a terminar sirviéndose a ellos mismos o al mundo a causa del vacío que se producirá en ellos. Es nuestro privilegio como padres enseñarles acerca del amor de Dios para sus vidas, que fue demostrado a través de la muerte y la resurrección de su Hijo Jesús.

Amado Señor:

Gracias por amarme tanto que enviaste a tu único Hijo, Jesús para morir por mis pecados. Yo sé que soy pecador, y estoy agradecido de que quieras mantener una relación conmigo, y que quieras ser mi Señor. Creo que Jesús murió en la cruz por mí, y que su sangre cubre mis pecados y me permite presentarme limpio en tu presencia. También creo que tú lo levantaste de los muertos el domingo de resurrección. Por causa de Jesús yo me puedo acercar a ti. Gracias por perdonar mis pecados y por permitirme que vaya a vivir contigo en el cielo para siempre cuando muera. Gracias por enviar tu Espíritu Santo para ayudarme a obedecerte y a vivir mi vida plenamente aquí sobre la Tierra. Te amo, Padre celestial. Amén.

Para que aprendan a alegrarse en la disciplina

Podemos pensar que es imposible que nuestros hijos se deleiten en la disciplina. Pero "deleitarse" no es lo mismo que "disfrutar". Podemos ejercitar a nuestros niños en la comprensión de que la corrección es para el bien de ellos y, que por consiguiente, deben darle la bienvenida.

Amado Dios:

Entiendo que les has dado a mamá y papá la responsabilidad de protegerme y enseñarme. Gracias porque ellos me aman tanto que me están enseñando a vivir según tu Palabra. Yo quiero ser sabio y prestar atención a sus instrucciones.

Sé que tal vez no me guste ser corregido, pero necesito la corrección. Después de todo, no es tan difícil como podría llegar a ser para mí si ellos no me enseñaran a guardar tu Palabra. Gracias, Señor. Y gracias a ustedes, mamá y papá. Amén.

Como lo analizamos en un capítulo anterior, si elegimos aplicar el castigo físico, es importante completar la disciplina con un abrazo y una oración. Sugerimos la siguiente oración para ayudarles a nuestros niños a recordar que los amamos y que es el amor la razón para aplicar esta forma de corrección.

Amado Señor:

Gracias porque mis padres me aman, y porque me aman, me corrigen cuando peco. Gracias porque el castigo físico quita la necedad de mi corazón. Por favor, llena mi corazón de bondad para que pueda agradarte. ¡Más que nada, yo quiero tu bendición sobre mi vida! Me alegra que no sólo me hayas perdonado sino que te hayas olvidado de todo lo que he hecho mal. Me gusta mucho eso, y también me gustas tú. Amén.

Cuando necesitan diligencia

A causa de que la mayoría de nosotros ya no vivimos en granjas, nuestros niños no tienen la oportunidad de aprender la diligencia a través de las carencias que pueden producirse por actuar de ese modo. Debemos adoptar conscientemente la excelencia y el trabajo esforzado como virtudes que vale la pena desarrollar.

Amado Señor:

Admito que me gusta que las cosas me resulten fáciles, y cuando son demasiado difíciles, a veces prefiero abandonar, o simplemente hacer lo mínimo como para cumplir. Pero sé que me has creado para mucho más que eso. Tú me miras al tope de mi potencial. Yo quiero ser todo lo que tú quieres que sea. Deseo enfrentar todas las cosas con tu ayuda, sabiendo que tú me miras. Quiero darte lo mejor de mí. Sea que esté en la escuela, cumpliendo con mis quehaceres domésticos, o decidiendo qué hacer con mi tiempo libre, quiero procurar la excelencia. Amén.

Cuando deben resistir las presiones de sus pares

La presión de los compañeros puede presentarse en una diversidad de formas. Puede manifestarse como una atracción hacia las cosas del mundo, hacia ciertos amigos que tienen una influencia nociva sobre los niños, o como acciones que ellos saben que no corresponden. Y se percibe mayormente a través de una conciencia muy fuerte acerca de lo que el grupo considera aceptable o de onda.

Amado Señor:

Por favor, ayúdame a tener el valor de sostener aquellas cosas que sé que son correctas. Ayúdame a resistir la tendencia a querer ser como el mundo para sentirme aceptado. Quiero elegir amigos que me alienten a permanecer cerca de ti, Señor. Por favor, ayúdame a no tomar decisiones basadas en lo que los demás piensan; quiero que lo que yo elija te dé alegría. Perdóname, Señor, por haber buscado en ciertos momentos la aprobación de otras personas antes que la tuya. Amén.

Para que aprendan a buscar al Señor

· Cuanto más alentemos a nuestros hijos a buscar al Señor de todo corazón, tendremos que regañarlos y reprenderlos menos. Cuando nuestros niños aprenden a seguir al Señor, experimentan cada vez más la actitud paternal del Espíritu Santo, que los va cambiando desde adentro.

Amado Señor:

Quiero ser más como tú. Por favor, transfórmame a tu imagen mientras dedico tiempo a hablar contigo, a leer tu Palabra y a escucharte. Cuando la vida se me llene de actividades, ayúdame a recordar que no hay nada más importante que estar contigo. Y cuando vaya creciendo y las preocupaciones de este mundo traten de captar mi atención, ayúdame a seguir enfocando mi mente en lo que tú me digas. Te amo, Señor, con todo mi corazón, alma y fuerzas. Amén.

Cuando necesitan desarrollar dominio propio

No es algo infrecuente que nuestros hijos necesiten algo de ayuda extra cuando se trata del dominio propio. A menudo los niños pequeños necesitan pedirle a Dios que los fortalezca para vencer su impulsividad, su hiperactividad y, en ocasiones, sus arranques de ira.

Querido Señor:

Muchas veces hago cosas que no quiero hacer. Por favor, perdóname y ayúdame a detenerme y pensar antes de actuar o de decir algo que luego lamentaré. No me ha ido muy bien últimamente en este asunto de tener dominio propio. Por favor, ayúdame a cambiar. Lléname de tu poder y fortaléceme para que pueda hacer buenas elecciones. Gracias. Amén.

Cuando necesitan aprender a compartir y a dar

No es fácil llevar a los niños a comprender que hay mayor alegría en dar que en recibir. Pero podemos comenzar por alentarlos a dar y a compartir. Luego ellos llegarán a descubrir lo bien que uno se siente cuando se sacrifica para hacer feliz a otro.

Amado Dios:

Tú eres el dador de todas las cosas. ¡Gracias por haberme dado tanto! Tú has dicho que cuanto más yo dé, más voy a recibir. Me cuesta entenderlo, pero te creo. Quiero intentar hacerlo. Por favor, perdóname por haber sido avaro a veces. Ayúdame a recordar que uno se siente muy bien cuando comparte las buenas cosas que tú nos das. Amén.

Cuando tienen que luchar en la esfera espiritual

En ocasiones notamos que la oposición que tienen que enfrentar nuestros niños va más allá de lo natural y razonable. En esos momentos, nuestros hijos pueden utilizar las armas que Dios nos ha provisto para la batalla que se desarrolla en las esferas invisibles (ver Efesios 6.10-18).

Amado Señor:

Me doy cuenta de que necesito ayuda para pelear esta batalla, y que sin tu auxilio voy a perderla. Jesús, ayúdame a vencer sobre el poder que el diablo quiere ejercer sobre mi vida. Ayúdame a usar toda la armadura de Dios que me has provisto. He hecho todo lo que he podido. Pero ahora quiero quedarme quieto y ver como tú ganas la batalla en mi lugar. Gracias, Señor. Amén.

Capítulo 10

Los comienzos

Cuando Enfoque a la Familia me pidió que escribiera un capítulo adicional para *Corrección Creativa*, dedicado a los más pequeñitos y a los preescolares, me entusiasmó la idea pero me produjo una cierta intranquilidad. Ahora tengo tres chicos en la escuela intermedia, y aunque existen algunas inexplicables similitudes entre los de dos años y los preadolescentes, no estaba segura de poder preparar una caja de herramientas eficaz y adecuada a la realidad de estos primeros años. Me preguntaba si todavía podría establecer contacto con esa mamá que se halla en medio del suplicio de los pañales, los chupetes y las rabietas infantiles.

Para refrescar la memoria, recurrí a mis diarios personales escritos durante esos días (¡no hace tanto!) y me sentí inundada por algunas emociones familiares. Mientras recorría esos preciosos recuerdos, por momentos me sorprendía, por momentos me conmovía, pero en general me sentí alentada por la lectura. Y me reí a carcajadas al leer el siguiente registro, fechado el 7 de marzo de 1995:

¡Estoy taaan cansada! En realidad, no físicamente, aunque también. Más que nada me siento estresada emocionalmente. Sólo para el caso de que

295

en cinco años hubiera olvidado, dejaré constancia de lo siguiente: **¡Criar tres preescolares resulta agotador!** Hoy comenzamos con un nuevo cuadro en el que pegamos figuras autoadhesivas para registrar cuánto servimos a los demás. Los niños reciben una estampilla autoadhesiva cada vez que hacen algo para que otro se sienta feliz, y se les quita una cuando agravian o se hablan con rudeza. Cuando completen la planilla, podrán llegar a la meta y recibir un juguete. Hasta aquí, vamos bien. Esta mañana decidí renunciar al privilegio de hacer algo para mí misma. Eso implica que no podré realizar ninguna de mis rutinas, ni bañarme, ni limpiar, ni sentarme ante la computadora, ni muchas otras cosas. Pero esto me ha ayudado a reducir un poco mi frustración.

Quizá ustedes se sientan identificados con alguno de estos dos siguientes registros (o tal vez con los dos) que están fechados aproximadamente durante el mismo período:

Los niños siguen enfermos, y yo estoy muy agotada. En realidad no es el hecho de que estén enfermos lo que vuelve las cosas tan difíciles. Se trata más bien de lo que produce en ellos emocionalmente. La mayor parte de su autocontrol se fue por la ventana. Todo es una cuestión. Y lo que más me agota es que no puedo dejarles pasar las cosas simplemente porque estén enfermos. En condiciones normales lleva dos semanas completar el ciclo del restablecimiento, y para cuando eso suceda, los malos hábitos ya se habrán instalado en ellos y es probable que yo esté con los nervios destrozados. Así que la alternativa consiste en aplicar 100 palizas, ordenarles 200 veces "Súbanse a sus camas y quédense sentados ahí", y 300 reducciones de privilegios. Esta mañana estuve al borde de las lágrimas. A las 9.30 Tucker ya había recibido más correcciones físicas de las que puedo contar. Llamé a Steve a su oficina, y él comenzó a orar por mí a través del teléfono y a pedirle a Dios que me ayudara. Me sentí mal por eso. Le dije: "No quiero que ores por mí para que Dios me ayude; ¡quiero que tú me ayudes!". Dejó la oficina y vino a rescatarme (y a Tucker también).

26 de febrero de 1994

Tengo mucho sueño, estoy cansada de cuidar niños enfermos, y Tucker parece completamente fuera de control. Todas sus reglas y límites parecen haberse desintegrado a causa de la enfermedad. No tengo idea de cuándo vendrá Steve. Y todavía faltan cuatro horas y quince minutos para que pueda poner a dormir al primero de ellos. Esta noche habrá una exhibición preliminar de una película que deseo ver, pero no podré ir. Tucker acaba de informarme que le duele mucho el oído. El consultorio del médico está cerrado. Me siento gorda y sin motivación alguna. Y no hay nada sabroso para comer en la casa. Por lo demás, ¡éste ha sido un día magnífico! (a excepción de la tremenda discusión que tuvimos con Steve antes de que se fuera a la oficina).

¿Nos suena el siguiente párrafo como un día típico cuando hay niñitos pequeños en la casa?

Ayer, mientras hablaba por teléfono con mi mamá, los chicos tomaron un envase de tiza en aerosol y "pintaron" todo en el patio. Yo le había dado instrucciones específicas a Tucker con respecto a que sólo podía "pintar" las patinetas viejas. Pero él procedió luego a pintar el trampolín, la casita de muñecas, las bicicletas, los otros muebles,¡y a las niñas! Cuando Steve llegó, yo todavía estaba en el teléfono, Clancy tenía trazos de pintura en su cara (como los que se hacen los indios para la guerra) y Haven correteaba por el patio completamente desnuda, y con todo el cuerpo pintado con tiza en aerosol.

Justo cuando pensaba que había logrado arrojar todos estos traumas ocasionados por los pequeñitos a las profundidades del Nilo, me encontré con esta breve descripción en mi diario:

*En un momento del día, Tucker se enojó mucho por haberse golpeado la cabeza y me fustigó con estas palabras mientras lloraba: "¡No te quedes ahí parada; haz algo!" Después de aplicar una bolsa con hielo sobre su cabeza para evitar que se le hiciera un chichón, me coloqué una pequeñita gota de salsa tabasco en el dedo y la apliqué a la punta de su lengua para enseñarle a no faltar el respeto. Entonces él procedió a gritar con todas sus fuerzas por la ventana, para que todos los vecinos y los trabajadores sociales pudieran escucharlo: "**¡Alguien que me ayude, por favor!**". Lo repitió infinidad de veces.*

Lo que más me sorprende es lo poco que ha cambiado en realidad, en ciertos sentidos, la tarea paternal a través de los años. Mientras releía una oración que había escrito a favor de mis pequeñitos, me di cuenta de que podía haberla escrito ayer:

Querido Padre celestial:
Es como si hubiera una nube alrededor de los niños. En los días de antaño, los hijos respetaban y obedecían a sus padres. Y no puede ser que fuera porque los castigaran más; de otro modo eso hubiese sido abuso infantil. Entonces, ¿por qué mis chicos no muestran más respeto por Steve y por mí ni nos obedecen? La única razón que se me ocurre es que pueda deberse a las esferas espirituales que los rodean. Yo los mantengo bastante protegidos de la cultura del mundo, así que esos poderes tienen que ser invisibles y estar por todos lados. Ésta es la principal razón por la que ayuno. Siento que he hecho todo lo que sé hacer. Les he pegado, los he animado, les he dado figuritas autoad-

hesivas, he apelado a su razón, he tenido misericordia: absolutamente todo. Y he mantenido coherente mi forma de actuar. Ahora voy a concentrar mis energías en batallar contra las potestades de los aires que los rodean. Jesús, te pido que por favor me muestres cómo hacer guerra espiritual a favor de mis hijos y de la familia. Desmantela cualquier cosa que los rodee y provoque su desobediencia, falta de respeto, avaricia, orgullo, egoísmo y otras maldades. Comienza conmigo y con Steve, si es necesario. Lo que sea. Yo sólo quiero que mis niños tengan una oportunidad justa para responder como debo. Estoy convencida de que sólo tú puedes cambiar y moldear sus corazones. Por eso oro y te pido que lo hagas. Limpia de toda oscuridad las esferas de los aires que los rodean, y sopla para que venga sobre ellos una nueva fortaleza de parte de tu Espíritu. Dales un corazón que se apegue a ti. Anímalos a amar y a desear la justicia. Pon respeto y confianza en sus corazones hacia nosotros y hacia cualquier otra autoridad. Dame sabiduría sobre aquellas cosas que debería hacer y no estoy haciendo. Dejo el resto en tus manos.

Escribí el último párrafo que quiero mostrarles aproximadamente un año antes de comenzar a redactar *Corrección Creativa*.

"No descartes las luchas por las que pasas en este momento. Escucha a Dios cuando él te enseña, para que puedas enseñar a otros. Como lo descubrirás después, los períodos de sufrimiento nos enseñan algo que no conocíamos antes y nos pueden preparar para un tiempo en el que tengamos que ejercer la consejería, tal vez de aquí a unos años." (Max Lucado)

Ésta era la cita para hoy que aparecía en el calendario que tenemos en el baño. Y "sucede" que yo acababa de pedirle a Dios que me mostrara con claridad que él se haría cargo de todo hoy. Irónicamente, tuve un día muy difícil, en especial en lo que hace a la conducta de Tucker. Creo que el Señor quiso decirme por adelantado que las cosas que iba a aprender al criar un

*niño como Tucker incluían lecciones que él usaría después para permitirme
ayudar a otras madres.*

¡Estas palabras del último registro de mi diario resultaron absolutamente ciertas! Continúo hasta hoy escribiendo y hablando, no desde
una perspectiva de perfección paternal, sino desde la perspectiva de una
madre que está en la trinchera. Así que vamos a abordar juntos el tema
de los más chiquitos.

LAS ARMAS MÁS EFICACES
EN EL ENTRENAMIENTO DE LOS MÁS CHICOS

Aunque los infantes y los preescolares nos agotan, con ellos funcionan muy bien las formas más simples de corrección. Así que aunque
hemos agregado una caja de herramientas para los más chiquitos al
final de este capítulo, quiero repasar por adelantado con ustedes las
herramientas que considero más eficaces: el castigo físico, la rutina,
las elecciones, el imprimirles un nuevo rumbo, el tono de la voz, y
toneladas de *amor*.

Comencemos con la vía de corrección más tradicional: el castigo
corporal. A menos que se hayan salteado capítulos, ya saben cómo pienso sobre el castigo físico. Creo que se trata de una herramienta maravillosa cuando se utiliza con amor y dominio propio, pero no la considero la solución que *acabará* con todos los desafíos por mala conducta que
tengamos que enfrentar.

Una de las escrituras más usadas para fundamentar el uso del castigo físico es Proverbios 22.15: "La necedad es parte del corazón juvenil,
pero la vara de la disciplina la corrige". Aunque creo que la mejor inter-
pretación del término *vara* en este versículo es la literal, en la Biblia
también se usa la misma palabra para referirse a un pastor que guía,

protege y aun anima a sus ovejas.

Debemos ser sabios y usar la vara en el sentido total de su significado. Podemos abordar la necedad guiando a nuestros hijos con nuestras palabras, protegerlos al hacer respetar los límites establecidos, y animarlos amorosamente. Pero hay momentos en los que un golpecito en las posaderas de nuestras pequeñas ovejas es justo lo que necesitan, en especial cuando son rebeldes (¡beee-ee!; discúlpenme pero no me pude contener).

Me gustó la respuesta de Tucker cuando traté de convencerlo cierta vez acerca de la importancia del castigo físico. "Hijo", le dije,"algún día vendrás hasta mí y me dirás: 'Mamá, te desobedecí y necesito que me pegues para sacar la necesidad de mi corazón'. Y entonces me agradecerás por haberte amado lo suficiente como para corregirte."

Su respuesta me llegó con rapidez: "Bien, hoy no es *algún día*. ¡Así que no quiero que me castigues!"

Cuando nuestros niños eran más pequeños, utilizábamos el castigo corporal bastante a menudo para establecer un fundamento de respeto y autoridad. Proverbios 9.10 explica: "El comienzo de la sabiduría es el temor del SEÑOR". La palabra que se traduce como *temor* en este texto significa "un temor reverente o un respeto saludable". No creo que haya nada de malo en que mis hijos "me teman" lo suficiente como para prestar atención a mis órdenes y respetar el lugar de autoridad que Dios me ha dado en sus vidas.

Si mientras son pequeñitos me obedecen por la sola razón de que temen lo que pueda suceder si no lo hacen, yo no tengo problemas. Ese es el comienzo de la sabiduría (no el fin), pero es un buen comienzo. Sobre esa base podemos disfrutar de los beneficios de Proverbios 19.23: "El temor del SEÑOR conduce a la vida; da un sueño tranquilo y evita los problemas".

EL VALOR DE LA RUTINA

Afortunadamente, la mayor parte de las veces hay muchas otras opciones de corrección diferentes y a veces más apropiadas. La primera pregunta que debemos hacernos para determinar el tipo de corrección más adecuado es si hemos sido coherentes en cuanto a los horarios y rutinas que resulta necesario observar en el trato con los pequeñitos. Muchas veces nuestros niños no necesitan castigo físico, ni penitencias, ni que les contemos "1, 2, 3": precisan una buena siesta.

O, como lo expresó Tucker sucintamente en cierta ocasión, a veces soy yo la que más la necesita. Al finalizar un largo día, él se acercó a mí en la cocina y me preguntó: "¿Estás cansada de dar palizas?"

Fatigada, le confesé: "Sí, Tucker, realmente estoy cansada".

Me observó y dijo: "Sí. Me parece que necesitas una siesta."

Los niños responden bien a la coherencia y a la rutina. Sus pequeños cuerpos necesitan una determinada cantidad de horas de sueño por la noche, descansar bien cada día, recibir el alimento a su hora (y algunos refuerzos en el medio), pasar parte del tiempo dentro de la casa y otra parte del tiempo al aire libre, tener períodos definidos de juegos y también de quietud, contar con algunos intervalos en los que la atención se focalice en ellos y otros en los que se focalice en los demás, alternar tiempos de plena actividad y tiempos de calma.

Le escribí una carta a Haven para su segundo cumpleaños, en la que incluí la rutina diaria que le correspondía por su edad. Quizá nos ayude a "ver" qué es lo que quiero decir cuando menciono que resulta importante que nuestros pequeñitos se muevan dentro de una rutina.

Haven, estos son los horarios de tu día:

7.00: Te sientas en el regazo de papá o en el mío para mirar a Barney, ese dinosaurio grande y violáceo que te encanta.

7.30: "Desayuno." No te gusta la leche. *"¡Puajjj!"* Pero aceptas que te dé leche con chocolate todas las mañanas. Te encanta comer en tu desayuno cereales crocantes de banana y nueces. No se trata de cereales infantiles. Pero son tus favoritos, y los de papá también.

8.00: "Tiempo a solas en el cuarto." Te dejo en el cuarto de Clancy tras la verja que coloco en la puerta para que juegues sola. Pongo un casete con la música de Barney, y tú *"cocinas"* o *"lees"* o juegas con tus muñecas.

9.00: "Tiempo de estar juntos." Durante este tiempo tú y Tucker juegan juntos en tu cuarto. Con frecuencia debo actuar como réferi durante esa hora. Tengo que decirles muchas veces: *"no se arrebaten las cosas", "no se peguen", "¡COMPARTAN!",* y cosas por el estilo. Pero ambos siempre anhelan el tiempo de poder estar juntos.

10.00: Es hora de los dibujitos de *Plaza Sésamo:* Tú y Tucker se sientan en el sofá de la sala y miran *Plaza Sésamo.* No les permito que se levanten hasta que termina, pero ni siquiera lo intentan.

11.00: "Tiempo de un bocadito" y *"tiempo al aire libre".* Tú y Tucker van a jugar al patio mientras yo les llevo un bocadillo. Generalmente se trata de algún jugo acompañado por unos trozos de frutas o galletas, o algo especial para sorprenderlos. Los dos tienen juguetes en los que se pueden montar, o juegan a los cowboys, o cavan en el arenero. Son muy aventureros.

12.00: "Tiempo libre." Miran vídeos o hacemos mandados juntos o vamos a la casa de abuelita.

1.00: "Almuerzo."

1.30: "Hora de la siesta."

3.30: "Hora de la escuela." Te encanta jugar con rompecabezas o pintar. Ya sabes *"la canción del alfabeto".* Y, junto con Tucker, estás aprendiendo los números. Conoces una gran cantidad de canciones porque cantas mucho, y has memorizado muchos de los versículos bíblicos a los que llamamos *"Guárdalos en tu corazón".*

4.00: "Tiempo de estar los tres juntos." A veces funciona y a veces no.

5.00: "Tiempo de lectura." Realmente les gusta ese momento. Toman una pila de libros. Luego les leo uno de ellos, y después pongo el cronómetro y tú y Tucker se sientan en el sofá y leen durante 15 minutos. Luego yo vuelvo a leerles.

5t.30: "Llega papá." ¡Sí! Y papá juega con ustedes mientras yo termino de preparar la cena.

6.00: "Tiempo de cenar."

6.30: "Tiempo de tomar un baño." Papá los baña a los tres juntos en la bañera grande. ¡Les encanta!

7.00: "Tiempo de leer la Biblia y luego dormir." Te sientas en mi regazo, y luego leemos dos libros y una historia bíblica antes de que se metan en la cama luego de beber un último sorbo de agua. Entonces oramos por ustedes y cantamos una canción de alabanza.

Así que este es un típico día de tu vida a los dos años. Puede parecer un poco rígido, pero debes recordar que sólo es el ideal y en la práctica raramente se mantiene con la exactitud con que lo he puesto en el papel.

Cuando el organismo de nuestros niños se acostumbra a los horarios, podemos descubrir con más facilidad cuando lo que determina una conducta negativa es un berrinche, hambre, o aburrimiento.

ELECCIONES Y CONSECUENCIAS

También podemos permitirles a los niñitos de dos años que elijan, antes de embarcarnos en una lucha de voluntades. El grito de guerra de los más pequeñitos es "yo puedo hacerlo solo". Les bulle dentro la necesidad de ejercitar su independencia. Esto es lo que convierte a los de "dos" años en terribles, pero fantásticos.

Capitalicemos ese deseo de estar en el control de sus vidas ofreciéndoles opciones. Por ejemplo: "Puedes ponerte la camiseta roja con Mickey Mouse adelante, o la rosa, con la figura de Barbie"; "El almuerzo queda a tu elección hoy: ¿Quieres un sándwich de pasta de maní y mermelada, o barritas de pescado?"; "¿Prefieres obedecer a mamá y dejar de hacer berrinches, o ir a tu cuarto y quedarte detrás de la verja que usamos para los bebés hasta que te calmes?"

Cuando crecen un poco, podemos jugar con ellos a "elecciones o consecuencias". Resulta un juego útil cuando comienzan a negociar por terceras y cuartas opciones después que se les han dado sólo dos. Nosotros, como los presentadores del juego, simplemente les recordaremos que sólo tienen la posibilidad de elegir entre dos puertas, la número uno y la número dos. Si alguno de los niños insiste en discutir, aflojaremos nuestra postura e introduciremos la puerta número tres, pero informándole que no le va a gustar lo que hay detrás de esa puerta.

A veces podemos evitar por completo la confrontación tomando algunas medidas precautorias. Mucho se ha escrito acerca de la importancia de tener una casa a prueba de niños pequeños por razones de seguridad. Recomiendo realizar una pasada adicional por la casa para volverla a prueba de tentaciones. No hay razón para que "sean tentados más allá de lo que puedan aguantar".

Escribí en un capítulo anterior que no soy muy partidaria de distraer a los niños cambiando el centro de atención para tratar de evitar un conflicto inevitable, cuando en realidad lo que queremos enseñarles es el significado de la palabra no. Al leer los primeros capítulos de Génesis, no encontramos a Dios, como Padre de Adán y Eva, preocupado por distraer la atención de sus hijos del árbol del conocimiento del bien y del mal a través de alguna otra cosa más colorida e interesante. En lugar de eso, dice que él lo colocó en medio del jardín y simplemente les dijo: "No coman de él o morirán".

Sabemos que ellos eran tan propensos a querer extender los límites como nuestros niños. Y porque no estaban dispuestos a aceptar un no como respuesta, el pecado y la muerte entraron al mundo, y todavía seguimos sufriendo las consecuencias. Tucker captó este concepto a una edad muy temprana. Siendo todavía un preescolar, le ordené que no hiciera algo, pero él lo hizo de todas maneras. Camino al baño, donde iba a recibir su corrección, lo escuché decir, con un suspiro: "¡Ojalá Adán nunca hubiera pecado!"

Pero en el jardín del Edén, aunque Dios les dijo que había un árbol que no se les permitía tocar, también les proveyó muchas otras alternativas. Como padres, podemos hacer lo mismo. Compensar por los cajones y armarios que están fuera de los límites de nuestros niñitos, proveyendo otros cajones llenos de tapas y recipientes plásticos y de repasadores entre los que ellos puedan hurgar. Si tenemos ornamentos frágiles para nuestro árbol de Navidad, ¿por qué no brindarles un árbol navideño infantil, decorado con ornamentos plásticos?

Busquemos formas de proveer alternativas aceptables a nuestros niñitos para aquellas situaciones que requieren que se aparten por completo de ciertas cosas peligrosas. ¡Aun un bebé puede comenzar a aprender una lección como ésta, que les resultó tan difícil de captar a Adán y Eva!

Un cambio en el tono y montañas de amor

Una corrección creativa, en su forma más básica, puede consistir simplemente en un cambio en el tono de voz que usamos con nuestros pequeñitos. Un "no" firme produce maravillas, y aun lleva a las lágrimas a aquellos niños más sensibles (yo sólo tuve un niño de esa clase).

Instintivamente utilizamos un tono entusiasta de voz cuando tratamos de "alentar" a nuestros niños a guardar sus juguetes o realizar alguna tarea aún menos interesante. Decimos con un tono de voz musical y agudo: "¡Tengo una gran idea! ¡Sáquense la ropa lo más rápido que puedan y métanse en la bañera para que puedan ir a la cama lo antes posible!"

Aun un susurro es a veces una manera eficaz de estimular a la obediencia. Cuando nos sintamos tentados a gritar, mejor pasemos al otro extremo y susurremos. Esto quizas sacuda a nuestros pequeñitos de su estupor cuando el zumbido de nuestras continuas órdenes los mantiene paralizados como en trance.

Quiero alentarlos a procurar disciplinar usando una voz amorosa y amable. Aun cuando nuestros niños pequeños puedan no entender lo que estamos tratando de enseñarles a través de la corrección, sí comprenden lo que hay en nuestro corazón de una forma clara y definida por el tono de nuestra voz.

Esto nos lleva a considerar la forma de corrección más fácil, importante y efectiva en cualquier edad: ¡montañas de amor! Resulta sorprendente lo mucho que se logra tranquilizar a un niño de tres años al sentarnos en el piso a jugar con él durante 15 o 20 minutos. Tal vez esa misma cantidad de tiempo dedicada a pintar con nuestra hija produzca mejores resultados que cien penitencias. Participemos en los juegos de nuestro hijo con sus autitos, y luego lo veremos deleitarse en obedecer y agradar a papá y mamá.

Necesitamos recordar que la conducta negativa a veces puede ser sólo un desesperado grito por llamar la atención. No es coincidencia que mis pequeñitos siempre hicieran escenas cuando yo estaba en el teléfono o tenía la cara pegada a la computadora. Los días más desgastantes fueron siempre aquellos en los que puse a mis hijos, por falta de visión, en mi lista de "cosas por hacer".

Si descubrimos que nos sentimos frustrados porque nuestros

pequeñitos se han puesto desobedientes y no nos permiten *terminar de atenderlos* para pasar a realizar actividades más importantes, es tiempo de que recurramos al más letal de los castigos. Esto significa tomarlos en nuestros brazos y besarlos por todas partes, haciendo pausas para simular que vamos a comernos su barriguita a besos. O someterlos a una sesión de tortura de cosquillas. O simplemente alzarlos y abrazarlos hasta que rueguen y chillen pidiendo clemencia.

Y por sobre todo, agradezcamos a Dios por el privilegio de ser padres. No nos preocupemos: el día de su boda ellos no van a entrar por el pasillo de la iglesia chupándose el dedo; serán nuestros mejores amigos cuando crezcan. Nunca pensé que me iba a oír decir esto, pero es verdad.

Disfrutémoslos mientras son pequeños, porque crecen sin que nos demos cuenta.

Los niños pequeños

Caja de herramientas

Objetos que les producen seguridad (objetos transicionales)

- Cuando Haven cumplió tres años sentimos que era el tiempo adecuado para que dejara su "bappy", como llamaba al chupete. En esa época ella estaba muy impresionada por la película *Blanca Nieves y los siete enanitos*. Y justamente teníamos una amiga de la iglesia que había representado el papel de Blanca Nieves en Disneylandia. Así que para la fiesta de su tercer cumpleaños programamos una fiesta que tenía como motivo central a Blanca Nieves, y para hacerla completa, tuvimos la presentación especial de la princesa de Disney en persona. Entonces le dijimos a Haven que ésa sería una buena oportunidad para darle a su querida Blanca Nieves su amado "bappy". A la vez, Blanca Nieves le regaló una muñeca de trapo para acurrucarla junto a sí por las noches. Probablemente ustedes no conozcan a alguien que represente a uno de los personajes de Disney, pero ¿qué tal si hacemos aparecer a Barney, uno de los personajes de televisión favorito de los niños? (Como comentario al margen, quiero señalar que la mordida de Haven había comenzado a deformarse a causa del chupete, pero volvió a sus formas naturales a los pocos días de abandonarlo. Ella también quiso que yo escribiera que se fue a la cocina y se puso a llorar a mares.)
- Leí acerca de una familia que realizó una "fiesta de despedida del chupete", en la que se incluyeron globos, torta y regalos. Durante los siguientes días, cada vez que el niño pedía por su chupete, le recordaban la gran celebración en la que él había tirado su "pete" a la basura y había decidido dar un paso adelante y convertirse en un muchachito más grande.
- Una mamá recomienda humedecer todos los chupetes con jugo de limón para que no les resulten tan atractivos.

- ¿Y qué tal programar el paso de un "hada"? Cuando nuestra niña nos avise que está lista, pidámosle que coloque el chupete debajo de su almohada, para que el "hada furtiva" venga y se lo cambie por un regalo más adecuado a una "niña grande".
- Hay un lindo librito de los Muppets que se llama *Bye-bye Pacifier* ["Chau chau chupete"] y que podría preparar de una manera divertida a nuestros pequeños para este paso inevitable.
- Escuché acerca de otra mamá que iba recortando un pedacito del chupete cada noche. Finalmente el niño se despertó una mañana y anunció: "Esto está roto", y lo arrojó a la basura.
- Otra familia simplemente le dio a su niño un chupete nuevo, y el que lo encontrara distinto acabó con su hábito.
- Recibí una frazada cuadrada y pequeña para el baby shower de Tucker. Él la amaba y se volvió muy afecto a ella. Pero un día la perdí. En pánico, corrí hasta la tienda Wal-Mart más cercana y compré una frazada grande y cinta ancha de satén en la mercería. Corté la frazada en cuadrados de unos 45 centímetros y les cosí la cinta de satén alrededor. Tucker ni se dio cuenta, y yo me quedé con frazaditas de reemplazo disponibles para cuando debía lavarla. Y alguna extra para llevar a la casa de la abuela y para tener en la bolsa de los pañales y en la camioneta.
- Usé la siguiente estrategia para ayudar a Tucker a quebrar un hábito: chuparse el dedo. Cada vez que él lograba pasar un día entero sin chuparse el dedo, podía marcar ese día en el calendario. Cuando pudo llegar a los 21 días consecutivos (dicen que ese es el tiempo que lleva romper un hábito), se ganó un paseo por la juguetería para elegir y comprar el personaje de acción que prefiriera.
- Tucker de pequeño era un niño que se chupaba el dedo, se

aferraba a su frazadita, y se retorcía el pelo para dormir. Afortunadamente, el tema de chuparse el dedo y el de retorcerse el cabello iban de la mano. Cuando dejó de chuparse el dedo, también abandonó la costumbre de retorcerse el pelo. Pero la frazadita fue otra historia. ¿Alguna vez leyeron el libro *The Poky Little Puppy?* Le pusimos nuestra propia trama a este pequeño cuento, y yo comencé a recortar dos centímetros por vez a su amada frazadita hasta que sólo quedó un pedacito de muestra como para que él pudiera sostenerlo entre sus manos. A esa altura ya no tenía nada de satén, y esa era la parte que le gustaba acariciar. Una mañana, el pedacito sobrante de su "frazadita" se perdió entre las cobijas, para no encontrarse más. Lloró durante un par de noches y luego nunca volvió a mencionarlo. (Guardé una de esas frazaditas "extra" que había confeccionado para ponerla en su caja de recuerdos como bebé.)

Corrección Creativa

- Cuando le decimos a alguno de nuestros niños que haga algo y no lo hace porque se distrae con un juguete o un vídeo, debemos sacarlo de su distracción. Con toda amabilidad, quitémosle el juguete o saquemos el vídeo de la casetera y expliquémosle: "Sé que quieres obedecer a mamá, pero este muñequito lo está dificultando. Así que lo vamos a poner a un costado para que me puedas obedecer."

- El irse a dormir temprano puede resultar una corrección muy dolorosa para un pequeñito. El único problema es que a los niños pequeños les cuesta asociar algo que han hecho más temprano durante el día con el castigo que reciben por la tardecita. Tratemos de confeccionar un reloj con un plato de cartón y broches de bronce. Al comienzo del día, colocaremos las manecillas del reloj en la hora normal en que se van a dormir nuestros niños. Luego, a través del día, cada vez que arrojen los juguetes, se escapen cuando los llamamos, golpeen a sus hermanos, o se comporten de alguna manera que estamos tratando de mejorar, retrocedamos la manecilla del reloj cinco minutos. Al finalizar el día, la hora marcada por este reloj será la hora en la que irán a la cama.

- Cuanto más pequeño sea el niño, tanto más fácil resultará encontrar formas de corrección creativa. Por ejemplo, si el niño trae una mala nota de su maestra de jardín o del preescolar, no le permitamos agregar mayonesa a su comida de la cena. (Y, ¡oh, que coincidencia!, el emparedado que íbamos a servir la requiere.) Pensemos acerca de otros "placeres simples" de los que los podamos privar y que resulten eficaces para enseñarles una lección importante.

- Me encanta la siguiente historia que me contó una mamá joven, que encontró algo a través de cual podía llegar a su hijo para hacerlo parar y reflexionar con respecto a sus elecciones: su amada colección de autitos. Ella me explicó: "Cada vez que necesito que haga algo (o que pare de hacer algo) y él no me obedece, le recuerdo que voy a tener que agregar uno de sus autitos a mi colección de ese día. Si él no obedece, le saco uno de sus vehículos y lo coloco en un estante de la cocina, y no se lo devuelvo hasta el día siguiente. Y tiene otra ventaja: Mi marido se da cuenta inmediatamente cómo ha sido mi día por la cantidad de autitos y camiones de juguete que tengo en la estantería." Y me encanta esta parte de su historia: "Es una gran manera de empezar el día siguiente con una nota positiva. Mi hijo recoge con alegría todos sus autitos de juguete."

- Si tenemos un niñito al que le encanta tocar todo, especialmente lo que encuentra en la mesita ratona, por ejemplo, intentemos usar una palmeta para moscas, con la que golpearemos sobre la mesita del café. El sonido lo sobresaltará lo bastante como para que perciba lo que queremos señalar sobre los objetos que no están dentro de los límites permitidos, y no necesitaremos siquiera tocarlo.

- ¿Nuestra niñita tiene una muñeca bebé? ¿Nuestro hijo alguna figura de los super héroes o algún animalito de peluche? La próxima vez que tratemos de enseñarles una lección, hagámoslo a través de su juguete favorito. "Es hora de guardar los juguetes. ¡Oh, mira, el Hombre Araña ordena junto contigo." O: "La bebé Susy se va a sentar a tu lado mientras cumples tu penitencia. Mira, ya te está esperando."

- Salmos 34.12-13 dice: "El que quiera amar la vida y gozar de días felices, que refrene su lengua de hablar el mal y sus labios de proferir engaños". Si nuestro niño preescolar nos dice una enorme mentira y lo descubrimos, recordémosle este versículo. Entonces mandémoslo a mirarse en el espejo, hagámosle abrir la boca, sacar la lengua, y quedarse mirándola hasta que pueda volver y decirnos la verdad.

Recompensas

- Las recompensas para los niños pequeños pueden ser muy simples. Sé de una mamá que le permite a su niñito de dos años soplar la vela que ilumina el baño todas las noches que él se deja lavar los dientes sin resistirse o retorcerse. ¿Podemos pensar otros pequeños placeres que nuestros pequeñitos disfrutarían si los usáramos como recompensas?

- Las monedas pequeñas van bien para los preescolares que no tienen un concepto del valor del dinero. Les podemos dar esas moneditas sin que incidan en nuestro presupuesto, y a medida que vayan juntando unas cuantas, sus ojitos se abrirán muy grandes, sobre todo cuando las coloquemos en un frasco transparente. Podemos dárselas cada vez que levantan sus juguetes, cada vez que dicen gracias, o cuando comparten sus cosas. Luego se puede comprar un juguete con todas las monedas acumuladas. (¡Afortunadamente, los juguetes de los niños pequeños son relativamente baratos, así que la cosa funciona!)

- Las moneditas les parecen muy importantes a los niñitos de tres años. Una vez superada la etapa de "llevarse todo a la boca", intentemos el método. Comencemos el día dándoles diez moneditas para que se las pongan en el bolsillo, y las niñas en la carterita. Esto hace que se sientan grandes. Detestan tener que devolver aun una monedita cuando hacen algo malo y deben entregarla como castigo. Al final del día, permitamos que gasten el dinero que hayan logrado conservar en alguna cosa pequeñita.

- Consigamos dos frascos de vidrio y llenémoslos por la mitad con bolitas. Coloquemos en uno la etiqueta "La jarra de las bolitas tristes" y en el otro "La jarra de las bolitas felices". Cada vez que los niños hagan algo que hace feliz a Dios (obedecer sus mandamientos), transfiramos una bolita de la jarra "triste" a la jarra "feliz". Cada vez que hagan algo que le provoca tristeza a Dios (quebrantar sus mandamientos), hagamos lo opuesto. La idea es que se vacíe la jarra de las bolitas tristes y se llene la jarra de las bolitas felices. Cuando suceda, vayamos directamente a McDonald's y comprémosles una "cajita feliz".

- Aprendimos de Mary Poppins que una cucharada de azúcar ayuda a pasar la medicina. Bueno, yo suelo decir que "¡también un puñado de grajeas de chocolate!" Así que la próxima vez que nos dirijamos a la farmacia a comprar un remedio para uno de nuestros pequeños, también compremos una bolsa de M&M's. Después de tragar la cucharada del temido jarabe rosa, démosles algunas grajeas de chocolate.

- Yo solía tener un recipiente de caramelitos de gelatina sobre la mesada de la cocina, al que llamaba "las pepitas de los buenos modales". Cada vez que mis chicos se acordaban de decir "gracias", "por favor", "sí señor", "no, señor", "sí, por favor" o cosas similares, les permitía tomar uno de esos caramelitos. También recibían una "pepita de los buenos modales" por mostrar buenos modales en la mesa y cuando conocían nuevas personas. En poco tiempo se volvían más dulces que los caramelos, y como sólo recibían uno por vez, podía dárselos en cualquier momento sin preocuparme de que les fuera a estropear el apetito.

- Me encanta usar comida como recompensa, pero sé que mucha gente piensa que esto les transmite un mensaje inadecuado a nuestros niños acerca del lugar que debe ocupar la comida en nuestras vidas. Así que les ofrezco una variante. Cada vez que el niño haga algo que merezca una recompensa, permitámosles darle al perro algo sabroso. De esta manera no les enseñaremos malos hábitos alimentarios (¡sólo al perro!).

- ¡Es difícil superar a las tradicionales estrellas doradas! Hay algo especial en ganar uno de esos pequeños autoadhesivos con forma de estrella, que hace que nuestros hijos se sientan orgullosos por haber hecho lo correcto. Una plancha llena de estrellas doradas produce maravillas para afirmar la autoestima en un niño.

- Aquí les presento una recompensa simple, y de algún modo educativa. Consigamos algunos palillos de grosor fino y cuentas de madera que se puedan ensartar en ellos. Permitamos a nuestros niños colocar una cuenta en el palillo por cada elección correcta que realice durante el día (lo que también les permitirá ejercitar su motricidad fina mientras se ganan una recompensa). Al final del día, hagamos que nuestro alumnito cuente el número de cuentas que ha enhebrado en el palito, y cambiémoselo por algo que le guste.

- ¿Hemos visto alguna vez esas enormes velas que parecen necesitar años para consumirse? Compremos una y démosle el nombre de "vela de la victoria". Luego, cada vez que nuestros niños merezcan un reconocimiento especial, encendamos la vela y celebrémoslo durante todo el día.

- Compremos un almanaque y dibujemos una cara feliz con una gran sonrisa en la fecha del día. Si el niño pasa todo el día sin hacer un escándalo, dejemos esa cara sonriente. Pero si se enfada, agreguemos una arruguita de ceño fruncido sobre la sonrisa. Cuando se conectan la curva de la sonrisa con la curva del ceño fruncido, parecen una gran boca abierta gritando. Alentemos a nuestros niños a conseguir una carita feliz durante siete días seguidos para obtener una "recompensa por la semana feliz". Tal vez la recompensa pueda ser el juguete de la "cajita feliz" de McDonald's, o de algún otro lugar de comidas rápidas. La idea es guardar los juguetes que vienen con el almuerzo para poder entregárselos en un momento posterior por su buen comportamiento. Esto nos ayuda a que se comporten durante la comida, ya que no pueden dar por sentado que recibirán el juguete.

- ¿Alguna vez pierden los chicos su interés por las figuritas autoadhesivas? Los álbumes de figuritas son fáciles de conseguir, y las figuritas resultan relativamente baratas: combinación perfecta que nos permite poder usarla cuando queremos decirles: "He notado que hiciste una buena elección".

Salidas a lugares públicos

- Digámosles a nuestros pequeñitos que es tiempo de "esconder nuestros pulgares" cuando notamos que podría haber demasiadas cosas que los tienten a tocarlas. El mantener los pulgares apretados dentro del puño les dificulta el tomar cosas que no deberían tocar dentro de un negocio.

- Si el negocio de comestibles tiene baldosones grandes en el piso, mientras esperamos en la fila para pagar, asignémosle uno a cada niño para que permanezca parado dentro de él mientras empacan nuestra mercadería y estamos listos para irnos. Propongamos el juego de no pisar las líneas divisorias. Más adelante, ésta podría convertirse en una buena lección objetiva en cuanto a ser cuidadosos de no "cruzar la línea" cuando una persona con autoridad sobre nosotros nos traza un límite, imaginario, pero no menos real.

- Si alguno de nuestros niñitos se rehúsa a caminar de la mano mientras atravesamos el estacionamiento o cruzamos la calle, presentémosle esta alternativa: "O te tomo de la mano, o tendré que tomarte del cabello". La independencia no parece tan atractiva puesta en esos términos.

- Los padres de cualquiera de estos chiquillos saben que los momentos posteriores a descender del automóvil en un supermercado pueden resultar estresantes y potencialmente peligrosos. Una idea que sugiero es hacer que los niños se paren de inmediato sobre una de las líneas que separan los espacios de estacionamiento. Cuando son muy pequeñitos, coloquemos sus pies sobre la línea y digámosles que no deben quitar su mirada de los pies para asegurarse de que no se muevan de allí.

- Otra sugerencia es que los chicos mantengan una de sus manos apoyada sobre alguna parte del automóvil hasta que nosotros los tomemos de las manos para atravesar el estacionamiento. Pongámosles una meta por delante: Tendrán que hacer esto hasta que su altura sobrepase la del automóvil, momento a partir del cual sólo se mantendrán parados junto a él esperando marchar juntos.

- Asegurémonos de llevar sus crayones la próxima vez que vayamos al consultorio del pediatra. Es probable que allí encontraremos papel en el que puedan pintar (por las dudas podemos llevar algunas hojas nosotros) mientras esperamos que el doctor llegue.

- Para premiar el buen comportamiento en el negocio de comestibles, intentemos esto en lugar de dirigirnos a las máquinas de golosinas que encontramos a la salida: Seleccionemos una de las estanterías y permitámosles elegir de ella cualquier cosa que deseen. Por ejemplo, puede ser la estantería de los cereales, de los bocadillos o de las galletas. Ésta será la última que visitemos antes de pagar en la caja.

- ¿En la entrada del negocio hay alguno de esos juegos en los que los niños pueden treparse y disfrutar colocando una monedita? Si es así, démosle a cada niño una moneda al entrar al negocio. Si se comporta bien durante todo el tiempo que estemos adentro, y no pierde su dinero como castigo por andar tocando cosas, corriendo o desobedeciendo a mamá, al salir puede colocar la moneda en la ranura del juego y disfrutar subiéndose a él (¡tanto como nosotros disfrutamos de ese paseo de compras sin estrés!).

Entrenamiento para dejar los pañales

- Con nuestros tres hijos utilizamos el libro *Toilet Training in Less Than a Day* [Entrenamiento de menos de un día para aprender a ir al baño]. Y nos resultó; es decir, luego de un intento prematuro y un "descarrilamiento". La primera vez que intenté que Tucker dejara sus pañales fue justo antes de su segundo cumpleaños y luego del nacimiento de su hermanita Haven. Decididamente no estaba listo para eso, y luego me quedé embarazada de la bebé Clancy y no me quedaron fuerzas como para intentarlo de nuevo hasta después que hubo cumplido los tres años. (A esta altura ya teníamos tres niños con pañales, y no podía posponer lo inevitable). En mi segundo intento, traté de crear una gran expectativa ante Tucker, informándole que estaba por llegar el día en que comenzaría su "entrenamiento" para aprender a usar la bacinilla. Cuando llegó el gran día, él estaba tan excitado que apenas podía controlar su entusiasmo. "¿Dónde está el tren bacinilla? (*) ¿Cuándo va a llegar aquí el tren bacinilla?". No hace falta mencionar que la decepción que sufrió al descubrir que el entrenamiento para usar la bacinilla no tenía nada que ver con una locomotora hizo que pospusiéramos ese gran día para la semana siguiente. Cuando el día llegó, dejé las dos bebés con la abuela y me puse un delantal con los bolsillos llenos de pequeñas delicias. La nevera estaba repleta de toda clase de bebidas atractivas para él, y me dediqué durante las horas subsiguientes a llenar su vaso de jugo, y luego a alentarlo a no mojar su ropa interior con la imagen de un superhéroe impresa.

Para la hora en que su papá llego a casa ese atardecer, él ya estaba muy entrenado en el uso de la bacinilla (aún durante la noche).

- ¿Hay algún vídeo infantil que sabemos que a nuestro niñito le encanta? Me contaron sobre una mamá que le compró uno de esos vídeos especiales a su hijo y le permitía mirarlo cada vez que usaba la bacinilla para hacer sus necesidades. "En tres días", dijo ella exultante, "ya estaba acostumbrado a hacer 'popó' en su bacinilla."

- La mayor parte de las veces, los accidentes que suceden mientras les estamos enseñando a usar la bacinilla son precisamente eso: accidentes. Y no debemos castigarlos por ellos. En algunas ocasiones, sin embargo, sabemos que nuestro niño (que ya está acostumbrado a usar su bacinilla) no quiere dejar de divertirse con lo que está haciendo para realizar una breve visita al baño. Si eso se convierte en un hábito, intentemos esto: colocar el juego, o el juguete, que tanto lo distrae dentro de la bacinilla hasta la siguiente vez en que el niño llegue al baño a tiempo y la use como debe.

- Una mamá me contó una vez que ella y su esposo le permitieron a su niño usar una medalla, con la que el ejército había honrado a su marido por sus méritos, durante el proceso de entrenarlo en el uso del baño. Mientras su ropa se mantenía seca, podía llevar con orgullo la medalla prendida sobre su camiseta. Si sufría algún 'accidente' se la quitaban hasta su siguiente incursión exitosa por el baño. Y entonces volvían a colocarla en su sitio de honor: el pecho del niño. Si no contamos con una medalla oficial, podemos comprar una en algún negocio de cotillón para fiestas infantiles, surtirá el mismo efecto.

- A la mayoría de los pequeñitos les encantan los superhéroes y los personajes de sus dibujos animados preferidos. Es por eso que les gusta tener sus imágenes impresas en la ropa interior. Saquemos ventaja de esta situación. Animémoslos a no mojar a Superman o a Barbie. Cuando los mojan, hagamos que ellos mismos nos ayuden a limpiarlos, enjuagando su ropita interior y colgándola a secar.

- A una mamá se le ocurrieron dos buenas ideas. Me escribió contándomelas. "Cuando trataba de enseñarles esto a mis niños, les daba tres grajeas de M&M's, o algún otro chocolatito (según lo que tuviera a mano) cada vez que usaban su orinal. Cuando nacieron los más pequeños y tuve que enseñarles a ellos, también les daba golosinas a los más grandes cuando sus hermanitos "dejaban algo" en la bacinilla. Esto fue de ayuda, porque ellos se constituyeron en mis ayudantes, ya que periódicamente les preguntaban a los pequeñitos: '¿Necesitas usar tu bacinilla ahora?' Y también contaba con el beneficio agregado de que los mayores no se sintieran dejados de lado mientras los más pequeños concitaban toda la atención. Otra de las cosas que hice (quizas les resulte un poco extraña, ¡pero dio resultados!), fue esta: mientras el niño estaba sentado en su sillita con bacinilla, le ponía los pies en una pequeña palangana con agua tibia. En general le estimulaba el deseo de orinar, como cuando uno se mete en una piscina de agua templada y tiene que salir de inmediato para ir al baño."

- Me encanta este e-mail que recibí: "En la época en la que solía cuidar niños en mi casa, tuve algunos varoncitos en su período de entrenamiento, y a menudo no alcanzaban a llegar al baño (me parece que la mayor parte de las veces). Así que se me ocurrió la idea de tener en el baño un pequeño recipiente lleno de barquitos de papel que yo misma confeccionaba la noche anterior. Entonces los niños, cuando tenían que orinar, colocaban uno de los barquitos en el inodoro, ¡y luego se esforzaban por apuntar en la dirección correcta para lograr hundir el barco!"

- Una nota personal: según mi experiencia (y también según nos advierten muchos profesionales) el mojar la cama de noche es completamente involuntario y por lo tanto debería ser manejado con comprensión y aliento, y nunca aplicar castigo al respecto. Hay diversas maneras de ayudar a nuestros niños a controlar su vejiga mientras duermen, desde aerosoles nasales hasta ropa interior con alarmas, y yo aconsejaría que nos informáramos sobre estos métodos. Entiendo que tener que levantarse de la cama noche tras noche puede resultar desgastador, pero cuando vamos camino al cuarto de nuestro hijo, hagamos una breve oración pidiendo al Señor paciencia y misericordia para que las podamos tener con el pequeñito que ya se siente bastante mal por este accidente.

- Me encantan la creatividad y humor que muestra una mamá cansada de repetir la frase: "Aprieta el botón del inodoro para que corra el agua, y lávate las manos." Un día dio vuelta la frase y le dijo a su hijo: "Aprieta el botón y haz correr tus manos, y lava el inodoro". La instrucción lo sacudió, pero le entró y hasta hoy siempre se ríe mientras se lava las manos después de haber apretado el botón.

Las comidas

- Desde su primera comida en la sillita alta, hagamos que nuestros hijos junten sus manos y oremos con ellos. No hay nada más lindo que esa primera vez que se unen a la oración con un fuerte "¡amén!"

- Muchos niños se muestran reacios a comer vegetales. Pero como a ellos les encanta hacer ruido (y cuanto más fuerte, mejor), aprovechemos esa inclinación cuando les damos vegetales crudos como bocadillo entre comidas, haciéndoles poner sus manos como pantallas alrededor de las orejas para escuchar el crujido de las verduras mientras comen. Luego unámonos a ellos para ver quien es capaz de hacer el sonido más fuerte.

- Si creemos que nuestros niños deben comer por lo menos un bocado de cada cosa que se sirve, instituyamos el bocado "No, gracias". Cada persona que se sienta a la mesa, incluyendo mamá y papá, deben servirse un bocado de cada comida que se haya preparado. Si no le gusta, puede simplemente decir: "No, gracias. No deseo más". Esto ayuda a que los niños intenten probar cosas nuevas, y también les enseña como rechazar algo de una manera amable.

- "No tengo hambre." ¿Alguna vez oíste esta frase a la hora de comer? Podemos tomarles la palabra y rehusarnos a servirles nada más hasta la siguiente comida. O podríamos implementar el sistema de "bocados según la edad". Cada uno debe comer la misma cantidad de bocados de su plato que los años que tiene. De todos modos, cuanto más pequeño es su cuerpo, tanto menos necesita.

- A los preescolares les encanta tener independencia. Pero deben recordar que se trata de un privilegio que hay que ganarse. Este principio da resultados en todo tipo de situaciones. En lo que hace a los modales en la mesa, si uno de nuestros niños hace una regresión de hábitos durante la comida y comienza a jugar con lo que tiene en el plato o con los cubiertos, es tiempo de volver a alimentarlo nosotros con la cuchara. Esto implica un retroceso mayor y esperemos que resulte incentivo suficiente como para que el niño "cuide de sus modales" durante la siguiente comida.

• Cuando les enseñamos a nuestros niños pequeños buenos modales en la mesa, coloquemos diez grajeas de M&M's en un platito de pan junto a ellos. Durante la comida, cada vez que cometan una "infracción a los buenos modales", deberán "pagarnos", como si fuéramos "los vigilantes de los modales", con una grajea. Al final de la comida, recibirán lo que quede de los M&M's como postre.

Cronómetros

• Invirtamos en un cronómetro; ¡nos ahorrará tiempo y desgaste emocional! Digamos que los niños están jugando en su cuarto y que sabemos que tenemos que salir en 15 minutos. Entremos al cuarto y anunciémosles que tienen cinco minutos más para jugar, programemos el cronómetro y salgamos de la habitación. Cuando el cronómetro suene, regresemos al cuarto y señalemos: "El reloj ha sonado; ahora es tiempo de ordenar". Programemos el cronómetro nuevamente para que suene cinco minutos después y propongámosles: "¡Tratemos de ganarle al reloj recogiendo todos los juguetes antes de que vuelva a sonar!" Programemos el cronómetro para los últimos cinco minutos y démosles instrucciones: "Busquen sus zapatos y tomen su abrigo, y estén listos para salir tratando de ganarle al cronómetro". Una herramienta simple como ésta elimina gran parte del cansancio que produce lograr que nuestros pequeños hagan las cosas más rápido de lo que acostumbran en su velocidad lenta y frustrante.

- A veces soy yo la que necesita el cronómetro. Se que decepciono a mis hijos cuando les prometo que les leeré un libro, los ayudaré a encontrar su mochila, o miraré sus piruetas en el trampolín "luego de que acabe" con lo que estoy haciendo. Por supuesto, una cosa lleva a la otra, y muchas veces acabo no cumpliendo mi promesa. Cuando nos descubramos haciendo algo similar, sería bueno pedirles a los niños que buscaran el cronómetro, nos lo pusieran al lado, y lo programaran para 20 minutos después. Entonces, al sonar la alarma, sin importar qué estemos haciendo, detengámonos y vayamos a disfrutar del privilegio de ser padres.

- Podemos utilizar el cronómetro durante todo el día, para implementar distintas ideas. Compremos uno del tipo de los que se pueden llevar encima, así podremos decirles a los chicos: "Tienen 15 minutos para lavarse los dientes, vestirse, hacer la cama y bajar a desayunar". "Jueguen diez minutos con ese juguete y luego préstenselo a su hermana durante diez minutos." "Permítanle a mamá 30 minutos de tranquilidad para sentarse y leer su revista." "Muy bien, jugaré con ustedes durante diez minutos más, y luego necesito ir a preparar la cena." "Cinco minutos más para que jueguen en la bañera; luego deben enjuagarse y salir." Una de las ventajas que tiene este método es que el cronómetro y no nosotros se convierte en el malo de la película: "Bueno, el cronómetro sonó. Creo que tenemos que detenernos aquí."

Los conflictos entre hermanos
- Los niños pequeños nunca son demasiado chicos como para reparar una mala acción cometida contra otro. Puede ser a través

de algo tan simple como ofrecerle a aquel al que han herido un vaso de agua, o darle un abrazo diciéndole con sinceridad "lo lamento".

- Cuando ya son un poquito mayores, podemos enseñarles a orar por el hermano o la hermana al que han herido.

- Todos hemos oído acerca de poner en penitencia al niño que se comporta mal. ¿Qué tal si ponemos en penitencia al juguete causante de la pelea? Esto produce resultados, en especial cuando el problema tiene que ver con no saber compartir. Los dos niños deberán buscar entonces una manera de jugar pacíficamente con ese juguete o decidir que el juguete no tiene importancia y jugar sin él.

- En general con el arribo de un nuevo bebé hace su aparición la rivalidad entre los hermanos. Evitar la aparición de estos celos naturales a causa de un nuevo bebé requiere de toda nuestra atención; intentemos, por ejemplo, llenar una canasta especial de juguetes y libros con los que sólo se pueda jugar mientas amamantamos al bebé. Esto hará que ese momento se vuelva especial para todos los niños.

- ¿Estamos cansados de buscar maneras de solucionar las "peleas por chismes"? La mayor parte del tiempo, las cosas por las que los niños causan problemas no tienen importancia. ¡Sólo son tonterías! Entonces salgamos con algo un poco loco para hacerlos reconciliar. Por ejemplo, digámosles que deben repetirse el uno al otro: "tunga-dunga" y saludarse dándose la mano, para luego ir a buscar a otro chico y jugar juntos. O pueden repetir tres veces una frase como: "Me encanta la goma de mascar de espinaca", hacerse cosquillas el uno al otro en la panza, besarse los propios dedos del pie, y luego perdonar al otro. A esta altura ya se están riendo y han olvidado aquello que los llevó a pelear.

Preescolaridad en el propio hogar

- Quedé impresionada con el siguiente e-mail que recibí de una mamá que se ha subscripto a mi correo por Internet:
- El preescolar y el jardín de infantes no necesitan ser algo demasiado "formal". ¡Nuestros hijos pueden aprender todo lo que necesitan y estar listos para comenzar con el primer grado simplemente jugando y leyendo con nosotros! Pueden aprender el alfabeto y a contar hasta cien con algunos libros especializados. Mientras ellos construyen con bloques, o cuando nosotras realizamos las tareas de la casa, descubriremos que hay todo tipo de conceptos que les podemos enseñar al hablar de lo que estamos haciendo. Cosas como: cantidades, sumas, restas. Opuestos como: alto/bajo, cerca/lejos, delante/detrás, encima/debajo, arriba/abajo, antes/después, adentro/afuera, abierto/cerrado, subir/bajar, de arriba para abajo/de abajo para arriba, alrededor/a través, frío/calor. Comparativos como: grande y más grande, pequeño y más pequeño. Colores, números (no sólo 1, 2, 3, sino también primero, segundo, tercero y subsiguientes). Formas: los platos, las tazas, los vasos, las pantallas de las lámparas y los rollos del papel higiénico son ejemplos de círculos; las puertas, las mesas, las cajas, el televisor, las ventanas y los libros, tienen forma de rectángulos; en muchos techos, juguetes, árboles de navidad, puentes y otras cosas podemos encontrar triángulos. Ejemplos de texturas: toallas suaves, mesas duras, mantas ásperas, vidrios de ventanas lisos, jabones resbaladizos, ropa húmeda y ropa seca. Aún podemos enfocar lo que en la escuela se conoce

como "problemas críticos de pensamiento" tales como: "Vamos a comer sopa al mediodía. ¿Qué cosas necesitamos poner en la mesa?" "La abuela viene a cenar. ¿Cuántos lugares necesitamos preparar?" "Compramos dos latas de porotos en el almacén, pero ya teníamos tres en la alacena. ¿Cuántas latas tenemos ahora? Si vaciamos una lata de porotos dentro de la salsa de chili, ¿cuántas latas nos quedan?" Si quieren llevar adelante una "escolaridad" un poco más estructurada, eso incluiría la utilización de cuadernillos de actividades y para colorear, también el recortado, pegado y dibujo. Se les puede leer historias y pedirles que las ilustren; tener períodos de "lectura y comprensión"; hacer que nos vuelvan a contar lo que han oído, para desarrollar habilidad en el uso de la lengua y en el ordenamiento de las secuencias dentro de la historia; pedirles que expliquen por qué un determinado personaje hizo lo que hizo, o que señalen cómo se sentía, cuáles eran sus emociones; preguntarles qué creen que viene a continuación para que aprendan a hacer inferencias, predicciones o aún elaborar una extensión de la historia. Todos estos puntos se nuclean bajo la definición de habilidades de comprensión para niños de jardín y de preescolar y no se requiere tener un currículo "espectacular" para poder encararlo. ¡Divirtámonos, y éxito en la empresa!

Conducta agresiva

- ¿Tenemos un pequeño gritón y no sabemos qué hacer para calmarlo? La próxima vez que el pequeñito se desate con una pataleta de ira y gritos, de inmediato tomémoslo y coloquémoslo en el corralito de juegos o en su cuarto detrás de la verja que se utiliza en las puertas para contener a los bebés. Mantengámonos atentos hasta percibir las primeras señales de silencio algo prolongado, luego acerquémonos a él con entusiasmo, y saquémoslo de su castigo a la libertad.

- Cuando un niño preescolar hace un berrinche, llevémoslo a un cuarto en el que haya un espejo y sentémoslo delante de él. Esto cumple dos propósitos. En primer lugar, a él le resultará incómodo presenciar una rabieta, en especial siendo la suya. Y en segundo lugar, probablemente la distracción de verse a él mismo haciendo el escándalo lo lleve quitar su atención de la razón que lo hizo enojarse.

- A veces los arranques de ira tienen que ver más con frustración que con enojo. En esos casos, ofrezcámosles a nuestros preescolares un lugar en el que descargar sus frustraciones. Si nuestro pequeñito cruza el umbral de tolerancia y comienza a destruir aquello que ha estado construyendo, o a arrojar objetos, o a estallar en ira, pongámoslo a marchar ida y vuelta por algún pasillo, haciendo sonidos como los de "He-man". Ambas acciones funcionan como liberadores de tensión y logran que el niño pueda tomar control de la situación otra vez. Vayamos más allá y enseñémosles a nuestros niños a pedir ayuda también. Luego de un tiempo, antes de llevarlo al pasillo, podemos preguntarle: "¿Necesitas ayuda o prefieres marchar solo para librarte de tus 'enojos'?

- Si alguno de nuestros pequeñitos tiene el problema de andar golpeando a otros, inmediatamente separémoslo de los demás, y hagámoslo sentar sobre sus manos hasta que "suene" el cronómetro.

Morder o escupir

- ¿Estamos procurando encontrar la forma de corregir a aquellos que muerden o escupen? Programemos el cronómetro y hagamos que el niñito se coloque la mano sobre la boca durante un período razonable después de haber cometido cualquier tipo de "ofensa con la boca".
- Bueno, esto que voy a sugerir puede sonar un poco extremo, así que tómenlo o déjenlo. Si tenemos un niño que muerde y decididamente tiene bastante edad como para saber lo que hace, tomemos una pastilla de mentol fuerte (o una pizca de pimienta) y coloquémosla sobre su lengua por unos momentos. El ardor le recordará que no debe morder a otros de allí en más.

Los horarios de dormir

- Si la atracción por el "mundo adulto de trasnoche" les resulta a nuestros niñitos difícil de resistir, tal vez sea momento de volver a colocar la verja para bebés en su puerta. Podemos explicarles que si salen del cuarto después de haberse acostado, excepto para ir al baño, pondremos la verja para bebés esa noche y la siguiente. Mantengámosla colocada hasta que puedan establecer sus propios límites.
- Cuando Haven era pequeña, muchas veces despertaba atormentada por pesadillas. Una de sus canciones favoritas era "No Monsters!" ["¡No a los monstruos!"], interpretada por un cantante cristiano contemporáneo, Carman. Escuchando esa canción, ella aprendió a tomar autoridad sobre sus temores, y a decir "¡Vete en el nombre de Jesucristo!" cuando se despertaba asustada en medio de la noche.
- Si nuestros hijos tienen miedo de noche, leámosles Juan 1.5, que

dice: "La luz resplandece en las tinieblas, y las tinieblas no la dominaron" (Reina-Valera 1995). Luego coloquemos una pequeña linterna debajo de su almohada y mostrémosle cómo la luz echa fuera la oscuridad. Usemos esta oportunidad para enseñarles que Jesús es la luz y que si nos atemoriza la oscuridad, podemos invitar a Jesús para que venga y la saque.

- A Haven también le gusta dormir con una Biblia debajo de su almohada.

- Quizá podemos ofrecerles a nuestros niñitos un poco más de incentivo para que se vayan a la cama a la hora adecuada y permanezcan allí. Hagamos un trato con ellos: expliquémosles que siempre preparamos el des a las siete de la mañana (o a la hora que sea) y que si duermen bien toda la noche, pueden levantarse a ayudarnos. Pero el que ande vagando por ahí a la hora de irse a dormir o se baje repetidamente de la cama, deberá permanecer en ella hasta que nosotros hayamos terminado de preparar el desayuno, y recién podrá unirse a la familia en la mesa.

- Conozco una familia que recortaba cuadrados de goma espuma, de un color diferente para cada una de sus niñas. Los domingos por la mañana les entregaban siete de estos cuadrados, a modo de "pases". Durante la semana a las niñas se les permitía salir de la cama sin ser castigadas si entregaban un "pase". Una vez que se les acababan, no podían salir de sus cuartos. Los sábados por la mañana recibían una recompensa cuando entregaban los "pases" excedentes, canjeando cada uno por 15 minutos de dibujos animados.

- A veces resulta difícil conseguir que los niños pequeños se vuelvan a dormir después de que se han despertado por una pesadilla. Luego de orar con ellos y abrazarlos, hagámoslos dar vuelta la almohada y colocar sus cabezas sobre el lado de los "buenos sueños".

La práctica de una buena conducta

- Enseñemos a nuestros hijos a obedecer con inmediatez esta orden: "Basta de palabras". Comencemos haciéndolos contarnos lo que acaba de suceder en el dibujo animado que estaban mirando o hacer un relato de su historia de hadas preferida. Luego de algunas frases, digámosles: "Basta de palabras". Cada vez que lo hagan y se detengan, entreguémosles una grajea de chocolate M&M's, o un caramelito de goma. Para cuando acaben su historia, habrán recibido un puñadito de cosas ricas para comer, y estarán adquiriendo un hábito que les resultará muy útil después. Por ejemplo, la próxima vez que comiencen a quejarse, a alborotar, a hablar de manera poco amable, a mentir o cometer alguna infracción semejante, simplemente repitamos: "¡Basta de palabras!". Entonces podemos pedirles que vuelvan a reiterar su pedido sin quejarse, que piensen lo que van a decir antes de meterse en problemas, que hablen en un tono más amable, o cualquier otra cosa que se requiera.

- Desde que los bebés tienen seis meses, podemos pedirles: "Coloca la mano en la cabeza". A ellos les parece un juego, pero no a nosotros a la hora de cambiar los pañales o colocarlos en su asiento en el automóvil mientras los amarramos.

- Muchas iglesias tienen guarderías, salones para niños y reuniones especiales para los pequeños, pero algunas no los tienen y los papás en esos casos prefieran llevar a sus hijos con ellos al salón principal de reuniones. Si llevamos a nuestros niños al auditorio principal por alguna razón, preparémoslos para que se mantengan quietos y en silencio durante un buen rato, practicándolo en casa. Digámosle a Susana que va a tener que sentarse en el regazo de mamá mientras escuchamos una predicación por la radio. Cuando comience a actuar como si tuviera "hormigas" en el cuerpo, estemos prontos a realizar alguna acción que le recuerde que debe calmarse. Por ejemplo, podemos apretarle suavemente la pierna y susurrar en su oído: "Quédate quieta". Si es posible, realicemos esta práctica varias veces antes de pedirle que actúe de este modo el domingo por la mañana. Así que cuando el gran día llegue, ella se sentará en nuestro regazo de la misma manera en que lo ha hecho en casa. Cuando comience a moverse mucho, apretémosle con suavidad la pierna. Es posible que aun ni sea necesario susurrarle al oído; va a recordar las sesiones anteriores de práctica. Asegurémonos de incluir mucho afecto y abrazos durante el sermón.

- ¿Cuántas veces acabamos diciéndoles "No toques" a nuestros pequeñitos? ¿Qué les aparece agregar la frase "Sal de allí"? Al agregar estas pocas palabras, no sólo podemos evitar la necesidad de repetir la primera frase muchas veces, dado que la tentación permanece frente a ellos, sino que podemos enseñarles un buen principio referido a alejarnos de la tentación.

- A los pequeñitos les encanta el juego de congelamiento de la acción. Pongamos música para que bailen en la sala. Luego detengamos de pronto la música y digamos en voz alta "¡Congelar!" Ellos deberán permanecer estáticos en su lugar. Luego permitámosles correr o jugar por toda la casa o en la sala hasta que ordenemos "¡Congelar!" Practiquémoslo en el patio, en el jardín, en la casa de nuestros amigos, y hasta en alguna tienda. La finalidad de este ejercicio, más allá de escuchar sus alegres risitas, es establecer una respuesta a la orden antes de que las consecuencias por desobedecer dejen de ser un juego.

- Como lo mencioné en un capítulo anterior, cada vez que el teléfono suena, mis niños de repente sienten que necesitan de toda mi atención. Entrenemos a los niños para que se sienten a la puerta de sus cuartos a leer o a jugar en silencio apenas comience a sonar la campanilla del teléfono. Hasta que esto se convierta en una respuesta automática. Pidámosle a alguna amiga que nos llame en distintos momentos del primer día en que lo implementemos para practicarlo con los niños.

- A los chicos les encanta actuar. Desde que mis niños eran bebés, jugábamos al juego de "actuar". Yo les decía: "Muéstrenme una cara triste", e inmediatamente ellos hacían la mueca. "Déjenme ver una cara enojada", y ellos enseguida fruncían la carita como si estuvieran enojados. Aun extendimos el repertorio para incluir rostros "confundidos", "sorprendidos" y "asustados". Mi favorita era, por supuesto, la carita "feliz". Lo más divertido de este pequeño espectáculo es que uno puede comenzarlo en medio de uno de sus períodos de llanto o alboroto e ir llevando sus pensamientos del mal humor a la risa, llegando hasta la carita "feliz".

- El buen descanso nocturno es muy importante, tanto para los niños como para las madres. Cuando llega el tiempo de la "graduación", pasando de la cuna a una cama de verdad, dediquemos un par de noches a practicar. Hagámoslos ensayar taparse con la frazada cuando sienten frío, buscar los animalitos de peluche debajo de las mantas, tratar de alcanzar el vaso de agua que está en la mesita de luz, procurar encender la luz para ir al baño en silencio, y cualquier otra escena que nos parezca que pueda suceder. Que luego practiquen el levantarse a buscar uno de sus libros favoritos del cesto que está junto a la cama para leerlo hasta que llegue mamá para dar inicio al día.

- Tengo algunas hermosas fotografías de mis tres niños sentados en sus "sillas de lectura". Tenían dos, tres y cuatro años en la época en que fueron tomadas. Les encantaba el período diario en el que me pedían sentarse a leer en silencio durante 30 minutos. Me proporcionaba a mí un recreo en medio del día, y constituía una buena práctica para ellos en cuanto a dedicar tiempo a leer un buen libro (¡a veces diez!).

- También solían pasar una hora cada mañana bajo este lema: "Me gusta estar conmigo mismo". Cuando eran bebés, se entretenían en el corralito con una colección de juguetes. A medida que fueron creciendo, comenzaron a pasar una mañana divertida "cocinando" con sus cocinitas de juguete, construyendo con bloques, y desbaratando su cuarto al jugar no más de cinco minutos con cada juguete y luego dejarlo en el piso. Pero no había problema porque generalmente yo lograba obtener otros 15 minutos de paz mientras ellos ordenaban todo.

- Les conté a mis niños la historia de aquel padre misionero cuyo hijo estaba jugando en la arena cuando escuchó el grito de: "¡Cuerpo a tierra!" El muchacho, que estaba entrenado a obedecer inmediatamente, sin titubeos se arrojó al piso. El padre tuvo apenas tiempo para apuntar su revolver hacia la víbora venenosa que se descolgaba de un árbol encima del niño. Luego, cada tanto, les decía en voz alta a los niños "¡Cuerpo a tierra!" para practicar, sabiendo la importancia que tiene obedecer primero y hacer las preguntas después.

- En las próximas Navidades o fiestas de cumpleaños, saquemos fotos de los niños abriendo cada regalo. Luego de revelar las fotografías, mirémoslas con los niños y recordémosles quien le hizo cada regalo. Entonces preguntémosles qué le quieren decir a esa persona en agradecimiento. Luego podemos transcribir sus palabras en la parte de atrás de la foto o en un papel aparte y enviarlo al que hizo el regalo. No sólo disfrutará la persona que le dio ese regalo al ver la alegría del niño cuando abrió el paquete, sino que al mismo niño le resultará mucho más fácil asociar el regalo con quien se lo dio, ahora que no está distraído procurando abrir el siguiente paquete.

- A los pequeñitos les encanta hacer progresos. Utilizando uno de los juegos de mesa que tienen tablero, coloquemos una de las fichas en el punto indicado como "comienzo". Expliquémosle a los niños que vamos a mover su ficha un lugar cada vez que nos obedezcan a lo largo del día, pero que la moveremos hacia atrás cuando desobedezcan. Al llegar a la meta del juego y "ganar", en premio nos sentaremos con él a jugar de verdad.

Tiempo de ordenar

- ¿Recuerdan ese juego "Voy de viaje y llevo en mi equipaje…"? Aquí les ofrezco una variante del tema. Digámosles a nuestros pequeñitos: "Ordeno el cuarto y estoy guardando un…" Cada vez que colocan algo en su lugar, tenemos que recordar qué es y agregarlo mentalmente a la lista que continuamos repitiendo. Los niños disfrutan tanto de la idea de jugar con sus padres que apenas si se dan cuenta de que están ordenando el desastre.

- Si tenemos niños pequeños que son muy desordenados, probemos esto: Coloquemos los juguetes que no recogieron, según la instrucción que les dimos, en una caja "para los días de lluvia", que usaremos en esas ocasiones. (Como beneficio agregado, este ejercicio logra que algunos viejos juguetes parezcan nuevos.) O de lo contrario, coloquemos el juguete en algún lugar fuera de su alcance pero a la vista durante algunos días. El hecho de que el juguete prohibido se mantenga vivo en su mente aumenta el impacto de la corrección.

- Incluyo la sugerencia de una mamá muy organizada: "La idea que más me ayudó a ahorrar esfuerzo y tiempo de aprendizaje con mis muchachitos fue ésta: Un armario del que se podían retirar juguetes. En casa teníamos un armario con estantes. Dado que recoger los juguetes (o el que no lo hicieran) constituía algo que me estaba volviendo la vida imposible, coloqué todos los juguetes en cajas transparentes con tapa y los puse a la altura de los niños en el armario. Hice para cada uno de ellos una tarjeta de distinto color (una roja, otra azul, etcétera), con una pelota, un bate y un camión dibujados en cada una. Cuando uno de los niños quería jugar con un juguete, tenía que traerme su tarjeta. Allí yo marcaba el juguete que él deseaba. La tarjeta de ese niño se colocaba en un sobre que había en la puerta, para recordar que había retirado un juguete de allí. Antes de tomar otro juguete, debía ingresar el que había sacado previamente. Esto no sólo bajó mi grado de estrés en cuanto a ordenar los juguetes, sino que les enseñó a los muchachos a jugar con lo que habían sacado y a hacerse responsables de ordenar cuando acababan de jugar."

- A veces se puede lograr inspirarlos para que ordenen cambiando un poquito el enfoque. Probemos diciéndoles a nuestros niñitos: "Bien: vayan a recoger y guardar tres cosas, y luego vengan y cuéntenme qué es lo que han guardado". Una vez que lo han hecho, podemos decirles: "Bueno, ahora guarden dos cosas y regresen a informarme". Y finalmente: "¡Casi hemos terminado! Ahora vayan a ver cuántas cosas pueden encontrar que no estén en su lugar, y una vez que hayan encontrado el lugar en que 'viven', vengan a contarme dónde queda su 'casa'."

- Junto a la puerta del garaje tenemos un "cesto para zapatos". Esto hace que resulte fácil reunir los zapatos en un solo lugar cuando se los sacan. También reduce el tiempo de búsqueda de un zapato perdido (que inevitablemente va a parar debajo de la cama de alguien) a la hora de tener que salir.

- Nuestra meta es enseñarles a nuestros niños más pequeños a ordenar su propio desorden, pero hay ocasiones en que simplemente no tenemos tiempo para esperar que recojan todos sus juguetes. En esos días, podemos recorrer rápido la casa juntando sus pertenencias y los juguetes que hayan quedado por todos lados. Podemos ponerlos en una caja, o (lo que resulta aún más divertido) en una jaula y llamarla la "jaula del desorden". Cuando los niños quieran volver a jugar con algo que esté dentro de ella, tendrán que pagar con un beso por cada objeto "encarcelado".

Penitencias

- A veces es la mamá la que necesita detenerse y calmarse cuando sus niños han desobedecido una y otra vez. Si sentimos que nuestro nivel de frustración comienza a desbordar y a caer sobre los niños (que han vuelto a actuar como niños) quizá sea mejor que nos sentemos junto con ellos y nos tomemos un respiro. En lugar de usar un cronómetro, probemos contar hasta 20 en voz alta. Esto nos dará tiempo para calmarnos, y los niños podrán practicar la cuenta de números.

- Elijamos una silla en nuestra casa. Y cada vez que uno de los niños se ponga a llorar sin motivo, o empiece a gritar o a armar alboroto, o se ponga terco, enviémoslo a la silla del "mal humor". Démosle libertad para expresar todas sus emociones, en tanto que permanezca sentado en la silla. Pero si quiere levantarse de allí, deberá primero modificar su actitud y asumir un humor agradable.

- "Me parece que necesitas tomarte un tiempo para pensar un poco". Cuando nuestros niñitos nos escuchen repetir esta frase, sabrán que significa que es momento de sentarse en un sofá y pensar acerca de lo que han hecho. Sólo podrán volver a jugar luego de que nos hayan dicho qué es lo que hicieron mal, y que están dispuestos a solucionarlo. Esto puede implicar que deben devolver un juguete, ordenar algo que han desordenado, o simplemente pedir perdón a alguien.

- Si tenemos algún niñito que se rehúsa a permanecer en el sofá de la penitencia, probemos esto: saquemos el asiento para niños del automóvil y coloquémoslo allí amarrado. Probablemente la próxima vez muestre más dispuesto a permanecer sentado sin ofrecer objeciones.

Rutinas

- Para mantener a mano las actividades de rutina de cada uno de nuestros niños, tanto las de la mañana como las de la tarde, probemos esta sugerencia: Dibujemos el contorno de nuestra mano en dos trozos de papel coloreado: amarillo para la mañana y azul para la rutina cercana a la hora de dormir. En cada uno de los dedos anotemos una de las cosas que tienen que hacer. Escribamos la primera tarea en el espacio que corresponde al pulgar, como por ejemplo, *hacer la cama*. Una vez que nuestro niño complete la primera tarea, nos hará un gesto con los dos pulgares para arriba y continuará adelante con las próximas: *vestirse, tomar el desayuno, lavarse los dientes y realizar el devocional de la mañana*. Cuando cada uno cierre su Biblia infantil, luego de terminar, levantará sus manos mostrando los cinco dedos, para indicar que toda su rutina matinal ha sido completada. Un proceso semejante se repetirá a la nochecita al ir a acostarse. La única diferencia consistirá en que, en lugar de terminar levantando sus cinco deditos, los juntarán con los nuestros para hacer la oración nocturna.

- Quisimos establecer una rutina diaria con nuestros niños mientras eran pequeñitos. El mayor obstáculo que encontramos fue que ellos no podían leer el hermoso cartel que yo había confeccionado. Así que le pedí a su abuelo que les hiciera ilustraciones de las tareas que debían realizar junto con el dibujo de un reloj con sus manecillas en la hora de inicio.

- Una idea semejante sería crear un planificador diario a partir de fotografías de nuestros niños realizando cada actividad que aparece en su programa, y también una foto del reloj marcando la hora. Compremos un pequeño álbum de fotos y coloquemos las fotografías de a pares, en páginas enfrentadas, en el orden en el que deberán llevarse a cabo durante el día. Como primera actividad de la mañana, cada niño abrirá su planificador diario, realizará la tarea indicada, y luego dará vuelta la página. La última imagen será la del niño en la cama, y el reloj indicando la hora de dormir.

- En nuestra rutina matinal podemos incluir llenar seis vasos de líquido para cada niño y colocarlos en el estante inferior de la heladera. Podemos llenar dos con leche, dos con jugo y dos con agua. Esto es más fácil que andar sirviendo bebidas durante todo el día, o sea que nos simplifica trabajo, y nos da la seguridad de que nuestros niños reciban una cantidad equilibrada de líquidos todos los días.

Las elecciones

- Permitirles a los más pequeñitos elegir constituye una forma eficaz de alentar el buen comportamiento. ¿Se presentan conflictos a la hora de vestir a nuestro hijo? Le decimos: "Puedes usar esta camisa o esta otra". ¿Hay peleas a la hora de poner orden? Sugerimos: "Puedes levantar todo lo que has desordenado mientras cantas la canción de *Barney* o la de *Bob el constructor*. ¿Necesitamos que se apure para salir a tiempo? Lo instamos: "Puedo colocarte los zapatos yo y luego llevarte al auto, o puedes ponértelos tú sólo y luego reunirte conmigo en el automóvil".

- Elegir puede ser algo tan simple como permitir que nuestros niños escojan entre hacer lo correcto o hacerse cargo de las consecuencias. "Puedes darme el juguete, o de lo contrario tendré que quitártelo." "Tú eliges: ¿prefieres dejar de gimotear y jugar en tranquilidad con tu hermana, o tomar una siesta?"

- Seguramente nos encanta ver reír a nuestros niños, ¿verdad? En especial cuando la alternativa es una lucha de poderes con un preescolar. "¡No quiero usar esa camiseta!", insiste el niño. "Bien, entonces la usaré yo", respondemos mientras nos colocamos la camiseta talle tres en la cabeza y caminamos alrededor chocándonos con las cosas. "Ahora pruébatela tú. ¡Oh, te queda perfecta!" También podemos trasladarnos, saltando en un pié intentando ponernos el pantalón que nuestro niñito se rehúsa a usar.

¡Siempre que nos sea posible, apelemos al humor al criar niños pequeños!

- En algunos sentidos, los pequeñitos pueden ser más fáciles de corregir que los niños mayores. Probemos dándoles a elegir de este modo. Mostrémosles dos dedos y expliquémosles: "Si eliges este dedo y obedeces a mamá, recibirás una bendición en el cielo. Pero si eliges este otro dedo y desobedeces, sufrirás las consecuencias aquí en la Tierra". La mayor parte de las veces no necesitamos tener en mente un castigo; les encanta elegir el dedo obediente. Cuando vemos que salen corriendo para obedecer, digamos en voz alta algo como esto para alentarlos: "¡Veo que Dios te sonríe desde el cielo mientras prepara tu recompensa!"

- Aprovechemos el deseo que tienen nuestros hijos de ser independientes. "¡Puedo hacerlo yo solo!" parece ser el grito de batalla de los más pequeñitos en todas partes. Por eso, si les ofrecemos que elijan entre guardar los juguetes por ellos mismos o ayudarlos, es probable que se decidan por el embriagador sentido de la autosuficiencia. Pero si no lo hacen, "ayudémoslos" colocando nuestra mano en su cabeza mientas ellos recogen los juguetes. Eso no les resultará tan divertido como vernos limpiar y ordenar en su lugar, y hará que nuestra oferta de ayuda les sea bastante menos atractiva la próxima vez.

(*) Confusión de términos en inglés, dado que tanto para tren como para entrenamiento se usa la palabra train. (Nota del traductor)

Capítulo 11

Grandes ideales

Meses atrás en este año, un equipo televisivo del programa Extra de la NBC's vino a casa a filmar algunas secuencias sobre mí y mi decisión de dejar el mundo del espectáculo para concentrarme en ser esposa y madre. Este concepto era nuevo para ellos. Añadido al hecho de que les estoy brindando escolaridad domiciliaria a mis hijos, y de que esto resulta absolutamente controversial. ¡Combinación perfecta para exhibir en un programa!

Antes de que el grupo de filmación arribara, les informé a mis hijos que a ellos también iban a filmarlos y que éste no era el momento para hacerse los ridículos ni para tratar de hacer reír a la gente. Aun les prometí que si se comportaban, saldríamos a tomar un helado cuando papá regresara. Debería haberles prometido helado por el resto de sus vidas, para evitar que se rieran como hienas.

Hay algo con respecto a las cámaras televisivas que desquicia a mis chicos. La primera ubicación de la cámara fue en la cocina, sitio en el que llevaba adelante la escolaridad de los niños, mientras realizábamos la meditación bíblica. Estábamos considerando la vida de Moisés. Cuando llegamos al lugar en el que Dios le dice que se quite las sandalias, les expliqué que en la cultura del Antiguo Testamento la gente se quitaba el calzado como signo de respeto. Bromeando, miré debajo de la mesa y dije: "¡Oh!, veo que algunos tienen sus zapatos puestos!"

"¡Es porque no te respetamos!" dijo riendo Clancy.

Luego ella y sus hermanos procedieron a colocar sus pies sobre la mesa de la cocina y a sacarse los zapatos.

Intenté acabar aquel momento con una oración. La cámara tomó un buen primer plano de Tucker mirando su reloj durante la bendición.

Entonces el equipo me entrevistó a mí. Luego de filmar mis respuestas, tuvieron que girar la cámara para captar a la periodista que me hacía las preguntas. Como estaba fuera de cámara en ese momento, me divertí hablando con la mujer a mi lado, dando una respuesta graciosa a sus preguntas. Así seguí, enfatizando jocosamente cuánto amaban mis niños el estudio escolar, en especial matemáticas, y como debía obligarlos a salir al patio a jugar, porque todo lo que querían hacer era estudiar.

Estas bromas se me iban a volver en contra luego.

Entonces llegó el momento de entrevistar a los niños. Estaban sentados uno al lado del otro en el sofá, con sus manos entrelazadas; se los veía adorables. Sin embargo, a mí no me engañaban, así que empecé a orar fervorosamente desde mi rincón, pidiendo que se comportaran.

La periodista hizo las primeras preguntas: "¿Sus amigos saben que su mamá es famosa? Y si es así, ¿qué les dicen?"

Sonriendo, Tucker saltó al ruedo. "Yo les digo: ¡Ja, ja!, ¡Mi madre es famosa y la de ustedes no!"

Me encogí en mi asiento y redoblé la intensidad de mis oraciones. Él podría haber agregado un "lala, lala, lala" y haberlo dejado ahí.

La periodista entonces les preguntó a los niños si yo era una buena cocinera. "¡Sí!", afirmaron mis amados niños, "Es una gran cocinera".

Mi alivio duró poco.

"Hace unos deliciosos waffles en el tostador por las mañanas y los acompaña con cereales fríos", comenzó diciendo Haven.

"Y nos encantan las bolitas de pollo y las varitas de pescado en caja que nos prepara para el almuerzo!", agregó Clancy riendo.

Entonces Tucker dio el golpe de gracia. "¡Lo mejor que nos prepara son los sándwiches de pasta de maní con mermelada!"

Quería arrojarme debajo de la mesa.

Desafortunadamente, la mujer hizo otra pregunta: "¿Les gustaría decirle alguna otra cosa a la audiencia?"

"¡A mí me gustaría decir algo!" respondió Tucker con presteza.

A esta altura, buscaba con desesperación el cable para desenchufar la grabadora.

Cuando la cámara hizo un paneo hacia él, Tucker dijo: "Mi madre no ha dicho la verdad. No nos encanta estudiar. No nos encantan las matemáticas. ¡Y nos gusta mucho más jugar afuera que hacer las tareas escolares!"

Le prometí al Señor que si hacía que esa mujer considerara terminada la entrevista, yo diezmaría el veinte por ciento.

Mostrando misericordia, la periodista lanzó su pregunta final: "¿Qué quieren ser cuando crezcan?"

Tucker señaló que iba a ser un agente del FBI, y Haven admitió que todavía no podía decidir si convertirse en actriz o en arquitecta. Clancy, en cambio, salvó el día con la única respuesta que en definitiva ellos decidieron utilizar de la entrevista a los niños.

"Yo quiero ser una mamá igual a mi mamá", dijo con sinceridad.

Le sonreí a mi pequeñita. Dios *responde* las oraciones que le hacemos desde las trincheras.

LA VERDAD DEL ASUNTO

Esto es sólo para que veamos el punto: Uno puede instruir, corregir, recompensar y orar, pero los niños siempre serán niños. Por eso me gustaría que ustedes consideraran todo lo que han leído en este libro como grandes *ideales* y como la contraparte de esas grandes *ideas*. He probado el 80 por ciento de las ideas y sugerencias registradas en este libro, pero mis métodos creativos de paternidad no han producido niños perfectos. Como podrán notar, mis hijos todavía se portan mal y desobedecen.

El siguiente párrafo capta con exactitud mi actitud con respecto a los diferentes métodos a través de los que se puede ejercer la paternidad: "Una idea simplemente revela algo y nada más. Cuando leemos un libro sobre la vida, la vida se aprecia como simple; pero cuando en la realidad enfrentamos los hechos y circunstancias de la vida, descubrimos que no siguen los lineamientos señalados en el libro. Una idea es como un reflector: ilumina lo que quiere destacar y nada más, en tanto que la luz del día revela cien cuestiones que no fueron tenidas en cuenta por el reflector." Es fácil detectar las imperfecciones de una idea cuando uno intenta probarla en sus hijos. En ciertas ocasiones la "luz del día" resulta tan brillante que me pregunto cómo es posible que no aprendan algo. Pero ahí me viene a la memoria que la paternidad constituye un compromiso de por vida, y que requiere largas horas de esforzada dedicación.

Tengamos cuidado de no esperar demasiado de unas cuantas ideas. Se las podría comparar con los zapatos nuevos: nos parece divertido probárnoslos, y más aún cuando nos quedan, pero no sabremos si efectivamente nos resultarán cómodos hasta que hayamos caminado con ellos durante un tiempo. Y más adelante se gastarán y nos veremos obligados a comprar un par nuevo otra vez. Lo último que me propongo es desalentarlos, pero tampoco quiero dirigirlos hacia un fracaso probable o llevarlos a sentirse culpables sin necesidad. Creo de todo corazón en cada sugerencia que les he transmitido en este libro, pero esas ideas no producen niños ideales. Afortunadamente, Dios sigue moldeando a nuestros hijos aún después de que nosotros lo hemos intentado todo sin éxito. Él puede usar hasta nuestras debilidades, más allá de que nos sintamos eficaces o no como padres. Pero el saber esto tampoco vuelve el proceso más fácil.

Permítanme ofrecerles mi propia verificación de la realidad. Tres semanas atrás, marqué con un círculo una fecha en el calendario para registrarla como un día típico en nuestro hogar. Decidí comunicar todo lo que sucediera durante ese día, fuera bueno o malo. Tenía la intención de demostrar que por más que tratemos de hacer todas las cosas bien, la paternidad es un proceso. (¡Y confiaba en que mis chicos lo probarían!) Durante todo el día llevé conmigo un pequeño grabador de bolsillo. Cuando los niños me preguntaban qué estaba haciendo, les respondía: "Simplemente tomando nota de algunas cosas para no olvidarlas después".

Ver el esfuerzo que realizan otros padres es como entrar a la casa de un amigo y encontrarnos con la ropa lavada y sin doblar sobre el sofá, con los platos sucios en el fregadero, y con los restos de cereales desparramados por el piso. Espero que se sientan reconfortados por mis fracasos y por los puntos flojos de mis hijos. Transcribo lo que grabé ese día:

6.00 a.m.: Suena mi despertador interno. Está nublado afuera pero calentito en la cama. Oprimo mi botón de "dormitar" por unos minutitos. Steve y yo nos acurrucamos y le robamos diez minutos al día.

6.10: Comienzo a sentirme culpable por quedarme en la cama; tengo demasiado que hacer y ni siquiera intentaría comenzar mis tareas sin orar primero.

6.15: Enciendo la cafetera, reviso mis e-mails, y coloco sobre la mesa de la cocina las cartillas con las tareas del día, con mis pequeñas tabletas de vitaminas a modo de pisapapeles.

6.20: Noto que ha estado lloviendo durante la noche. Esto es un mal presagio en cuanto al humor de Tucker. Tuvimos la primera lluvia de la temporada la semana pasada, y él ha estado un poco raro desde entonces, moviéndose continuamente, hablando, discutiendo y riñendo. Yo preparo su tableta contra la alergia para intentar evitar que sus conductos drenen, que siempre desencadena la aparición de su bronquitis crónica.

6.25: Me reclino hacia atrás en la mecedora, con mi café y mi Biblia. Leo en Salmos y quedo impresionada por lo mucho que le tocó sufrir al rey David, aun en aquellas cosas en las que no tuvo culpa. Sin embargo, cuando reflexiono sobre su trayectoria, generalmente sólo recuerdo lo bendecida que fue la vida de David. Debe ser porque aun cuando derramaba su angustia delante de Dios, siempre terminaba alabándolo.

6.45: Steve se une a mí en oración antes de ir a trabajar. Lamentablemente, se va antes de que los chicos despierten, y debido a que tiene que tocar el piano en un ensayo del coro esta noche, regresará a casa luego de que ellos se hayan ido a dormir.

7.00: Tucker, Haven y Clancy bajan las escaleras para comenzar su día. (No les permitimos salir de sus cuartos por la mañana antes de las 7.00 aunque se despierten antes. Pero con frecuencia se deslizan por las escaleras para darme un beso rápido y luego corren hacia arriba de nuevo.)

7.05: Decido preparar tostadas francesas para el desayuno, porque a la pieza de pan que tengo le queda sólo un día antes de ponerse vieja. Sé que a los chicos les encantará esta especie de regalo.

7.15: Han estado levantados sólo quince minutos y ya están riñendo. Tucker acusa a Haven de haberle quebrado el pie a su papá. En realidad, Steve se torció el pie anoche mientras corría una carrera de relevos con Haven durante la noche de los papás del Club AWANA. Envío a Tucker al baño por cinco minutos para que piense en tres cosas que pueda decirle a Haven para animarla en lugar de destruirla.

7.20: Tucker me pregunta si ya le ha dicho a Haven, durante algún castigo anterior, que es una buena jugadora de béisbol. Le digo que me parece que no. Él responde: "Bien, porque la única otra cosa linda en la que puedo pensar sería un poco embarazosa de decir".

7.25: Mientras estoy en el otro cuarto, escucho alboroto en la cocina. Haven pierde el privilegio de hablar durante el resto del desayuno porque ha seguido riñendo cuando le dije que dejara de hacerlo.

7.30: Retiramos la vajilla del desayuno y comenzamos con nuestras tareas. La rutina diaria de los niños incluye hacer sus camas, limpiar sus cuartos, lavarse los dientes, vestirse, recoger las pertenencias que hayan dejado desparramadas por la casa, leer un capítulo de Proverbios, y practicar lección de piano. Además, tienen dos tareas a asignar. A Clancy le toca hoy vaciar la lavadora de platos y asear el baño de los niños. Haven tiene que rebobinar y guardar todas las cintas de vídeo y barrer la cocina. Tucker debe encargarse del lavado de las toallas en el lavarropas y de hacer mi cama. (No soy tonta, ¿eh?)

7.40: Mientras cargo la lavadora de platos, encuentro una nota sobre la mesa en la que leo: "Mamá dijo que la distancia es sólo desde aquí a la puerta". Inmediatamente entiendo lo que ese enigmático mensaje significa. Aunque Haven había perdido el derecho a hablar por no dejar de reñir, estaba decidida a quedarse con la última palabra y había logrado continuar peleando al escribir su respuesta.

7.45: Busco a Haven y le digo que quiero verla en su cuarto. Una vez que las dos estamos sentadas sobre su cama, comienzo con mi discurso: "Haven, encontré esta nota sobre la mesa. Realmente me pone triste porque te dije en confianza que Clancy se asustaba cuando el caballo trotaba una pequeña distancia como de mi silla hasta la puerta. Te transmití eso porque quería que te mostraras compasiva con ella cuando cabalgamos, al comprender que se asusta con mayor facilidad que tú."

"Lo lamento, mamá", responde Haven. Continúo: "Haven, ¿por

qué eres buena cabalgando?" "Porque practico."

"No", le digo, "Fuiste buena desde la primera vez que lo intentaste. Dios te hizo así; del mismo modo en que es un don de Dios que seas buena en tantos deportes. El Señor le dio a Clancy otros puntos fuertes. Menospreciarla por no ser buena cabalgando, sería como burlarse de un niño pobre porque no tiene una casa tan linda como la tuya. Nunca harías algo así; porque ese niño se sentiría mal por cosas que no puede solucionar. Además, tú vives en una linda casa porque tu papá paga por ella, y como regalo te permite vivir aquí. No has hecho nada para merecerlo."

Haven baja los ojos, y me ofrece: "Mamá, por qué no señalas una de mis debilidades delante de Clancy así yo aprendo lo que se siente".

Me siento tocada por su sinceridad, pero nunca he sido partidaria de utilizar la humillación como método correctivo. Le digo que oraré para descubrir si es que debo hacerlo; y que mientras tanto, ella debería señalar uno de los puntos fuertes de Clancy delante de todos.

Cuando voy saliendo de su cuarto, me tropiezo con un par de zapatos de tenis. Esto es algo sobre lo que vengo trabajando con Haven. Siempre que se saca la ropa o los zapatos, o aun cuando le quita el papel a un caramelo, los deja en el mismo lugar en que caen. A causa de que esto desordena la casa y me produce más trabajo, le doy una tarea extra cada vez que encuentro algo suyo en el piso. Al salir le ordeno que guarde sus zapatos en el estante y que pase el estropajo al piso de la cocina luego de barrerlo.

Al pasar junto al cuarto de Clancy, noto un par de jeans sobre el piso. Comienzo a querer asignarle un trabajo extra, cuando ella me informa que Haven los dejo caer allí diez minutos antes. Haven lo admite y se gana el trabajo extra. "Está bien, Haven", le dice Clancy. "Yo los voy a doblar y a guardarlos por ti."

8.15: Me pongo ropa deportiva y mis "walkman" y despliego mi cinta de caminar. Teóricamente estos son mis 30 minutos para hacer algo propio sin interrupciones. No consigo llevar a cabo este propósito durante mucho más que la mitad del tiempo, pero sigo intentándolo; por lo menos cuenta por algunas de las calorías. Pongo una música alegre de alabanza y mientras camino, planifico mi día y oro; en tanto, los niños concluyen con su rutina de la mañana. Aunque no les pago por realizar las tareas, si les doy un dinero extra por su diligencia. Reciben un dólar si terminan con toda su lista de obligaciones a las 8.30. Eso nos asegura que la escuela comience a tiempo. Y también nos ha ahorrado dinero a Steve y a mí. Ya no necesitamos ser los tipos malos cuando ven en algún negocio algo que quisieran tener. Yo simplemente les digo: "¡Claro que puedes comprarlo! ¿Has ahorrado suficiente dinero para pagarlo?"

8.20: He estado en la cinta de caminar durante cinco minutos y ya sufro la primera interrupción. Haven quiere usar el viejo estropajo en lugar del nuevo para lavar el piso. Le digo que no. Me discute y se gana el trabajo extra de limpiar el patio cuando acabe de lavar el piso (con el estropajo nuevo).

Me responde: "¡Vamos, mamá! ¡Castígame con cualquier otra cosa, pero no con otra tarea! Hazme escribir un informe o algo así, pero no me des más tareas."

¡Bingo! Finalmente le quedó claro. Tengo la sensación de que esa será su última tarea de la mañana.

8.30: Tucker interrumpe y ruega que se le concedan cinco minutos de gracia para acabar con sus tareas, ya que sólo le queda una por realizar. Realmente desea obtener el dólar, y como se ha estado esforzando, consiento.

8.33: Tucker entra con cara de pánico y pregunta: "¿Tengo que ponerle suavizante a las toallas? Porque si debo hacerlo, no podré acabar a tiempo."

Le digo: "Sí, colócales suavizante. Te concedo un minuto extra."

8.36: Tucker se acerca nuevamente. "No puedo encontrar la pequeña bola en la que se coloca el suavizante", señala desanimado.

Le contesto, sin aliento y sin disposición de ánimo ya: "Olvida el suavizante; usaremos las toallas ásperas. ¡Pero por favor déjame en paz!"

8.37: Tucker regresa y pregunta: "¿Deseas que continúe con mi tarea y encienda el lavarropas?"

En silencio recito mi 'mantra': *La ira de mamá no produce la justicia de Dios.* "Sí, Tucker, enciende el lavarropas", digo con una calma forzada.

8.40: Haven pasa junto a mi dormitorio, y yo le arrojo un beso. Ha tenido que ser corregida tantas veces esta mañana, que yo quiero que sepa que la considero una gran chica. Se anima a entrar para ver si el beso que le he arrojado tiene otras implicancias.

"Mamá", me dice con dulzura, "obtendré el dólar si acabo mis tareas antes de que tú termines con tus ejercicios?"

La niña tiene coraje, pero le respondo: "No, Haven".

Se vuelve para irse y entonces me mira por encima del hombro y me dice: "Gracias, mamá, por todas las tareas extra. Me dieron la oportunidad de servir a la familia, y creo que me ayudarán a recordar que debo recoger mi ropa."

Siento que acaban de arrojarme un beso a mí también.

8.45: Ya es la hora de comenzar con las clases, así que comprimo treinta minutos de oración en sólo cinco; pliego la cinta de caminar, y me meto a la ducha. Por lo menos allí obtendré unos pocos minutos de paz.

8.50: Clancy se aproxima a la puerta de la ducha y golpea. En total logré apenas cinco minutos de soledad; con eso deberé sustentarme todo el día. Me anuncia que ha acabado con su lista. La felicito y le digo que puede jugar hasta que comience la clase.

8.51: Clancy regresa para hacer una pregunta en nombre de Tucker.

Él quiere saber si puede usar la computadora hasta la hora de iniciar las clases. Le respondo: "¡Sí!" en un tono de voz un poco alto. Trato de convencerme de que ha sido simplemente para que me escuchara por encima del sonido del agua.

8.52: Clancy me informa que ella y Tucker han decidido volver a hacer la cama de él en lugar de realizar las otras actividades, porque él la hizo con poca prolijidad la primera vez. Le digo: "Muy bien".

8.53: Clancy golpea otra vez y quiere saber si les permito escuchar la cinta de Carman mientras hacen la cama de Tucker. Trato de responderle "por supuesto" lo más dulcemente posible. (Según nos ha informado Haven, Carman es un cantante cristiano muy guapo que no se ha casado porque está esperando que ella crezca.)

8.55: Me doy por vencida y salgo de esa ducha tan "relajadora", para encontrarme con Haven. Está molesta porque Tucker y Clancy no la dejan jugar con ellos. Le recuerdo que están haciendo la cama de Tucker y le pregunto para qué quiere unirse a ellos. Me responde: "Buen punto, mamá. Creo que volveré a repasar los versículos que debo memorizar."

Quedo un poco desconcertada por su elección, pero obviamente no la voy a discutir.

9.10: Rumbo a la escalera, paso junto a mi mesa de costura y noto allí una gorra de los exploradores que necesita reparación. Le doy unas puntadas rápidamente, aunque no sé por qué. Haven me ha informado que ninguna de las otras niñas exploradoras la usan y que ella se sentiría extraña usándola en las reuniones del grupo.

9.15: Digo en voz alta: "¡En cinco minutos comienzan las clases!" Escucho una voz que me llega desde el cuarto de Tucker: "¡Oh, que fastidio!" Le respondo en tono fuerte: "Espero que eso quiera decir 'Sí, señora' en algún idioma extranjero".

9.17: Le pregunto a Haven si se ha lavado los dientes durante los dos minutos indicados. Me responde: "Creo que sí".

"¿Qué te parece ir y lavártelos de nuevo, por las dudas?", le sugiero.

Me dice: "No, ya me acordé. Sí me los lavé."

Le respondo: "Bien, te creo porque nos tenemos confianza".

"Sí, nos tenemos confianza", dice asintiendo.

9.18. Haven le pregunta a Tucker si puede coserle el Batman Beanie Baby que vio en mi mesa de costura.

"No. Quiero que lo haga alguien profesional", le responde bruscamente, "y no tú".

Clancy interrumpe. "Haven, mi osito Rainbow está descosido. Tú puedes cosérmelo."

Llevo a Tucker a un costado y le advierto que ha estado rechazando a Haven toda la mañana y que necesita ser más cuidadoso con respecto a herir sus sentimientos. Le sugiero que la invite a jugar con él y con Clancy luego.

Responde en un tono que muestra muy poco entusiasmo: "Está bien. Haven, ¿quieres jugar más tarde?"

9.30: Finalmente estamos listos para comenzar con la clase (apenas con una hora de retraso con respecto al programa). Voy al escritorio a buscar mi caja de elementos para el "estudio bíblico". Escucho la voz de Tucker en la cocina: "¡Haven, cierra la boca!"

"Tucker", le grito con los brazos cargados de materiales de estudio, "quiero verte en el piso de arriba para ponerte pimienta en la boca".

Lo que él hizo se considera una gran ofensa en nuestra casa. No se le permite a nadie decir "¡Cierra la boca!", o utilizar cualquier otra expresión ofensiva. Pero antes de subir, le pregunto a Haven que es lo que estaba haciendo antes de que Tucker le dijera eso.

"Nada", insiste. "Sólo cantaba una cancioncita".

Eso normalmente significa "agraviaba a mi hermano". Puedo leer entre líneas. Respirando profundo, me encuentro con Tucker en el baño, me siento en el borde de la bañera, y le confieso: "Creo entender por qué le dijiste a Haven que cerrara la boca. Ha habido momentos en los que yo también me he despertado algo irritable y malhumorada. De hecho, ha habido ocasiones en que tú me llevaste a un estado tal de frustración que te dije lo mismo que tú le has dicho a tu hermana hoy. Aunque pueda ser comprensible, eso no lo vuelve aceptable. Y por lo tanto tuve que pedirte a ti y a Dios que me perdonaran. Así que voy a tener misericordia de ti como el Señor la tuvo de mí y me perdonó por mis palabras."

Hay un destello en los ojos de Tucker. "¿Quieres decir que estoy redimido?" La noche anterior acababa de aprender que *redención* significa "libre de castigo para siempre".

Le respondo: "Algo así, excepto que no es para siempre. Si vuelves a decirlo, te voy a poner salsa picante en la boca."

Oramos, y se dirige hacia el piso de abajo a pedirle perdón a Haven.

9.45: Quizás ahora podamos empezar con las clases. Después de nuestro tiempo de alabanza, comenzamos a repasar los versículos aprendidos de memoria. Y se devela el misterio en torno a las palabras "Creo que volveré a repasar los versículos que debo memorizar". A Haven se le escapa que hay una niñita en su grupo AWANA que ha adelantado más en el libro, y ella quiere recuperar el liderazgo la próxima semana. "¡Quiero vencerlos a todos en el conocimiento de la Biblia!" ¿Les parece una motivación espiritual para memorizar las Escrituras?

10.25: A esta altura, mientras los chicos dibujan o colorean, generalmente les leo alguna aventura misionera, o una historia inspiradora que les transmita un mensaje. Puede ser algo que haya ocurrido durante nuestra infancia, o que tenga relación con alguno de nuestros antepasados. Hoy he decidido contarles una historia más reciente.

"Niños, quiero contarles lo que Dios está haciendo en mi vida en estos días. Como saben, estoy en medio de la redacción de un libro, y eso resulta bastante difícil para todos nosotros. Ha habido momentos en los que sólo quería volver a mi antigua vida, y ser la esposa de papá y la mamá y maestra de ustedes. El momento más difícil se produjo unas pocas semanas atrás cuando papá y yo fuimos a Dallas. Yo había llevado mi computadora para poder escribir en nuestro cuarto en el hotel mientras papá trabajaba.

"Cuando me senté sola en aquel cuarto y miré la pantalla en blanco de la computadora, exclamé en voz alta: '¡Quiero abandonar todo esto!' Y luego oré: 'Amado Dios: Tú creaste los cielos y la tierra de la nada, y vas a tener que hacer lo mismo con este libro, porque no tengo nada para ofrecerle a la gente'. Me apoyé en el respaldo de la silla y lloré un poco más.

"Entonces esta escritura vino a mi mente: 'A las montañas levanto mis ojos; ¿de dónde ha de venir mi ayuda?' No podía recordar el resto del versículo, a sí que lo busqué usando la Biblia que tengo en la computadora. No podía creer que el resto de esa escritura (Salmos 121.1-2) dijera: 'Mi ayuda proviene del SEÑOR, creador del cielo y de la Tierra'. Casi rompo en lágrimas de nuevo, esta vez de gozo y alivio. ¡Dios me había oído y prometía ayudarme!

"Cuando llegué a casa al día siguiente, había una carta de una amiga de Maryland (de quien no había tenido noticias por más de cinco años) esperándome. Me escribió lo siguiente: 'Lisa, mientras pasaba algún tiempo meditando delante del Señor, él te trajo a ti a mi mente. No sé exactamente qué significa esto, pero él puso sobre mi corazón el escribirte una carta en la que te dijera: 'No te des por vencida'.

Cuando acabo mi historia, Haven me dice: "¡Guau! Eso es fantástico, mami!" "Sí", concuerda Clancy, asintiendo con la cabeza. "Te escuché contarle esa historia a alguien por teléfono."

Tucker no está tan impresionado. "Está bueno. ¿Qué tenemos para el refrigerio hoy?" Miro mi reloj.

10.30: Tiene razón. Es tiempo de un refrigerio. Preparo unas galletas con la masa congelada "lista para cortar y hornear" que encuentro guardada en el fondo del freezer, mientras los niños juegan con nuestro perro Checkers en el patio.

10.45: Tucker lleva sus galletas y su libro de matemática al escritorio para trabajar. Haven toma sus galletas y su trabajo de historia para corregir y se instala en el comedor. Yo le enseño a Clancy mientras come su merienda en la mesa de la cocina.

12.45: Hemos cambiado de lugares y tareas tres veces durante las últimas dos horas, y ya es tiempo del almuerzo, así que coloco algunos bastoncitos de pescado en el horno.

1.00: Mi vecina Lynn llama mientras comemos y me pregunta si puedo cuidar a su hijo a la tarde. Se trata de Daniel, el mejor amigo de Tucker, así que él está encantado.

2.00: ¡Sí! ¡Finalmente acabamos con la escolaridad! Haven y Clancy se colocan sus uniformes de exploradoras para poder entregar las nueces que han vendido para recaudar fondos. Sólo hay un problema. Hemos perdido la lista y no tenemos idea de qué vecino compró qué, y si es que ha comprado. Decidimos llevar a Checkers con nosotros para proveerle algún ejercicio. Le colocamos la correa y vamos de puerta por puerta preguntando a nuestros amigos si es que ellos compraron nueces.

Al pasar frente a la casa de uno de los vecinos, su perro comienza a ladrarle furiosamente a Checkers, lo que hace que Checkers corra, arrastrándome detrás de él (¿les dije que pesa alrededor de 75 libras?). Finalmente consigo controlarlo, y Haven le advierte: "Checkers, recuerda que no intentamos vencer el mal con el mal. Procuramos vencer el mal con el bien." Creo que le permitiré a Haven escribir el próximo libro: *Corrección Creativa para perros.*

3.00: Llega Daniel, y él y Tucker saltan en el trampolín mientras Clancy juega en la computadora y Haven mira dibujos animados. Me dirijo al comedor a trabajar en el cuadernillo de recortes que preparo para el aniversario de mis suegros.

4.00: Steve nos sorprende al entrar por la puerta de adelante. Nos explica que su pie está matándolo, y que necesita descansar colocándolo en alto por un rato antes de volver a la iglesia por la noche.

5.00: Preparo "bocadillos" de atún para los niños y coloco un sándwich de atún, papas fritas y una gaseosa en una bandeja de cama para llevarle a Steve. Puede que no sea la obra de un gourmet, pero se lo ofrezco con amor.

5.15: Escucho gritos en el exterior y bajo corriendo las escaleras. Tucker está molestando a Clancy. Le hace creer que la va a tomar de los talones para hacerla caer del trampolín. De todos modos, es tiempo de llevar a Daniel a su casa, así que esto soluciona el problema. Cuando le digo a Daniel que se calce, Tucker, enojado, pierde el control y comienza a acusar a Clancy de haber arruinado la tarde. Lo envío a su cuarto a que se calme. Entonces le pido a Steve que se asegure de que Tucker tome un baño y luego permanezca en su cuarto hasta que yo regrese de llevar a Daniel a su casa.

5.30: Hablo con Tucker y trato de recordarle que la razón por la que lo envié a su cuarto fue su respuesta cuando le dije que era hora de que Daniel regresara a su casa. Está demasiado ocupado tratando de dar excusas como para escucharme. Resulta obvio que necesita un poco más de tiempo para adecuar su actitud, así que abandono el cuarto y señalo que lo único que puede hacer es leer en su cama.

6.00: Steve vuelve a su trabajo, y las niñas me preguntan si pueden bañarse juntas. Sé que lo lamentaré después, pero les digo que sí.

6.30: Escucho muchas risas, gritos y chapoteos saliendo de mi baño.

Supongo que es mejor detenerlas mientras estoy a tiempo, así que les grito que salgan.

6.45: Otra vez intento hablar con Tucker, pero su corazón no está dispuesto a ser enseñado. Resignada, le informo que debe quedarse en la cama y leer hasta la hora de dormir. Tomo un libro y le leo los dos primeros capítulos. Luego le entrego el libro y le mando leer dos capítulos más. Le leeré un tercero cuando regrese a la planta alta.

Intenta negociar: "¿Qué tal si yo leo un capítulo y tú lees otros dos?"

Esto es algo sobre lo cual hemos estado tomando medidas con Tucker, así que le recuerdo: "Conoces las nuevas reglas. Si discutes, no sólo no obtienes aquello por lo que quieres negociar, sino que pierdes lo que tenías en primer lugar. Lo lamento, hijo, pero deberás leer el resto del libro por ti mismo."

7.00: Haven y Clancy leen junto a mí en la mesa del comedor mientras yo continúo seleccionando fotografías de mis suegros.

7.30: Acuesto a Clancy y me dirijo al cuarto de Haven. Paso por encima de su toalla mojada, que descansa en el medio del piso. Le informo que lavaré una carga de toallas esa noche, y que espero que ella las doble por la mañana. Oro con ella y le pongo su casete antes de ir al cuarto de Tucker. Con sólo verlo puedo decir que ha pasado un día muy molesto a causa de la alergia. Sus ojos están tan hinchados que casi parecen cerrados. Me doy cuenta de que nunca hemos resuelto la cuestión de su temperamento y de las pataletas, pero estoy demasiado cansada esta noche. Trato de alentarlo diciéndole que ha peleado la buena batalla hoy; luego lo hago deslizar dentro de su cama con un beso y una oración.

8.00: ¡Paz, dulce paz! Están todos en la cama, pero ahora me siento demasiado cansada como para hacer algo para mí.

8.15: Haven baja las escaleras, quejándose de que su pierna está "adormecida". Le digo que también va a tener las posaderas "adormecidas" si no se queda en la cama.

9.00: Trato con todas mis fuerzas de mantenerme levantada hasta que Steve regrese, pero no lo logro.

EL PROCESO QUE REQUIERE LA PATERNIDAD

Aquí pueden apreciar a mi familia en todo su esplendor… o en la ausencia de él. Como lo revela el informe de mi día, uno puede esforzarse todo lo posible, usar los métodos más eficaces y creativos, y *aún* así preguntarse si está logrando llegar a los niños. Si mi propósito fuera venderles algo, no se podría considerar que lo estoy logrando, ¿verdad? Parece irónico, pero incluí la crónica que aparece más arriba para alentarlos.

Recordemos que se trata de un proceso. Instruimos a nuestros niños "mandamiento tras mandamiento, mandato sobre mandato, renglón tras renglón, línea tras línea, un poquito aquí, un poquito allá" (Isaías 28.10, Reina-Valera 1995). Les enseñaremos a respetar a sus padres, al Señor y a su Palabra. Les contaremos historias que les lleguen al corazón. Trataremos de enfocar sus ojos hacia el cielo, nuestro verdadero hogar. Los mantendremos pendientes de la próxima corrección creativa con la que saldremos. Les enseñaremos a forjar puntos de vista que muchas veces parecerán estar patas para arriba. Les recordaremos que amar a sus vecinos comienza por el niño más tonto que conozcan. Y oraremos, oraremos y oraremos un poco más aún.

No nos desanimemos. Nuestras instrucciones en algún momento les *entrarán*. Pero no será de una sola vez como cae el ancla en el fondo del mar. Nuestros niños se irán transformando en las personas que Dios quiere que sean poco a poco. Pero recordemos que en última instancia es Dios el que los moldea. Él usa *nuestras* manos, pero el que toca sus corazones es *él*.

Una palabra final

Sinceramente espero que hayan encontrado por lo menos una o dos ideas de este libro que les sean factibles utilizar. También espero que al llevar adelante la tarea de criar a sus hijos hayan adquirido confianza en sus propios instintos y en la capacidad de escuchar algunas sugerencias creativas que vengan de Dios.

Cuando desarrollen nuevas ideas de corrección creativa, o historias, o lecciones objetivas, por favor, consideren la posibilidad de enviármelas a mi sitio web: www.LisaWhelchel.com. Continuaré recogiendo sugerencias para incluirlas en próximas revisiones de este libro. No sólo me ayudarán a mí sino, lo que es más importante, a otros padres que se esfuerzan por encontrar maneras nuevas y eficaces de enseñar a sus hijos.

Si están interesados en continuar construyendo una amistad "virtual" (que espero ya haya comenzado con este libro) son bienvenidos a encontrarse conmigo *online* una vez a la semana para una "charla de café". Cada lunes por la mañana envío un boletín informativo junto con algunas fotos personales de mi familia, y allí comento algunas de las cosas que voy experimentando y aprendiendo a medida que mis hijos crecen y entran en otras etapas de la vida. O sino pueden anotarse para recibir correos electrónicos, y en ese caso les enviaré un e-mail mensual con una historia personal, algún secretito referido a la paternidad, y una lista de las ciudades en las que hablaré próximamente.

Espero tener la oportunidad de conocerlos en persona en alguna ocasión. Pero hasta entonces, que Dios los bendiga ricamente en la tarea de criar hijos.

Guía de estudio

LECCIÓN 1 (CAPÍTULO 1):

1. En la historia inicial, Lisa, la autora, describe sentimientos que la atormentan, y proporciona una larga lista de cosas que ella siente que deja "pasar" sin hacer en su vida. Pensemos en una lista propia. ¿Qué cosas no estamos haciendo?

2. ¿Qué prioridades tenemos como padres? ¿Nuestra lista de actividades refleja esas prioridades? Si no es así, ¿qué cosas o personas interfieren con ellas?

3. Leamos Mateo 11.28-30, y luego respondamos las siguientes preguntas:

   a. ¿Estamos fatigados y cargados como la multitud a la que Jesús le está hablando?

   b. ¿En qué consiste nuestra carga diaria como padres?

   c. ¿Cuál es el "yugo" al que Jesús hace referencia? ¿Por qué les dice a aquellos que están cansados y agobiados que deben aprender de él (v.29)?

   d. Si nos falta paz, ¿qué pasos prácticos podemos dar para permitir que Dios alivie nuestra carga?

4. Si la paternidad se asemejara a una autopista (p.12), ¿en qué punto de ese camino nos encontraríamos?

5. ¿Con qué obstáculos nos hemos topado a lo largo del camino? ¿Qué hicimos al respecto?

6. Al encontrar encrucijadas o desvíos, ¿a dónde (o a quién) nos dirigimos en busca de ayuda u orientación?

7. ¿Qué expectativas tenemos en cuanto a la lectura de *Creación correctiva*? ¿Qué metas nos hemos propuesto como padres? Tomémonos un momento para anotarlas en papel, y asegurémonos de volver a ellas como referencia a medida que trabajemos en este libro.

Lección 2 (capítulo 2):

1. Lisa señala que los niños aprenden a relacionarse con Dios a través del ejemplo de sus padres. Teniendo eso en cuenta, ¿Cómo pensamos que nuestros propios niños ven a Dios? (¡Si no estamos seguros, preguntémosles!)

2. Para poder proyectar una imagen saludable de Dios, primero es necesario asumir el compromiso de desarrollar una relación vigorosa con él. ¿Cómo vemos nuestra relación con Dios?

3. ¿Cómo podemos llegar a conocerlo más?

4. Además de pasar tiempo con Dios, ¿de qué forma sana podemos como padres representar al Señor ante nuestros niños?

5. Leer Hebreos 12.5-11, y luego responder las siguientes preguntas:

   a. ¿Por qué disciplina Dios a sus hijos?

   b. ¿En qué nos beneficia su corrección?

   c. ¿Cuándo y en qué circunstancias nos ha disciplinado Dios? ¿Qué resultados produjo en nosotros?

6. ¿Cuáles son nuestras motivaciones cuando disciplinamos a nuestros niños? ¿Se trata de motivos puros?

7. Lisa también señala que cuando nuestros hijos confían en nosotros, nos obedecen (pp.25-26). ¿Creemos que esto sucede dentro de nuestra familia? Expliquémoslo y demos ejemplos.

8. ¿Qué personaje bíblico obedeció a su Padre celestial por pura fe? ¿Cuál fue la respuesta de Dios?

9. El respeto y el amor son esenciales al enseñar a nuestros niños la

obediencia, pero si queremos transmitirles estos principios necesitamos primero ser ejemplo para ellos en nuestro propio matrimonio (p.28). ¿Refleja nuestro matrimonio amor y respeto?

10. ¿En qué sentidos podemos mejorar como marido y mujer? ¿Qué medidas podemos tomar para aumentar el amor y el respeto de uno al otro?

11. ¿Qué sugerencias prácticas podemos hacerles a nuestros niños en cuanto a su actuación para que demuestren más su respeto a las personas mayores? ¿Y entre ellos?

De la Caja de herramientas:

12. ¿Nuestros niños comprenden y respetan nuestras reglas? ¿Y las de Dios?

13. Pensando en cuestiones prácticas, ¿cómo podemos enseñarles a nuestros niños a amar los mandamientos de Dios?

LECCIÓN 3 (CAPÍTULO 3):

1. Pensemos en una familia donde los padres han establecido reglas estrictas sin explicar los principios que las sustentan. ¿Qué efecto tiene esto sobre los niños?

2. Ahora pensemos en alguna familia de las que conocemos que sea demasiado floja en cuanto al establecer límites. ¿Cómo resulta el funcionamiento de esa casa?

3. Describamos algún momento en el que, luego de corregir a nuestros niños, les explicamos la importancia de la obediencia. Ahora pensemos en un momento en el que no lo hicimos. ¿Respondieron de forma diferente? ¿Por qué sí, o por qué no?

4. ¿En qué consiste el punto central de la obediencia (p.62)?

5. Leamos Mateo 19.16-22, y luego respondamos las siguientes preguntas:

a. El joven rico había guardado todos los mandamientos de Dios, ¿entonces por qué Jesús le demandó aún más?

b. ¿Qué es lo que motivaba a ese hombre a sujetarse a las reglas de Dios?

c. De hecho, ¿qué es lo que Jesús le dijo? ¿Qué es lo que intentaba señalar como punto central?

d. ¿De qué manera esta escritura cambia nuestra perspectiva en cuanto a guardar la ley de Dios?

e. ¿Nuestro corazón, como el del joven rico, está inclinado hacia el lugar equivocado? Si es así, ¿de qué modo?

6. ¿Nuestros niños entienden verdaderamente lo que constituye el punto central de la obediencia (p.62)?

7. ¿Qué los motiva a obedecer? ¿Amor? ¿Temor? ¿Alguna otra cosa?

8. Hacia el final del capítulo, Lisa explica que a menudo les cuenta a sus hijos historias de su propia vida para ilustrar ciertos principios relacionados con la obediencia. ¿Qué historias de nuestra vida podemos usar como una lección a enseñar?

9. ¿En qué áreas desobedecen continuamente nuestros hijos? ¿Podría ser, como lo sugiere Lisa, que ellos no estén captando el punto central de la obediencia, es decir, en dónde reside su verdadera importancia?

De la Caja de herramientas:

10. Tomemos algunos pocos tópicos recogidos de la Caja de herramientas, y luego, usando las historias y lecciones objetivas, enseñémosles a nuestros niños los principios que sustentan las reglas de Dios. ¿Cuál es el resultado?

LECCIÓN 4 (CAPÍTULO 4):

1. Describamos un momento en el que logramos poner en perspectiva

los dones, el carácter y las acciones de nuestros hijos. ¿De qué manera afecta esto la situación y nuestro punto de vista?

2. Dentro de una escala de 1 (nunca) a 5 (siempre), ¿con qué frecuencia desarrollamos una perspectiva general del cuadro cuando ejercemos nuestra paternidad?

   1   2   3   4   5

3. ¿Por qué con frecuencia nos resulta tan difícil poder hacerlo?

4. ¿Qué beneficios tiene el mantener una perspectiva general del cuadro?

5. Basándonos en las acciones y carácter que vemos en nuestros hijos, pensemos en el tipo de personas que pueden llegar a ser en diez o veinte años. ¿Se nos presenta como un cuadro positivo o negativo? ¿Por qué?

6. Si se trata de una imagen positiva, ¿cómo podemos continuar afianzando sus caracteres y elecciones?

7. Si la imagen fuera negativa, ¿Qué medidas podemos tomar para ayudar a nuestros hijos a cambiar sus malos hábitos?

8. Para encontrar una lista importante de características que se relacionan con el "cuadro general", podemos leer Gálatas 5.22-23. ¿Vemos algo de este fruto en las vidas de nuestros hijos? ¿Qué otros hábitos piadosos podemos tratar de inculcar en nuestros niños en una edad temprana?

9. ¿Qué personajes de la Biblia se hicieron conocidos por tener una perspectiva eterna de las cosas aun cuando la vida les era adversa?

10. ¿Cómo hicieron para mantener esa perspectiva eterna dentro del cuadro?

11. Confeccionemos una lista de todas las actividades en las que están embarcados nuestros niños. ¿Alguna de estas actividades distrae a los chicos de las prioridades que estamos procurando inculcarles y que tienen que ver con la perspectiva general del cuadro? Si fuera así,

analicemos junto con nuestro cónyuge y nuestros hijos la posibilidad de recortar algunas de las actividades que puedan estar "empañando" la perspectiva eterna y atrasando su crecimiento.

12. Lisa incluye el tema del dinero como una cuestión a la que debemos mirar desde el plano eterno (pp.110-112). ¿Qué ejemplo establecemos ante ellos al manejar nuestras finanzas?

13. ¿Entienden nuestros hijos la economía de Dios? ¿Y nosotros? Expliquémoslo.

14. ¿Cómo podemos inculcarles a nuestros hijos un espíritu de generosidad y buena mayordomía?

De la Caja de herramientas:

15. ¿Utilizamos incentivos para ayudar a desarrollar los hábitos más importantes en nuestros niños? ¿Por qué sí, o por qué no?

16. ¿Cómo utiliza Dios el sistema de recompensas con nosotros, sus hijos? ¿Da resultados?

Lección 5 (capítulo 5):

1. De las cuatro mamás que Lisa describe al principio del capítulo, ¿con cuál de ellas nos sentimos más identificadas? ¿Por qué?

2. ¿Qué estilo de paternidad difiere más del nuestro? ¿En qué sentido?

3. Cada una de las cuatro amigas que describe tiene niños de diferentes temperamentos y necesidades, que están en distintas etapas de desarrollo. ¿Cuáles son las necesidades específicas y las cualidades de cada uno de nuestros niños? ¿En qué etapa de la vida están?

4. ¿Qué ajustes necesitamos hacer en nuestro estilo de paternidad para poder disciplinar a nuestros niños con mayor eficacia?

5. ¿En qué momentos necesitan más corrección nuestros niños?

6. ¿Qué "herramientas" de corrección (p.141) funcionan mejor con ellos? Si tenemos más de un niño, describir cómo responde cada

uno a los distintos métodos o herramientas.

7. ¿Qué dilemas en cuanto a la disciplina hemos tenido que enfrentar? Describir alguna situación en la que experimentamos la dirección de Dios al corregir a nuestros niños.

8. En nuestra familia, ¿quién es el que generalmente aplica los castigos?

9. ¿Cómo afecta a nuestros niños que la administración de la disciplina sea a veces desequilibrada? ¿Cómo marido y mujer, cómo podríamos compartir mejor esta responsabilidad?

10. En una escala de 1 (ineficaz) a 5 (muy eficaz), ¿cómo calificaríamos la disciplina que impartimos? ¿Y la que imparte nuestro cónyuge?

    1   2   3   4   5

11. ¿Cómo determinamos esa calificación?

12. Si nuestra calificación fue baja, ¿a qué atribuimos el hecho de que nuestros niños procuren continuamente extender los límites? ¿Qué es lo que nos impide "hacer cumplir la ley"?

13. Lisa señala que para poder administrar una corrección eficaz tenemos que saber qué cosas son importantes para nuestros niños (pp.145-146). ¿Qué privilegios les resultan esenciales? ¿Cómo reaccionan cuando se los priva de esos privilegios?

De la Caja de herramientas:

14. ¿Cuál de estas ideas creemos que puede brindarnos ayuda inmediata al tener que disciplinar a nuestros hijos?

15. Elijamos el área en la que más nos gustaría que nuestros hijos progresaran, y luego, utilizando algunas de las ideas de la caja de herramientas, aboquémonos a desarrollar formas de disciplina creativas cada vez que la situación lo requiera. Llevemos un diario, registremos las cosas que dan resultado, y luego evaluemos los progresos al cabo de un mes.

LECCIÓN 6 (CAPÍTULO 6):

1. ¿Qué buenas razones tenemos para utilizar el castigo físico? ¿Y para no utilizarlo?

2. ¿Castigamos físicamente a nuestros hijos? ¿Por qué sí, o por qué no?

3. ¿Qué sentimientos nos despierta administrar castigo corporal?

4. ¿Cómo manejaron nuestros padres esta cuestión con nosotros?

5. ¿Hasta qué punto nuestra crianza (o la de nuestro cónyuge) afecta nuestra filosofía en cuanto al castigo corporal?

6. Si tenemos más de un niño y utilizamos el castigo físico como modo de corregirlos, ¿cuál de ellos responde mejor a él? ¿Por qué?

7. ¿Tenemos distintos enfoques en cuanto al castigo físico para cada uno de los niños? Si fuera así, ¿cómo lo hacemos?

8. ¿Cuándo nos parece que el castigo físico resulta más eficaz? ¿Y cuándo menos eficaz?

9. ¿Cuándo no debería aplicarse un castigo físico?

De la Caja de herramientas

10. ¿Qué principios o procedimientos utilizamos cuando tenemos que corregir físicamente a nuestros niños? ¿Se diferencian de las pautas que Lisa ha señalado?

LECCÍON 7 (CAPÍTULO 7)

1. En una escala del 1 (combativa) al 5 (feliz), como consideramos el nivel de rivalidad entre los hermanos en nuestra casa.

   1   2   3   4   5

2. ¿Cómo afecta la rivalidad entre los hermanos (o la ausencia de ella) a toda la familia?

3. Al comienzo del capítulo, Lisa describe los celos que a menudo se dan entre sus dos hijas. ¿Son los celos un gran problema en nuestra familia también? ¿Por qué?

4. Si la envidia es una cuestión con la que nos enfrentamos en nuestra familia, ¿de qué maneras se manifiesta?

5. ¿Qué sucede cuando no se tratan los celos entre hermanos?

6. Describir las cualidades y puntos fuertes de nuestros niños. ¿Cómo podemos construir sobre esos puntos fuertes para ayudarlos a desarrollar su propia identidad y minimizar un poco esa competencia tan poco amistosa?

7. Leamos Génesis 27.1-28.5 y luego respondamos las siguientes preguntas:

   a. ¿Por qué Jacob engañó a su hermano robándole la bendición que le correspondía.

   b. ¿Cuál era la naturaleza de la relación entre Jacob y Esaú antes del engaño? ¿Y luego?

   c. ¿De qué manera contribuyeron Isaac y Rebeca a la rivalidad que existía entre sus hijos?

   d. ¿De qué manera esta rivalidad entre los hermanos y el engaño influyeron sobre el curso de sus vidas?

8. En el ejemplo tomado del libro de Génesis, Rebeca favoreció a su hijo Jacob, y ese favoritismo condujo a que se produjeran consecuencias dañinas para Esaú. ¿En ocasiones luchamos por no mostrar favoritismo hacia uno de los niños ni prestarle más atención que a los otros? Si es así, ¿cómo podemos cambiar esa cuestión?

9. ¿Cuál de nuestros hijos es el que generalmente instiga a pelear? ¿Por qué se ha vuelto un tremendo matón? (Consideremos la posibilidad de que esté luchando con algunos temas no resueltos o que sus sentimientos hayan sido heridos.)

10. ¿En qué circunstancias se muestran nuestros niños más propensos a iniciar una pelea?

11. ¿Qué medidas podemos tomar para minimizar la rivalidad o aun detener los enfrentamientos antes de que se produzcan?

12. ¿Qué consecuencias a largo plazo produce la rivalidad entre hermanos que no se mantiene bajo control?

13. ¿Comprenden nuestros niños lo valioso que es tener un hermano? ¿Cómo podemos animarlos a que se hagan más amigos?, pensemos en los aspectos prácticos, (pp.212-213).

De la Caja de herramientas

14. ¿Qué estrategias funcionarían mejor con nuestros niños a fin de diluir las rivalidades entre hermanos? ¿Por qué?

Lección 8 (capítulo 8):

1. Describir en nuestras propias palabras lo que significa vivir de acuerdo con los principios de Dios que parecen estar "patas para arriba".

2. Más allá de aquellos enumerados en el libro, ¿qué otros principios encontramos en la Biblia que parecen estar al revés?

3. ¿Cómo funcionan esas "verdades al revés" (como poner la otra mejilla) dentro de nuestra casa?

4. ¿Qué beneficios tiene vivir orientados por las reglas "al revés" de Dios?

5. ¿Cuáles son los problemas inherentes al seguir esas reglas y enseñárselas a nuestros niños?

6. Al comienzo del capítulo, Lisa analiza las tres maneras, tanto buenas como malas, de enfrentar los conflictos (p.237): (1) devolver la ofensa, (2) hablar con mamá y papá al respecto, (3) Imitar a Jesús y obedecer sus verdades "al revés". ¿Cuál de ellas eligen con mayor frecuencia nuestros hijos?

7. Lisa incluye la separación del mundo como uno de los principios "al revés" de Dios. ¿Qué estamos haciendo para proteger a nuestros niños de la influencia negativa del mundo?

8. ¿En qué otras áreas podemos realizar cambios?

9. ¿Saben nuestros niños que como cristianos deben ser diferentes? Si lo saben, ¿se sienten cómodos con la diferencia?

10. Evaluemos cada una de las relaciones más significativas que tengan nuestros hijos. En general, ¿quién ejerce mayor influencia sobre los demás, nuestros hijos o sus amigos? ¿Qué efecto producen esos amigos sobre nuestros niños?

11. ¿Qué clase de datos tienen en consideración nuestros hijos al elegir sus amigos? ¿Ejercitan algún discernimiento? ¿Por qué?

12. Leamos Mateo 12.36-37. Si nuestros niños tuvieran que dar cuenta hoy por cada palabra descuidada que hayan dicho (p.242), ¿qué resultado veríamos? ¿Sería como para aplaudirlos o como para acobardarse?

13. Señalemos algunas personas, sean sus amigos o hermanos, a quienes nuestros hijos podrían apuntalar o edificar con sus palabras.

14. ¿Saben compartir nuestros hijos unos con otros o con sus amigos? ¿Qué cosas les cuesta más abandonar?

15. Leamos Mateo 6.19-21, y respondamos las preguntas que siguen:

    a. ¿Qué tesoros u objetos materiales estamos acumulando en esta tierra?

    b. ¿Y qué de nuestros niños? ¿Qué cosas aprecian?

    c. Si en nuestra familia procuramos luchar para librarnos del materialismo, ¿cómo podemos cambiar nuestro enfoque, puesto en los dones materiales que Dios nos da, para pasar a centrarnos en sus bendiciones espirituales?

De la Caja de herramientas:

16. De todos los principios "al revés" que figuran en la sección caja de herramientas, ¿cuáles son los que nuestros niños comprenden mejor? ¿Con cuáles necesitan ayuda?

LECCIÓN 9 (CAPÍTULO 9):

1. En una escala del 1 (nunca) al 5 (siempre), ¿con cuánta frecuencia les permitimos a nuestros niños fallar?

   1   2   3   4   5

2. ¿Nos resulta difícil admitirlo? ¿Por qué?

3. Expliquemos con nuestras palabras por qué resulta importante que a veces les permitamos a nuestros hijos fracasar.

4. ¿Qué sucede cuando uno de los padres interviene todo el tiempo? ¿O cuando no interviene lo suficiente?

5. ¿Cómo determinamos cuándo intervenir?

6. ¿En qué momento de nuestra vida nos tocó experimentar el mayor fracaso? ¿Qué aprendimos de él?

7. Describamos algún momento en el que uno de nuestros niños haya fracasado estrepitosamente pero que a raíz de eso haya logrado madurar emocional o espiritualmente. ¿Qué lección aprendió? ¿De qué manera obró Dios a través de esa situación?

8. ¿Cómo responden nuestros niños ante la derrota o las pruebas? ¿Cómo reaccionan cuando otros les fallan?

9. En este tiempo, ¿qué les está enseñando Dios a nuestros niños con respecto a los fracasos? ¿Y acerca de su misericordia?

10. ¿Por qué resultan tan importantes los conceptos de perdón y misericordia cuando debemos enfrentarnos con el fracaso?

11. ¿Cómo equilibramos nuestras expresiones de misericordia con la administración de disciplina? Expliquémoslo usando ejemplos.

De la Caja de herramientas

12. ¿Hasta dónde entienden nuestros niños la gracia y el perdón de Dios? Si se esfuerzan por lograrlo, ¿qué es lo que les impide darse cuenta de que su divino amor es incondicional?

LECCIÓN 10 (CAPÍTULO 10):

1. Tomémonos un momento para evaluar nuestro estado de cansancio, como lo hizo Lisa en su diario personal. ¿Cómo estamos física, emocional y espiritualmente? ¿De qué manera podemos aliviar en parte el agotamiento diario y el estrés que conlleva la crianza de niñitos pequeños?

2. Lisa alude a varias cuestiones que a menudo deben enfrentar los padres de niños pequeños: enseñarles dominio propio, manejar el deseo de independencia que están adquiriendo, entrenarlos en el control de esfínteres. De todas estas cuestiones, ¿cuáles implican un mayor esfuerzo? ¿Cuál ha sido la más fácil para nosotros? ¿Por qué?

3. Volvamos a leer la oración de Lisa y los párrafos de su diario referidos a la guerra espiritual (p.298). ¿Reconocemos que también algunas de las batallas que enfrentamos al criar a nuestros hijos pueden ser espirituales? Expliquemos por qué.

4. Leamos Efesios 6.10-18, y respondamos las siguientes preguntas:

   a. ¿De qué maneras específicas podemos "mantenernos firmes" como padres (v. 14)?

   b. ¿Qué significa tomar "el escudo de la fe" cuando estamos criando niños pequeños (v. 16)? ¿Y el "orar en el Espíritu (v. 18)?

   c. Describir algún momento en el que oramos con mucha intensidad por nuestros pequeñitos. ¿Respondió Dios esa oración?

5. ¿Estamos de acuerdo con Lisa acerca de que el castigo físico constituye una manera efectiva de inculcar respeto por la autoridad (p.300)? ¿Por qué? ¿Qué otros métodos utilizamos para lograr que nuestros niños experimenten un cierto "temor" saludable hacia nosotros?

6. ¿Tendemos a ser más flexibles o más rígidos en cuanto a seguir una rutina? ¿De qué manera afecta esto a nuestros pequeñitos?

7. ¿Cuál consideramos que sería la rutina ideal para nuestros niños? Pongámosla por escrito. Ahora registremos en rasgos generales qué es lo que sucede durante el transcurso de uno de nuestros días tipo. ¿Estos dos programas se corresponden?

8. ¿Qué podemos hacer para lograr la mejor rutina para nuestros niños?

9. Pensemos en varias posibilidades que podamos ofrecerles a nuestros pequeñitos esta semana para ayudarlos a ejercitar sanamente su deseo de independencia. Ahora determinemos varias posibles consecuencias que podrían sufrir si no eligen ninguna de las opciones. ¿Cómo reaccionan cuando les presentamos distintas opciones?

10. Lisa señala que aunque no aboga por "cambiar el centro de atención" (creando alguna distracción para evitar conflictos con nuestros hijos), sí considera necesario que los padres alejen la tentación de sus hogares (p.305). ¿Necesitamos hacer del nuestro un hogar a "prueba de tentaciones"? ¿Qué objetos de nuestra casa haríamos bien en alejar de la vista de los niños?

11. ¿Cuándo fue la última vez que utilizamos una "tortura de cosquillas" en lugar de una merecida penitencia? ¿Cómo reaccionó nuestro hijo?

De la Caja de herramientas

12. ¿Nuestros niños se aferran a ciertos objetos que les brindan sensación de seguridad? Leamos la lista de sugerencias incluidas en la caja de herramientas, y luego descubramos qué idea podría funcionar mejor para ayudarlos a desprenderse de esos objetos.

LECCIÓN 11 (CAPÍTULO 11):

1. Lisa comienza el capítulo con una historia llena de humor sobre cómo, a pesar de sus grandes esfuerzos por controlarlos, sus hijos se

comportaron como hienas. Describamos un momento en el que, a pesar de nuestros esfuerzos, nuestros hijos se descontrolaron. ¿Cómo reaccionamos cuando los mejores principios y métodos para corregirlos fracasan?

2. ¿Qué cosas normalmente no tenemos en cuenta cuando estamos probando una nueva idea referida a la paternidad?

3. Pensemos en una nueva modalidad de corrección creativa que, luego de implementarla con nuestros niños, nos terminó pareciendo más un ridículo ideal que una gran idea. ¿Por qué no dio resultados?

4. ¿Qué método nos pareció que fracasaría pero en realidad funcionó perfectamente? Describamos la situación.

5. Leamos de nuevo la lista de expectativas y de metas que nos fijamos como padres, luego de terminar con la lección uno. Ahora que hemos intentado muchas de las sugerencias que encontramos en este libro, evaluemos de qué manera esas expectativas están en línea con lo que sucedió en la realidad.

6. ¿Qué nos muestran esos resultados con respecto a nuestras expectativas generales como padres? ¿Fueron demasiado altas, demasiado bajas, o justas y apropiadas? Expliquemos por qué.

7. ¿Qué nos sacudió del informe sobre la realidad que hizo Lisa, en el que describió en detalle un día típico en la vida de su familia? Si transcribiéramos un informe de un día típico en nuestra casa, ¿qué revelaría sobre nuestra familia?

8. ¿Qué aspecto del diario personal de Lisa encontramos más alentador? ¿Por qué?

9. A medida que aprendemos a separar los ideales de las ideas ¿cuál consideramos que es el próximo paso que deberíamos dar para moldear a nuestros niños?

Índice temático

Nos agradaría recibir noticias suyas.
Por favor, envíe sus comentarios sobre este libro
a la dirección que aparece a continuación.
Muchas gracias.

EDITORIAL VIDA
7500 NW 25th Street, Suite 239
Miami, Florida 33122

Vida@zondervan.com
http://www.editorialvida.com